VERBIJSTEREND CHINA

Jan van der Putten

VERBIJSTEREND CHINA
Wereldmacht van een andere soort

Nieuw Amsterdam *Uitgevers*

Eerste druk mei 2011
Tweede druk mei 2011
Derde, geactualiseerde druk augustus 2011
Vierde, geactualiseerde druk januari 2012
Vijfde druk maart 2015

Tekstredactie Yulia Knol
Omslagontwerp Studio Pollmann
Typografie binnenwerk Yulia Knol
Register Ansfried Scheifes
Foto's beeldkatern Dominique Landau
Foto omslag *Pinnacle*, 2008. Hans Wilschut, courtesy MKgalerie
ISBN 978 90 468 1022 4
nur 686
www.nieuwamsterdam.nl/vanderputten

MIX
Papier van
verantwoorde herkomst
FSC
www.fsc.org
FSC® **C004472**

Inhoud

Deel 3 – China nu en straks

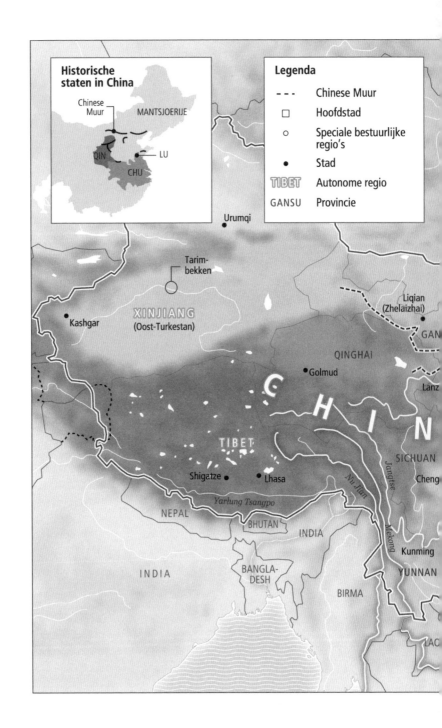

Historische staten in China

Chinese Muur
MANTSJOERIJE
QIN
LU
CHU

Legenda

- - - Chinese Muur
□ Hoofdstad
○ Speciale bestuurlijke regio's
• Stad
TIBET Autonome regio
GANSU Provincie

• Urumqi

Tarim-bekken

• Kashgar

XINJIANG
(Oost-Turkestan)

Liqian
(Zhelaizhai)

GAN

QINGHAI

•Golmud

Lanz

C H I N

TIBET

SICHUAN

Shigatze • • Lhasa

Cheng

Nu Jian

Jangtse

Yarlung Tsangpo

NEPAL

BHUTAN

INDIA

Mekong

Kunming

INDIA

BANGLA-DESH

BIRMA

YUNNAN

LAO

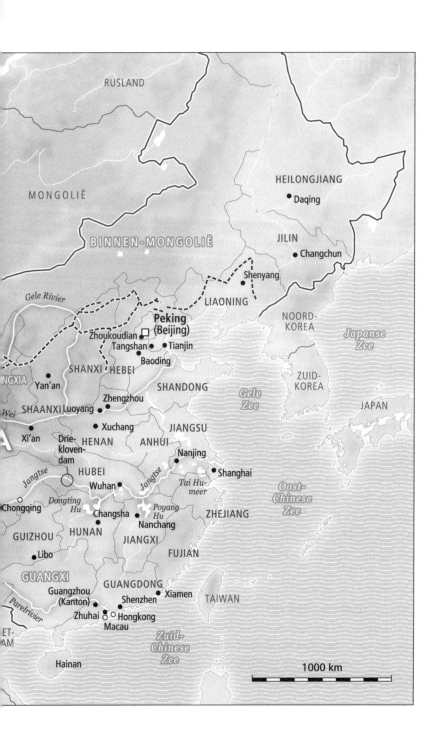

Inleiding

Nog niet zo heel lang geleden wisten we het tamelijk zeker: met China komt het wel goed. We waren niet blij met het gebrek aan democratie, de schending van mensenrechten, de rigoureuze eenkindpolitiek, de onderdrukking van de Tibetanen en nog zo een aantal Chinese wantoestanden, maar we gingen ervan uit dat die geleidelijk aan hun scherpe kantjes zouden verliezen. We waren ervan overtuigd dat de onnatuurlijke spagaat tussen dynamische economische hervormingen en politieke stagnatie niet lang meer volgehouden kon worden. Het was duidelijk dat China's weergaloze economische groei niet zonder ingrijpende sociale en politieke gevolgen zou kunnen blijven. En natuurlijk zou de omhelzing van de vrije markt vanzelf ook andere vrijheden met zich meebrengen. Kapitalisme en democratie zijn toch voor elkaar gemaakt? Economische vrijheid is toch zeker ondenkbaar zonder politieke vrijheid? Na de val van het communisme in de Sovjet-Unie zou onvermijdelijk ook de communistische partij in China aan de beurt komen, en dan zou deze politiestaat veranderen in een democratie. Het Rijk van het Midden liep gewoon een paar decennia op ons achter en zou bij het inlopen van zijn achterstand automatisch moderniseren. En moderniseren, dat betekent voor ons niets anders dan verwestersen. De Amerikaanse socioloog, politicoloog en filosoof Francis Fukuyama had het in *Het einde van de geschiedenis en de laatste mens* zelf gezegd: na de val van de Muur zou overal in de wereld de westerse, liberale democratie zegevieren, en daarmee zou een eind komen aan de geschiedenis. Ja, met China zou het wel goed komen.

De geschiedenis is niet geëindigd, en met China is het niet goed gekomen. Althans niet als we onder 'goed' waarden als democratie, vrijheid, tolerantie, pluriformiteit en een rechtsstaat verstaan. Op die terreinen is er in westerse ogen geen wezenlijke vooruitgang geboekt. De laatste jaren worden lastige mensen sneller opgepakt, wordt er strenger gestraft en wordt de internationale roep om clementie en grootmoedigheid niet meer beantwoord. Hoe hebben we de plank zo kunnen misslaan? Dat komt door een combinatie van misverstanden.

We gingen er voetstoots van uit dat de westerse sociale, politieke en economische modellen automatisch van toepassing zijn op de rest van de wereld, dus ook op China. We hielden er geen rekening mee dat begrippen als vrijheid en democratie en zelfs links en rechts in China heel anders worden uitgelegd dan in het Westen. We hebben te weinig beseft dat het verleden in China springlevend is. En dat het huidige Chinese communisme in wezen geen breuk is met het verleden, maar een aangepaste voortzetting daarvan onder nieuwe omstandigheden. Zonder het ons te realiseren hebben we China, net als de hele niet-westerse wereld, altijd met westerse ogen bekeken. Door het Rijk van het Midden met westerse maten te meten, zijn we eraan voorbijgegaan dat China in historisch, cultureel, staatkundig, sociaal en zoveel andere opzichten totaal verschilt van Europa en de Verenigde Staten. Aan onze waarden en wetten hebben we een universele betekenis toegekend. Daarom zagen we verworvenheden als respect voor de mensenrechten, de rechtsstaat, de democratie, het economisch liberalisme en degelijke sociale voorzieningen als het eindresultaat van een ontwikkeling die vroeg of laat ook andere landen zouden doormaken. De succesverhalen van voormalige rechtse dictaturen als Zuid-Korea, Taiwan, Indonesië, Chili en Brazilië versterkten ons in de overtuiging dat het Westen model stond voor de politieke en economische ontwikkeling in de rest van de wereld.

Vijf eeuwen wereldheerschappij, begonnen met Columbus' ontdekking van Amerika, hebben het Westen een taai superioriteitsgevoel gegeven. Met een redeloze vanzelfsprekendheid zijn we op andere landen en culturen onze eigen ontwikkelingsgang blijven projecteren. De val van de Muur overtuigde ons nog meer van ons grote gelijk. Zo kon het even naïeve als absurde idee postvatten dat een westerse militaire invasie van Irak dit land zou transformeren in het democratische epicentrum van het Midden-Oosten, of dat we de *hearts and minds* van de Afghanen zouden winnen met zegenrijk opbouwwerk in een zee van kogels, mijnen en bommen. En nu worden we geconfronteerd met de eigengereide en razendsnelle opkomst van India en vooral China. Tot onze verbazing zou voor het eerst een door niet-blanken bewoond ontwikkelingsland wereldleider kunnen worden, een land ook dat zo totaal anders is dan het volgens onze projectie had moeten zijn.

Toen in 1968 Japan West-Duitsland verdrong als op één na grootste economie van de wereld, moesten we het idee overboord zetten dat alleen westerse, door blanke Europeanen bevolkte staten modern en rijk konden zijn. We konden echter nog de illusie koesteren dat Japan al een eeuw lang aan het verwestersen was. Maar toen China in 2010 Japan als nummer twee inhaalde, konden we onszelf niets meer wijsmaken. Ineens was daar een land in volle ontwikkeling dat zich de westerse democratie níét tot ideaal stelt, een land waar de westerse vrijheid níét het hoogste goed is en de vrije markt níét de alleenzaligmakende weg naar de ontwikkeling, een land dat tolerantie ziet als zwakte, transparantie als onnodig of zelfs gevaarlijk en politieke pluriformiteit als een begin van oncontroleerbare chaos. Het begint nu tot ons door te dringen dat de verwestersing van de wereld na vijf eeuwen ten einde is. De tijd dat het Westen China de wet dacht te kunnen voorschrijven is voorbij.

Met stevig leedvermaak ziet China toe hoe de bordjes in korte tijd zijn verhangen. De in 2008 uitgebroken financieel-economische wereldcrisis, die niet is veroorzaakt door China maar door het westerse neoliberalisme, heeft de mondiale machtsverschuiving krachtig versneld. De westerse mogendheden, die tot dan toe heilig hadden geloofd in de superioriteit van hun economisch model, werden voor hun economisch herstel afhankelijk van het land dat zij tot voor kort de les dachten te kunnen lezen. Als het Westen bij

China nog enig gezag had, dan heeft het dat door de crisis aardig verspeeld.

Als China nu een stipje op de landkaart was geweest, dan hadden we ons van zijn eigengereide ontwikkeling niets aangetrokken. De stadstaat Singapore bijvoorbeeld heeft zich in korte tijd vanuit het niets opgewerkt tot een economisch paradijsje, maar niemand ligt er hier wakker van dat dat is gebeurd op een autoritaire manier – vooral berucht is het verbod op kauwgum en graffiti, minder bekend is dat dissidenten systematisch op de huid worden gezeten – en dat het schatrijk geworden Singapore nog altijd een verkapte dictatuur is. Maar China is geen stadstaatje. Het herbergt ongeveer eenvijfde deel van de mensheid, evenveel mensen als die van de gehele geïndustrialiseerde wereld. Het heeft een aloude autocratische traditie en een grandioos verleden als economische en culturele gigant. Eeuwenlang heeft het zich omringd met vazalstaten. En na een eeuw van verval, oorlogen en vernederingen, die het zijn aangedaan door het Westen en Japan, en na nog eens dertig jaar van rampen die het onder het bewind van Mao Zedong over zichzelf heeft afgeroepen, is China zijn oude plaats op de voorgrond van het wereldtoneel weer aan het innemen. Niet om te worden zoals het Westen, maar om zichzelf en zijn oude grootsheid te hervinden. In de Chinese visie was China's neergang een weeffoutje in de geschiedenis en is zijn renaissance een historische onvermijdelijkheid.

Waar gaat het met China, en dus ook met de wereld, naartoe? De scenario's verschillen radicaal. Zelfs de razendsnel verworven status van economische grootmacht en de neergang van de Verenigde Staten zijn lang niet voor iedereen een uitgemaakte zaak. Joseph Nye, de uitvinder van de term *soft power*, is van mening dat China geheel ten onrechte denkt dat de vs op hun retour zijn. De toenmalige Amerikaanse minister van Defensie Robert Gates oordeelde begin 2011: 'De vuilnisbakken van de geschiedenis zitten vol met landen die de veerkracht van de Verenigde Staten hadden onderschat.'

Anderen vinden dat China nooit een echte wereldmacht kan worden zolang het land geen rechtsstaat is en geen politieke vrijheid kent. Sommige onheilsprofeten voorspellen een economische of politieke implosie van de Chinese Volksrepubliek. 'China is te-rechtgekomen in een monetaire chaos die met de maand erger wordt,' vonniste de Amerikaanse econoom Paul Krugman begin 2011. De hedgefondsinvesteerder Jim Chanos, fameus vanwege zijn voorspelling over de ondergang van het energiebedrijf Enron, weet al waar die chaos op uit gaat lopen: 'China is een Dubai-zeepbel in duizendvoud.' Chanos' mededoemdenkers zien China's onherroepelijke militaire expansie in het verschiet of zelfs een oorlog tussen China en de Verenigde Staten over grondstoffen en invloedssferen. Hier en daar is de opkomst van de BRIC-landen (Brazilië, Rusland, India en China) vergeleken met de opkomst aan het eind van de negentiende eeuw van sterke nationale staten, wier rivaliteit escaleerde tot het uitbreken van de Eerste Wereldoorlog.

Er zijn ook optimisten. Zij zien geen enkele reden om bang te zijn dat China erop uit is om het Westen te ondermijnen. Ze voorzien de terugkeer van een multipolaire wereld, die ditmaal niet zozeer wordt beheerst door ideologische en militaire maar door economische belangen. Daarbij zullen samenwerking en conflicten elkaar afwisselen. Harmonieadepten zien na een mogelijk chaotische overgangsperiode een nieuwe wereldorde dagen. Volgens hen zullen China en het Westen hun oude onbegrip, wantrouwen, rancune of superioriteitsgevoel laten varen en gezamenlijk een nieuwe era stichten waarin alleen maar winnaars zijn, en in het voorbijgaan is in China, vooral dankzij de pressie van internetactivisten, de democratie uitgebroken. Haast te mooi om waar te zijn: een soort culturele globalisering waarin elke cultuur leert van de andere en toch haar eigen identiteit behoudt. En dan zijn er de historische fetisjisten. Zij weten vrij zeker dat de Chinese communistische partij in 2019 radicaal zal veranderen in democratische richting. En waarom? Omdat een revolutionaire beweging niet langer dan zeventig jaar aan de macht kan zijn, kijk maar naar de PRI (Institutionele Revolutionaire Partij) van Mexico en de communistische partij van de vroegere Sovjet-Unie. In 2019 zou de communistische partij van China aan de beurt zijn, en tien jaar later die van Cuba. Zou het echt?

Tussen die uitersten zijn allerlei varianten denkbaar, die afhangen van factoren die we nu al nauwelijks kunnen overzien, laat staan wanneer er nieuwe bijkomen. Zal China een langdurige wereldcrisis kunnen overleven? Zullen de conflicten tussen de rivaliserende reuzenparen China-India en China-Japan tot uitbarsting komen? Welke gevolgen zal een crisis rond Taiwan, Noord-Korea of de Zuid-Chinese Zee hebben? Hoe zal China reageren wanneer zijn grondstoffentoevoer in gevaar komt, bijvoorbeeld door protectionistische maatregelen van zijn huidige leveranciers? Zal het erin slagen de exporteconomie om te buigen naar een model dat gericht is op de ontwikkeling van de binnenlandse markt? Zal het de leiders lukken de welvaartskloof te verkleinen en zo een sociale explosie te voorkomen? Zal de partij de politieke gevolgen van een kolossale milieucatastrofe of gezondheidscrisis onder controle kunnen houden? Zo zijn er nog veel andere vragen die beslissend kunnen zijn voor de toekomst van China. De antwoorden kennen we niet. Maar we weten wel dat China, wat er ook in binnen- of buitenland gebeurt, zal reageren op zijn eigen, typisch Chinese manier. En dat is vaak niet de manier die wij verwachten, omdat we niet weten hoe anders China is.

Een deel van de culturele elite vindt dat het land door de snelle economische ontwikkeling zijn ziel is kwijtgeraakt. Die ziel, dat zijn de traditionele familiewaarden, respect, bescheidenheid en wegcijfering van het individu voor de gemeenschap, kortom: de confucianistische deugden. Daarvoor in de plaats is maar één andere waarde gekomen: geld. Chinese cineasten zoals Jia Zhangke, Ning Ying en Xu Tong hebben over die teloorgang indrukwekkende films gemaakt. Van de oude gemeenschapszin is niets meer over, behalve dan een nogal agressieve vorm van chauvinisme. Chinese geleerden hebben gewaarschuwd voor een groeiende 'nationale arrogantie', die haaks staat op de traditionele deugden.

Daar staat de opvatting tegenover dat China na zijn plotselinge ontdekking van de moderniteit, waarin alle waarden lijken te wankelen en het materialisme al het andere lijkt te hebben weggevaagd, een nieuw evenwicht en een nieuwe vorm voor zijn oude waarden zal vinden. In elk geval is er van een massale verwestersing geen sprake. Het idee dat China zich langs westerse ontwikkelingslijnen gaat gedragen, is duidelijk onhoudbaar geworden. China wordt niet steeds westerser, het wordt juist steeds Chineser. Hoeveel het ook uit het Westen heeft overgenomen, waaronder het communisme en het kapitalisme, China is dankzij zijn herrijzenis steeds meer zichzelf geworden. Hoe meer China opkomt, des te sterker zullen wij in het Westen ervaren hoe anders dit land is. En naarmate China verder moderniseert, zullen wij erachter komen dat modernisering niet hetzelfde is als verwestersing.

Over dat thema zijn al belangrijke studies verschenen van auteurs als Kishore Mahbubani (*De eeuw van Azië: Een onafwendbare mondiale machtsverschuiving*), Martin Jacques (*When China Rules the World: The End of the Western World and the Birth of a New Global Order*) en Stefan Halper (*The Beijing Consensus: How China's Authoritarian Model Will Dominate the Twenty-First Century*). Verrassende boeken, maar met grote blinde vlekken. Mahbubani heeft bijvoorbeeld weinig aandacht voor enkele onmiskenbaar boosaardige trekken van het Chinese bewind, of hij wuift ze weg met een gemakkelijk cultureel relativisme. Jacques gaat er bij voorbaat van uit dat China's terugkeer tot de status van wereldmacht een vreedzaam karakter zal hebben, hoewel de geschiedenis en de realiteit van nu het tegendeel zeker niet uitsluiten. Ook gaat hij wel erg luchtig voorbij aan de vele obstakels die er liggen op het pad naar mondiale grandeur. In de ondertitel van zijn boek roept 'het einde van de westerse wereld' overigens een ongelukkige associatie op met Fukuyama's einde van de geschiedenis. Halper betrekt de gevolgen van de opmars van China voornamelijk op de Verenigde Staten, met de boodschap dat de vs wakker moeten worden voordat het te laat is. Ook geeft hij te weinig historische achtergronden, hoewel die echt nodig zijn om iets te begrijpen van wat er nu en morgen met en rond China gebeurt. Al was het alleen maar omdat de Verenigde Staten een kleine honderd jaar geleden op vergelijkbare manier met hun handelspartners omsprongen als China nu, waardoor de Amerikaanse economie een ongekende boom beleefde. En ook de fenomenale Amerikaanse groei na de Tweede Wereldoorlog was gebaseerd op hetzelfde model als tot op heden de Chinese economie: massale productie en massale export.

Wie over het uitblijven van politieke versoepeling teleurgesteld is, heeft appels verwacht van een perenboom. China ontwikkelt zich volgens zijn eigen waarden, wetten en tradities. Die zijn maar voor een deel gevormd in de communistische periode (vanaf 1949). Ze grijpen vooral terug op de millennia die daaraan vooraf zijn gegaan. Als wereldmogendheid zal China niet graag willen meedraaien in een door het Westen gecreëerd internationaal systeem waarvan het de liberaal-democratische waarden niet of nauwelijks deelt, al heeft het nog zo geprofiteerd van 'westerse' supranationale organisaties als de Wereldbank en de Wereldhandelsorganisatie. Het zal een mondiale ordening nastreven die gevormd is naar zijn eigen beeld en gelijkenis. In hun achterhoofd hebben de Chinezen het idee dat China niet echt moeite hoeft te doen om het leiderschap van de wereld te veroveren, want als universele beschaving is het altijd al de leider van de wereld geweest.

Zal China's groei naar de economische top het land tot wereldleider maken? Nu het tijdperk van de Amerikaanse hegemonie ten einde loopt, komt er weer plaats voor meer dan één wereldmacht. China zelf wil die kwestie voorlopig liever uit de weg gaan. Het zegt dat het in eigen land zo veel urgente megaproblemen moet oplossen – werkgelegenheid voor de paar honderd miljoen boeren die het platteland zullen verlaten, milieu, onderwijs, gezondheidszorg, sociale verzekering voor iedereen – dat de relaties met het buitenland secondair zijn, tenzij het om vitale economische of veiligheidszaken gaat. Ook de Verenigde Staten wijdden zich aan de binnenlandse ontwikkeling voordat ze hun vleugels wereldwijd uitsloegen. Eigenlijk komt het China nog even niet uit om een volwassen wereldmacht te zijn, maar sinds de vs financieel in diepe crisis zijn geraakt, gedraagt het zich vaak al wel zo. Het is lang niet zeker dat daar een bepaalde strategie achter schuilt. China weet het vaak gewoon nog niet. Er is geen masterplan. Of liever gezegd, in de leidende kringen is er geen, of nog geen eensluidende visie over waar het land naartoe gaat en wat zijn rol in de wereld moet zijn. Nationalistische militaire chefs willen de wereld voor een fait accompli stellen door China nu al tot leidende wereldmacht te proclameren, terwijl de politieke wereld de nadruk legt op het feit dat China in tal van opzichten nog een ontwikkelingsland is en dat de wereldhegemonie nog vele jaren in handen zal zijn van de vs. Maar dat China een leidende rol voor zichzelf ziet weggelegd, staat buiten kijf.

Nu is een wereldmacht niet automatisch een wereldleider. Wij denken dat daar meer voor nodig is dan alleen economische en militaire macht. Ook de idealen die zo'n grootmacht drijven, moeten voor de rest van de wereld aantrekkelijk zijn, maar de kans is niet denkbeeldig dat China ook op dat gebied onze wetten naast zich neer zal leggen en ons zal confronteren met zijn eigen politieke, economische en sociale modellen. Misschien is daarom de discussie die de laatste jaren in het Westen is gevoerd of China wel echt een wereldmacht zou worden, niet relevant meer.

China's razende opmars vormt het decor van dit boek, maar is niet het eigenlijke thema. Dat is het typisch Chinese karakter van deze opmars en de beslissende invloed daarop van het verleden. Daarbij komen vragen aan de orde die als gevolg van de ontwikkeling van China tot grootmacht in de hele wereld actueel worden. Als we over de toekomst iets zinnigs willen zeggen, zullen we, beter laat dan nooit, naar het verleden moeten kijken. Dit boek is gebaseerd op drie uitgangspunten:

- Voor China is zijn huidige opbloei geen noviteit maar een terugkeer naar zijn oude glorie.
- China laat zich als opkomende wereldmacht leiden door zijn eigen waarden.
- Het Westen moet dus definitief ophouden China door een westerse bril te bekijken.

Het eerste deel geeft een beknopt beeld van het bruisende China van nu, dat in recordtijd een ongekend ingrijpende mutatie op economisch, sociaal en cultureel gebied heeft ondergaan en nog lang niet een nieuw evenwicht heeft gevonden. Tegelijkertijd barst het er van de contrasten en werkt het verleden overal door. Het tweede deel beschrijft hoe in de loop van China's lange geschiedenis de Chinese waarden zijn gevormd en hoe die het Chinese denken en handelen van vandaag diepgaand beïnvloeden. China's relatie met het Westen en Japan is goeddeels bepaald door de traumatische schok tussen het nationale superioriteitsgevoel en het agressieve Europese en Japanse imperialisme in de negentiende en twintigste eeuw. Het maoïsme, dat zich fel afzette tegen de traditie, heeft de band met het verleden niet kunnen verbreken. Het communisme van nu, gekenmerkt door een grote dosis pragmatisme, heeft die band hersteld, al bevat het op politiek en economisch gebied nog altijd elementen uit de tijd van Mao. Het derde deel van dit boek geeft op basis van de huidige situatie een schets van de grote ontwikkelingen die bepalend zijn voor de nabije toekomst. Te midden van levensgrote binnenlandse problemen is een mondiale expansie begonnen, die behalve economische ook politieke, strategische en wellicht ook militaire gevolgen zal hebben.

Door welke waarden zal China zich als mondiale hoofdrolspeler laten leiden? Zal het ons zijn waarden opdringen, zoals wij dat eeuwenlang met de rest van de wereld hebben gedaan? Kan het Westen nog enige invloed op China uitoefenen of heeft het op de Chinese opmars geen weerwoord meer omdat het te afhankelijk van China is geworden? Zal China elders in de wereld school maken? Zal het andere landen als moderne vazalstaten onder zijn invloed brengen? Gaat het als grootmacht ook op economisch en militair gebied een eigenzinnige koers varen? Wat zullen in het Westen daarvan de gevolgen zijn? Kortom, als we van die Chinese boom geen appels kunnen verwachten, wat voor soort peren komen er dan aan?

Deel 1
China nu

Een onthutsend snelle overgang

In China, hoor je vaak, heeft de tijd alle tijd. Chinezen lijken aan tijd ontheven wezens, die vooral oog hebben voor het verleden en geen wezenlijk verschil zien tussen heden en verleden, tussen een uur en een dag, een jaar en een eeuw. Het zijn geen mensen van de korte termijn. Ze denken niet in momenten of overzienbare periodes, maar in tijdperken. In 1972 vroeg Henry Kissinger aan Mao's rechterhand Zou Enlai wat volgens hem de gevolgen waren geweest van de Franse Revolutie. Zhou antwoordde: 'Het is nog te vroeg om daar iets over te zeggen.' In 2011 beweerde de tolk van toen dat Zhou dacht dat Kissinger het had over de Parijse meirevolte van 1968. Laten we hopen dat niet Zhou maar de tolk zich heeft vergist.

In elke workshop over zakendoen met China wordt ons verteld dat de Chinezen alle tijd van de wereld hebben. Kom bij hen niet aan met het verhaal dat tijd geld is. Ze nemen alle tijd om iets op te bouwen wat aan elke deal vooraf dient te gaan: vertrouwen. Daarom moet de westerse zakenman die iets met China wil, over drie deugden beschikken: geduld, geduld en geduld. Helemaal waar. En het is ook waar dat voor Chinezen het verleden allesbehalve voorbij is en dat heden en verleden onlosmakelijk met elkaar zijn verweven. Chinezen zien gebeurtenissen van nu vaak door de bril van vroeger en zetten hun doen en laten graag kracht bij door naar het verleden te verwijzen. Maar in tegenstelling tot sommige westerse clichés over China heeft ook in het Rijk van het Midden de tijd niet stilgestaan. Chinezen in de ban van het verleden? Geen kortetermijndenkers? Je zou het niet zeggen als je ziet hoeveel Chinese zakenlieden er alleen maar op uit zijn om zo snel mogelijk winst te maken. Ze schijnen er zich niets van aan te trekken dat ze met hun ondermaatse producten of belabberde service hun klanten voor altijd wegjagen, of zich zelfs, zoals in de zaak van de vergiftigde babymelk in 2008, kandidaat stellen voor het vuurpeloton. Chinezen aan tijd ontheven wezens? Kijk maar eens hoe miljoenen stedelingen buiten adem zichzelf achterna rennen en niet eens tijd hebben om aan de dag van morgen te denken, laat staan aan die van gisteren.

Moderne Chinezen hebben nergens tijd voor. Er moet immers constant gepresteerd, uitgeblonken, geconcurreerd en vooral verdiend worden. Dikwijls hebben ze ook geen tijd voor de opvoeding. Het enige kind wordt door de week gestald bij zijn grootouders en in het weekend vlugvlug mee uit eten genomen naar een KFC of een McDonald's voordat het weer snel naar pianoles, judoles, bijles en, het ultieme statussymbool, de golfbaan moet. Veel jonge mensen hebben zelfs geen tijd om naar een bruid of bruidegom om te zien. Ze laten hun ouders de huwelijksmarkten afstruinen om hen aan een geschikte partner uit te venten. Het centrale plein van de wereldstad Shanghai verandert elke zondag in een levendige huwelijksmarkt. Het wemelt er van de oudere mensen, die komen kijken of andere ouders misschien een zoon of dochter in de aanbieding hebben die hen aan het felbegeerde kleinkind kan helpen. Eigenlijk is het niets anders dan een moderne versie van het gearrangeerde huwelijk van vroeger.

De Chinezen van nu lijken niet naar het verleden te kijken, maar alleen naar de toekomst. We moeten *wang qian kan*, zeggen ze, wat niet alleen 'vooruitkijken' betekent maar, heel toepasselijk, ook 'op geld letten'. Ze hebben nog gelijk ook. Het nabije verleden – de periode van blinde ideologische razernij – heeft immers voornamelijk ontbering en ellende gebracht, wat ze graag willen vergeten. De jongere generaties willen zich niet zinloos opofferen voor politieke waandenkbeelden, zoals hun ouders en grootouders hebben gedaan. Ze willen een comfortabel bestaan, en de politiek laten ze over aan de partij.

Sinds Deng Xiaoping de Chinese economische revolutie liet uitbreken onder de slogan 'rijk worden is glorieus', struikelt in China de tijd over zichzelf. In deze snelst groeiende economie ter wereld gaat alles vele malen vlugger dan wij gewend zijn. Het tempo van China's industrialisering, urbanisering en technologische ontwikkeling is adembenemend. Doodse dorpjes zijn als bij toverslag veranderd in miljoenensteden, stoffige steden in supermetropolen. Waar je gisteren nog uitkeek over boerenland, stuit je blik vandaag op skylines van Manhattan-achtige proporties, maar dan vaak nog een stuk moderner. Jaarlijks vestigen zich zo'n twintig miljoen migranten van het platteland in de steden, voor wie een dicht woud van vrijwel identieke torenflats uit de grond is gestampt. Nieuwe spoorlijnen, metrolijnen, snelwegen en vliegvelden zijn nog maar nauwelijks ontworpen of ze zijn al in gebruik. Want Chinezen weten van aanpakken, de projecten worden niet vertraagd door democratische inspraak en met veiligheidseisen wordt vaak een loopje genomen. En zo wordt het land bezaaid met fabrieken, hypermarkten, shoppingcenters, hotels, restaurants en architectonische gevaartes. Al die bouwwerken vreten staal, cement, hout en andere grondstoffen, die vanuit de hele wereld worden aangevoerd. Alles neemt explosief in aantal of omvang toe: auto's, computers, handsets, de omzet van koffie, wijn en whisky, de verkeersfiles, de golflinks, de corruptie, het aantal tabaksdoden (1,2 miljoen per jaar) en wat eigenlijk niét. Alleen het Chinese voetbal, daar wil het maar niet mee vlotten.

Uit het niets is, sneller dan waar ook ter wereld, een middenklasse opgekomen. China's nouveaux riches, die als kind misschien nog met Mao's Rode Boekje hebben gezwaaid, laten het zich aan niets ontbreken. Armoede en kindersterfte zijn massaal teruggedrongen. En in het land waar nog niet zo lang geleden de moorddadigste hongersnood aller tijden minstens 45 miljoen mensen de dood injoeg, is tegenwoordig bijna eenderde van de bevolking te dik en 15 procent ronduit vet. Nu iedereen alleen maar voorwaarts lijkt te kijken, is de Grote Sprong Voorwaarts, en de daardoor veroorzaakte hongercatastrofe, vergeten. Die vergetelheid is selectief. Ze geldt niet het leed dat China berokkend is door anderen. Zo zijn de vernederingen die China in de negentiende en twintigste eeuw door het Westen zijn aangedaan, vergeven noch vergeten. In nog sterkere mate geldt dat voor de oorlogsmisdaden die Japan tijdens de bezetting van China (1937-1945) heeft gepleegd.

De Nieuwe Sprong Voorwaarts, vooral sinds het begin van deze eeuw, is het onderhand bekende maar toch steeds weer verbijsterende verhaal over de razende economische groei, de gigantische toename van de export, de onverzadigbare honger naar energie, grondstoffen en voedsel, de explosieve groei van het gebruik van groene energie, de fabuleuze omvang van de deviezenreserve (3,18 biljoen dollar aan het begin van 2012), de oprukkende Chinese aanwezigheid in de rest van de wereld. Groeipercentages van jaarlijks 9 of 10 procent of nog meer kwamen vroeger alleen voor in kleine landen, Japan inbegrepen en nooit in gigalanden als China. Ontwikkelingen die in het Westen tweehonderd jaar in beslag hebben genomen, zijn in China samengebald in dertig jaar of nog korter. Sinds de industriële revolutie in het Westen hebben de Chinezen dan ook heel wat in te halen. Vaak overbruggen ze in één stap de uitersten. Zonder tussenfasen springen ze van de Chinese Middeleeuwen de postmoderne tijd in, stappen ze van de laagste lowtech over op de hoogste hightech. De boemel heeft plaats gemaakt voor de hogesnelheidstrein, de fiets voor een elektrische auto, de eerste reis buiten het dorp gaat direct naar het buitenland. Mensen die nooit een vaste telefoon hebben gehad, kopen het nieuwste mobieltje, kersverse middenklassers verhuizen van een hutje naar een hoogbouwflat.

Zhou Enlai voorzag in het begin van de jaren zeventig dat het nog wel honderd jaar zou duren voordat China economisch de evenknie zou worden van de geïndustrialiseerde landen. Sinds China aan het eind van dat decennium de markteconomie ontdekte, is de nationale economie ruim negentig keer groter geworden, een groei die in de wereldgeschiedenis zijn weerga niet kent. Toch staat China nog maar aan het begin van zijn moderne ontwikkeling. In 1978 was het bruto binnenlands product slechts 0,5 procent van dat van alle landen samen. In 2005 was dat aandeel gestegen tot 5 procent en in

2010 tot 9,5 procent, en dat percentage zal snel verder omhooggaan. Maar dankzij zijn enorme bevolkingsaantal ligt China nu al op veel gebieden op kop. Het is bijvoorbeeld de grootste consument van ijzer, koper, cement en energie. De wereldmarktprijs van vrijwel alle belangrijke grondstoffen, voedsel inbegrepen, wordt bepaald in China: stijgt de Chinese vraag, dan gaan prompt in de hele wereld de prijzen omhoog; is er droogte in China, zoals in 2010-2011, dan stijgt overal de prijs van het brood. Vier van de tien grootste bedrijven en vier van de tien grootste banken van de wereld zijn Chinees. In 2009 nam China Duitslands positie als grootste exporteur over en verdrong het de Verenigde Staten na ruim een eeuw als grootste energieconsument en als grootste automarkt. In de economische kopgroep is het bliksemsnel naar voren gesprongen. In 2008 verjoeg het Duitsland van de derde positie, en in 2010 Japan van de tweede. Nog maar tien jaar tevoren was de omvang van de Chinese economie slechts een kwart van de Japanse en was China nummer 7 op de wereldranglijst. En nog in 2005 was het bruto binnenlands product van Japan het dubbele van dat van China.

Wanneer wordt China lijstaanvoerder? In 2011 was de Amerikaanse economie met een bruto binnenlands product van naar schatting 14,9 biljoen dollar nog 2,3 keer zo groot als de Chinese, en het bbp per hoofd van de bevolking zo'n tien keer zo groot als dat van China. Daar de Chinese bevolking ongeveer vier keer zo groot is als de Amerikaanse hoeft het Chinese bbp per hoofd van de bevolking te groeien tot net iets meer dan een kwart van dat van de vs om de grootste economie van de wereld te worden. De prognoses hebben het moment waarop de Chinese economie de Amerikaanse zal inhalen de afgelopen jaren steeds dichterbij geplaatst. In 2003 schatte Goldman Sachs het inhaaljaar op 2041. De wereld reageerde ongelovig. Kort voor de economische kladderadatsch van 2008 stelde Goldman Sachs deze prognose schokkend bij: 2027. De ravages die de crisis in het Westen aanrichtte, dwongen tot nieuwe correcties. In 2010 werd het inhaaljaar achtereenvolgens teruggebracht tot 2025 (door Goldman Sachs), 2020 (door PricewaterhouseCoopers en door steeds meer andere consultancybureaus) en zelfs tot 2012 (door Tyche Group), maar dat laatste jaartal lijkt wat al te gewaagd. Het exacte moment zal afhangen van de economische groei en de inflatie in beide landen en van de koers van de Chinese yuan ten opzichte van de Amerikaanse dollar. De laatste prognose is van *The Economist*, dat eind 2011 het inhaaljaar berekende op 2018. Als we de koopkrachtpariteit als criterium nemen, dus het prijsverschil tussen verschillende landen voor dezelfde goederen en diensten, dan heeft China al in 2001 Japan van de tweede plaats verdrongen en heeft het misschien nu al de Verenigde Staten ingehaald. Sommige economen verwachten dat de Chinese yuan tegen 2020 de rol van de Amerikaanse dollar zal overnemen als internationale reservemunt. Inmiddels heeft PwC een prognose gemaakt van de economische pikorde in 2050. Op die lijst staat China ver bovenaan, gevolgd door India, de Verenigde Staten en Brazilië.

Rijk en arm tegelijk

Toch zal China's eerste plaats, volgens welke klassering dan ook, voorlopig heel relatief zijn. China is razendsnel rijk geworden, maar dat geldt niet voor de gemiddelde Chinees. In een groot aantal statistieken houdt die zich op in de internationale middenmoot, vaak zelfs ver in de achterhoede. Voordat hij even welvarend is als de doorsnee-Amerikaan, zal er nog veel water door de Jangtse moeten stromen. Neem het symbool voor status en moderniteit bij uitstek, de auto. In 2010 werd de Volksrepubliek wereldmarktleider met een verkoop van achttien miljoen auto's en had ze het op één na langste snelwegennet van de wereld. In dat jaar kwamen er in Peking, samen met Mexico-Stad de meest verstopte stad ter wereld, dagelijks bijna tweeduizend auto's bij. Vijf miljoen wagens maken elkaar het rijden en de mensen het ademen onmogelijk. Sinds begin 2011 is in Peking het recht op een eigen auto aan banden gelegd. Het aantal nieuwe vehikels dat de weg op mag, is via een lotingsysteem teruggebracht tot eenderde, dat zijn 240.000 auto's per jaar. Ook wordt een verkeersopstoppingsbelasting overwogen. Twintig jaar geleden was het aantal personenauto's en kilometers snelweg praktisch nul. Toch hadden medio 2011 van iedere duizend Chinezen er 927 géén auto. Vergelijk dat met het autobezit in de Verenigde Staten, waar 90 procent van de bevolking is gemotoriseerd. In 2020 zal naar verwachting één op de zeven Chinezen een auto hebben. Dat is nog steeds niet veel, vergeleken met zowel de totale Chinese bevolking als met de autodichtheid in de rijke landen. Maar het komt wel neer op 200 miljoen auto's op de Chinese wegen.

Op de Human Development Index, een door de VN opgestelde

lijst van landen gerangschikt naar de kwaliteit van het bestaan, stond China in 2009 op een bescheiden 92e plaats. Aan onderwijs wordt per jaar minder dan 50 dollar per hoofd uitgegeven. Een gemiddelde Chinese stadsbewoner geeft liefst eenderde van zijn inkomen uit aan voedsel, tegen niet meer dan 8 procent de gemiddelde Amerikaan. Het jaarinkomen per hoofd van de Chinese bevolking was in 2010 slechts 3734 dollar. Daarmee stond China op de honderdste plaats in de wereldranglijst, tussen Albanië en El Salvador. Ter vergelijking: de gemiddelde Amerikaan verdient ruim 42.000 dollar en de doorsnee-Japanner bijna 38.000 dollar. 150 miljoen Chinezen moeten rondkomen van minder dan 1 dollar per dag, de door de Verenigde Naties vastgestelde en inmiddels ruim achterhaalde armoededrempel. China trok in 2011 de armoedegrens op van 175 naar 230 dollar per jaar (45 eurocent per dag), waardoor het officiële aantal armen steeg van 27 naar 100 miljoen. Volgens de Wereldbank, die als drempel 1,25 dollar per dag aanhoudt, blijven 200 miljoen Chinezen onder die drempel en hebben 482 miljoen mensen minder dan 2 dollar per dag. De op één na grootste economie van de wereld is tegelijk ook een van de armste economieën, en die paradox zal nog scherper worden wanneer China het grootste bbp van de wereld zal hebben. China is een arm land als we kijken naar de gemiddelde individuele burger, en een rijk land als alle burgers bij elkaar worden geteld. De Chinese regering hanteert beide benaderingen naar gelang het uitkomt: China is rijk met de rijken en arm met de armen.

De Nieuwe Sprong Voorwaarts is ook het verhaal over de inktzwarte schaduwzijden van de groei, zoals de milieuverloedering die van China's werelds grootste vervuiler heeft gemaakt, de lage lonen die pas sinds de economische wereldcrisis wat zijn opgetrokken, de vaak belabberde arbeidsomstandigheden, de talloze dodelijke ongelukken in mijnen en fabrieken, het gebrek aan vakbondsrechten, de onbarmhartige eenkindpolitiek, de snel gegroeide kloof tussen rijk en arm. Een onverwacht gevolg van de inkomensongelijkheid is de discrepantie tussen economische groei en levensverwachting. China is verreweg de snelst groeiende economie van de wereld, maar de levensverwachting groeit lang niet even snel mee. In de 27 jaar dat Mao aan het bewind was, steeg de gemiddelde levensduur spectaculair van 32 tot 65 jaar, dankzij de invoering van gratis basisgezondheidszorg voor iedereen en vooral de drastische aanpak van de zuigelingensterfte. Tegen alle verwachtingen in is die stijging daarna sterk afgezwakt. Van 1990 tot 2008, een periode van onstuimige economische groei, is de levensverwachting in China slechts 5,1 jaar gestegen tot 73,1 jaar, een beduidend geringere stijging dan in vrijwel alle andere snel groeiende ontwikkelingslanden. Dat komt door China's buitengewoon onevenwichtige groei, waarvan naar verhouding slechts een kleine minderheid volop heeft geprofiteerd.

De Chinese welvaartskloof, toch al een van de grootste van de wereld, blijkt nog een stuk wijder dan de officiële cijfers aangeven. Volgens een studie van Crédit Suisse in 2010 beschikken de Chinese huishoudens over een schat aan verborgen geld. Het gaat om de tegenwaarde van 1,4 biljoen dollar. 80 procent daarvan is in handen van de allerrijksten, die daardoor een ruim drie keer zo groot inkomen hebben als ze officieel opgeven – áls ze het al opgeven, want belastingontduiking is in die kringen de meest beoefende tak van sport. Het gros van het zwarte geld komt uit corruptie en andere illegale of semi-legale activiteiten. China had in 2011 bijna een miljoen dollarmiljonairs. Het aantal miljardairs steeg van 79 in 2009 tot 115 op de lijst van Forbes, en 271 op de lijst van Hurun (Maar volgens de eigenaar van deze publicatie, Rupert Hoogewerf, zijn het er in werkelijkheid nog veel meer.) Alleen de Verenigde Staten hebben er nog meer. De gemiddelde leeftijd van de allerrijksten was 39, vijftien jaar jonger dan die van de gemiddelde miljonair elders.

De inkomenskloof is het grootste obstakel voor een harmonieuze economische ontwikkeling. In die kloof schuilt een tijdbom die een sociale explosie kan veroorzaken van onvoorspelbare omvang en met onvoorspelbare gevolgen. De economische wereldcrisis heeft dat risico duidelijk aan het licht gebracht doordat het de limieten van het tot dan toe gevolgde ontwikkelingsmodel zichtbaar heeft gemaakt. De crisis heeft de noodzaak onderstreept om drastisch van koers te wijzigen en beloften die al jaren geleden zijn gedaan serieus uit te voeren: de afhankelijkheid verkleinen van export en investeringen, minder laagwaardige producten aanbieden, alternatieve energiebronnen aanboren, energieverspilling bestrijden, het milieu saneren en vooral maatregelen nemen om de binnenlandse markt te ontwikkelen en daardoor de sociale tijdbom onschadelijk te maken. Dat vereist vooral loonsverhogingen en sociale maatregelen, zoals de invoering van een algemene volksverzekering.

Het woord 'China' roept tegenwoordig vooral beelden op van ongebreidelde vooruitgang, waar alles meer, groter, sneller en indrukwekkender is: de meeste mobieltjes, de grootste luchtvaartmaatschappij, de grootste afzetmarkt van luxeproducten, de snelste trein, de indrukwekkendste bouwwerken van de wereld. Dat het grootste deel van de Chinezen nog altijd buiten de prijzen van de vooruitgang is gevallen, komt veel minder in beeld. Toch gaat het om zo'n miljard mensen: boeren die hun traditionele benarde bestaan leiden, stedelijke sloebers die ploeteren in de marge, migranten van het platteland die zich in de steden verhuren als bouwvakkers, arbeiders, schoonmakers, diensters of sekswerksters. China is een land geworden van uitersten, waar hotsend en botsend de tegenstellingen over elkaar heen buitelen: armoede en rijkdom, onderontwikkeling en eruditie, bijgeloof en rationaliteit, traditie en moderniteit, en daar komen de contradicties tussen stad en platteland, gelovigen en atheïsten, Oost en West nog overheen. De moderne Chinese steden barsten van dergelijke contrasten, die soms komische vormen aannemen. Zo kun je voor ultramoderne architectonische creaties billboards zien die aandacht vragen voor de 'spirituele beschaving'. Het gaat erom de nieuwbakken stedelingen althans in de publieke ruimte te laten afzien van hun boerse of andere als achterlijk opgevatte gewoonten. Dus niet spuwen, rochelen of wildplassen, geen vuil op straat gooien, niet voordringen in rijen, eerst laten uitstappen en pas dan zelf instappen, beleefd zijn in het algemeen en in het verkeer in het bijzonder, en 's zomers liefs niet half bloot of in pyjama over straat lopen.

China's onwaarschijnlijk snelle economische omwenteling heeft natuurlijk ook ingrijpende veranderingen teweeggebracht op sociaal en cultureel gebied en heeft allerlei waarden en normen aan het wankelen gebracht. Vroeger werd het leven bepaald door de partij, die iedere stadsbewoner een werkeenheid (*danwei*) toewees. Dat was een ommuurd complex waar men werkte, woonde, trouwde, kinderen kreeg en permanent gecontroleerd werd. Dat systeem, dat nog minder dan één generatie geleden volop functioneerde, is voor een groot deel ontmanteld. Een moderne Chinese stedeling gaat, staat en werkt waar hij wil en gaat om met wie hij wil. Geboortebeperking, massale binnenlandse migratie en nieuwe ideeën en gewoonten hebben de traditionele familiestructuur in crisis gebracht. Kinderen, vroeger de oudedagsverzekering bij uitstek, zorgen vaak niet meer voor hun bejaarde ouders. Miljoenen jonge kinderen op het platteland worden opgevoed door opa en oma en zien hun naar de steden getrokken ouders alleen bij Chinees Nieuwjaar.

Er is een buitengewoon zelfbewuste generatie van enigst kinderen opgegroeid, die de ideologie heeft ingeruild voor pragmatisme, en confucianistische deugden als bescheidenheid, soberheid, plichtsbetrachting en gemeenschapsgevoel voor ambitie, geldzucht en individualisme. Het symbool voor die mentaliteit is de 'BMW-girl', een meisje dat in een tv-datingshow de avances van een aardige, knappe maar onbemiddelde jongen afsloeg met de woorden: 'Ik zit liever huilend op de achterbank van een BMW dan gelukkig achter op een fiets.' De seksuele moraal is, althans onder de stedelijke jongeren uit de middenklasse, een stuk vrijer geworden, ondanks geregelde puriteinse oprispingen van de communistische partij. Voor steeds minder jongeren geldt het oude taboe op seks voor het huwelijk. Seksshops zijn als paddestoelen uit de grond verrezen. Wie wil gaan trouwen hoeft geen toestemming meer aan de partij te vragen. Openbare uitingen van liefde en genegenheid worden niet meer automatisch onderdrukt. Als obsceen beschouwde buitenlandse boeken komen veel gemakkelijker het land binnen. In 2004 zag de eerste ongekuiste Chinese vertaling van *Lady Chatterley's Lover* (verschenen in 1928) het licht, en twee jaar later die van *Lolita* (uit 1955). Vrouwen hebben veel meer kansen gekregen en denken vaak liever aan hun carrière dan aan een huwelijk, het aantal echtscheidingen neemt snel toe, de onverdraagzaamheid jegens homoseksuelen wordt minder.

Van de spartaanse samenleving die onder Mao was opgebouwd is, behalve in de meest achtergebleven gebieden, weinig of niets meer over. De criminaliteit, die in het Mao-tijdperk vrijwel was verdwenen – de politieke criminaliteit natuurlijk uitgezonderd –, is snel gestegen, zij het nog lang niet tot westerse proporties. Ook fenomenen als drugsgebruik, prostitutie, gokken, paardenraces en concubinaat hebben een glorieuze rentree gemaakt. Op papier is dat allemaal nog altijd zeer strafbaar, maar de eersten die dat aan hun laars lappen zijn de partijbonzen zelf. Als Mao zou weten dat China niet een communistische heilstaat maar een funparadijs is geworden, zou hij zich omdraaien in zijn mausoleum. Dat hijzelf een schuinsmarcheerder van formaat was, doet er niet toe: *Quod licet Iovi non licet bovi*. (Wat Jupiter mag, mag een rund nog niet.)

De razende opeenvolging van veranderingen, de permanente druk om beter, vlugger of goedkoper te zijn dan anderen, de snelle verschuivingen in de morele waarden, het vereist allemaal een grote dosis pragmatisme en veerkracht. Het is verwonderlijk hoeveel mensen die hebben kunnen opbrengen. Maar veel anderen kunnen de bruuske overgang niet bijbenen. Ze leven permanent onder druk, voelen zich eenzaam en hebben nergens tijd voor. Volgens een peiling van eind 2010 onder de Chinese internetbevolking heeft 80 procent van de mensen geen echte vrienden. Van pressie komt vaak depressie, en die kan in de ergste gevallen leiden tot moord of zelfmoord. China is het land met veruit de meeste zelfmoorden ter wereld, zowel in absolute aantallen als verhoudingsgewijs. Jaarlijks beneemt bijna een kwart miljoen Chinezen zich het leven, en twee miljoen proberen het. De meeste slachtoffers zijn vrouwen op het platteland; elders in de wereld zijn het mannen die in de stad wonen. Maar ook veel jongeren slaan de hand aan zichzelf. In de leeftijdsgroep van 15 tot 34 is zelfmoord zelfs de belangrijkste doodsoorzaak. Slechte werkomstandigheden en lage lonen maken werknemers soms zo wanhopig dat ze zich het leven benemen. Een reeks van zelfmoorden onder de arbeiders van een megafabriek van elektronische onderdelen leidde in 2010 tot aanzienlijke loonsverhogingen. In het voorjaar van 2010 begon een golf van moordpartijen onder kleuters en schoolkinderen. De mannen die met een mes of een bijl op de kinderen inhakten, zijn het symbool geworden van een ontwrichte samenleving. In 2010 en 2011 werden in negen aanvallen 24 kinderen gedood en bijna honderd gewond. De regering heeft besloten er 550 psychiatrische ziekenhuizen bij te bouwen, die in 2013 af moeten zijn.

Schattingen over het aantal Chinezen dat lijdt aan een of andere vorm van geesteszieke variëren van honderd miljoen tot ver boven de tweehonderd miljoen. Slechts een miniem aantal patiënten zoekt hulp. De rest doet dat niet omdat ze geen geld hebben voor een behandeling, of omdat er in de wijde omgeving geen psychiaters zijn, of omdat ze zich schamen. Rond geesteszieken hangt in China immers nog vaak een taboe. Veel mensen denken dat deze aandoeningen besmettelijk zijn. Als het gaat om de frequentie van psychische aandoeningen is China een ontwikkeld land geworden – dat geldt bijvoorbeeld ook voor kanker, diabetes en hart- en vaatziekten – maar als we kijken naar de aantallen artsen en verplegers is China nog sterk onderontwikkeld. De laatste tijd hebben Chinese artsen een grote belangstelling gekregen voor psychoanalyse. In videoconferenties via skype leren ze de freudiaanse kneepjes van Amerikaanse psychiaters, die in eigen land met Freud steeds minder aan de bak komen. Psychologen en psychiaters bestonden in het maoïstische China niet, want Mao's Nieuwe Mens kon onmogelijk gekweld worden door zoiets burgerlijks als zieleleed. Psychiatrische inrichtingen waren er wel, maar die waren bestemd voor een zeer speciale vorm van geesteszieke: het ventileren van kritiek op het regime. Het opsluiten van dissidenten in psychiatrische gevangenissen, vooral bekend uit de vroegere Sovjet-Unie, is in China nog altijd geen ongebruikelijke praktijk. Minstens duizend politieke lastposten zitten volgens een voormalige 'patiënte' opgesloten in een gekkenhuis. Hun aantal is volgens een Chinese mensenrechtenorganisatie in 2010 en 2011 scherp toegenomen.

China's renaissance

De snelheid waarmee China zich in slechts drie decennia heeft opgewerkt tot economische grootmacht, slaat alle records. Een goede in-
dicatie van die explosieve groei is de toename van het elektriciteits-
gebruik: jaarlijks voegt China aan zijn elektriciteitsnet evenveel
energie toe als heel Engeland in een jaar verbruikt. Natuurlijk, de
macht van het grote getal maakt China op veel gebieden al snel tot
koploper zodra het zich gaat ontwikkelen. Begin 2012 waren er in
China 517 miljoen mensen online, ruim twee keer zoveel als in de
Verenigde Staten. Toch was dat slechts 38,3 procent van de Chinese
bevolking, terwijl de internetdichtheid in bijvoorbeeld Nederland
bijna 90 procent is. In januari 2012 waren er in China 974 miljoen
mobiele telefoons in gebruik, een paar honderd miljoen meer dan in
Europa en de Verenigde Staten samen. Toch hadden nog altijd drie
op de tien Chinezen géén mobieltje, terwijl veel Europanen en Amerikanen er vaak meer dan één hebben. Verwacht wordt dat China in
2020 de grootste consumptiemarkt van de wereld zal zijn. Dat zegt
veel over de verwachte groei van de binnenlandse consumptie, die
jarenlang notoir laag is geweest (in 2011 slechts 34 procent van het
bruto binnenlands product). Maar het zegt weinig over het consumptieniveau van de gemiddelde Chinees, dat nog vele jaren ver zal
achterblijven bij dat van de gemiddelde Amerikaan of Europeaan.
Zodra een recordgetal gedeeld moet worden door ruim 1,3 miljard,
blijft er immers van het record meestal weinig meer over.

Toch is het grote bevolkingsaantal niet de enige verklaring van de
Chinese superlatieven. Die zijn ook het resultaat van onderne-
mingszin, slagvaardigheid, aanpassingsvermogen, een flinke dosis

uitbuiting – vaak even stuitend als in de beginperiode van de industriële revolutie in het Westen – en een hiërarchisch systeem dat maakt dat besluiten snel en meestal zonder protest worden uitgevoerd. Sommige van deze factoren vormen een complete breuk met de ideologische starheid van het maoïsme, andere passen geheel in de verticale maatschappijordening die in China van alle tijden is. Dankzij die superlatieven is de tweede helft van de aan Napoleon toegeschreven uitspraak volledig bewaarheid: 'Laat de Chinese reus maar rustig slapen, want als hij wakker wordt, zal hij de wereld versteld doen staan.' De reus is ontwaakt en de wereld is verbijsterd, verbluft, jaloers, verontrust, bang of wat dan ook, maar niemand laat de onthutsend snelle opkomst van China onverschillig, want niemand kan meer om China en zijn opkomst heen.

Opkomst? De Chinezen zelf gebruiken dat woord liever niet meer. Opkomst kan immers een dreigende klank hebben omdat de opkomst van China de neergang van andere landen kan inhouden. China wil andere landen juist graag te vriend houden om daardoor zijn 'opkomst' te versnellen. Daarom veranderde de presidentiële topadviseur Zheng Bijian China's 'vreedzame opkomst' in het geruststellender motto 'vreedzame ontwikkeling'. Bovendien suggereert het woord 'opkomst' dat de opbloei pas kortgeleden is begonnen, terwijl het Rijk van het Midden al een paar duizend jaar geleden tot bloei kwam. Voor de Chinezen gaat het niet om hun *opkomst*, maar om hun *terugkeer* als grootmacht. Die status is voor hen vanzelfsprekend, diep overtuigd als ze zijn van de superioriteit van hun beschaving. De herwonnen grandeur is voor hen slechts een terugkeer naar een natuurlijke ordening, die door een historisch foutje even onderbroken is geweest. Dat foutje heeft geduurd van de Eerste Opiumoorlog (1839-1842) tot de nationale emancipatie – de uitroeping van de Volksrepubliek – in 1949, gevolgd door een binnenlandse ideologische oorlog waaraan met de dood van Mao Zedong in 1976 een eind kwam. Voor Chinese begrippen was die tijd een stuk korter dan voor westerse. Ons historische geheugen over wat China vóór zijn inzinking was, is afwezig, of op z'n best vaag. Daarom spreken wij, uit onwetendheid, van de opkomst van China, en de Chinezen van een renaissance.

Ons woord voor China is afgeleid van *Qin* (spreek uit: tsjien), de naam van de eerste keizersdynastie van het verenigde China. De Chinezen zelf noemen hun land *Zhongguo*, het Middenland, het Rijk van het Midden. Na de eenwording in 221 v.Chr. kreeg die term de lading 'centrum van de wereld'. Het lijkt een programmatische naam met een zware propagandistische ondertoon, en zo kan hij ook gebruikt worden. Mogelijk heeft de gemiddelde Chinees bij het woord 'Zhongguo' echter even weinig letterlijke associaties als een Nederlander bij geografische namen als Nederland, Hoofddorp, Noordwijk, Westland of Noordoostpolder. Maar nu China de neergang die in de negentiende eeuw is begonnen zo glorieus te boven is gekomen, doen we er goed aan ons de letterlijke betekenis van de Chinese naam van China te herinneren. De term 'Zhongguo' verwijst vanouds eerder naar de Chinese beschaving dan naar het land of de staat. De keizer regeerde niet zozeer over een afgebakend territorium als wel over de hele beschaafde wereld. De Chinese wereld welteverstaan. Hij verenigde de Chinezen ondanks al hun verschillen onder een gezamenlijke culturele identiteit als bewoners van het Rijk van het Midden. Dat rijk hield op waar de Chinese beschaving ophield. Volken die het gezag van de keizer erkenden, hadden als vazalstaten nog enigszins deel aan de Chinese beschaving. Daarbuiten waren er alleen barbaren. Op oude kaarten van het Rijk van het Midden wordt dat treffend geïllustreerd. De hoofdstad bevindt zich in het midden. Daaromheen zijn steeds grotere vierkanten of cirkels afgebeeld die woongebieden voorstellen. Hoe verder die van de hoofdstad verwijderd zijn, des te minder hebben de bewoners deel aan de Chinese beschaving en des te meer benaderen ze de volkomen barbarij.

Dit superioriteitsgevoel is niet typisch Chinees, al heeft geen enkele andere beschaving zich zo volstrekt uniek en zo verheven boven de rest van de wereld gevoeld. Ook de oude Grieken beschouwden alle niet-Grieken, met uitzondering van de Egyptenaren met hun veel oudere beschaving, als barbaren. Het woord 'barbaar' is een Griekse onomatopee en betekent letterlijk 'brabbelaar'. Een barbaar was iemand die zo dom was dat hij niet eens gewoon Grieks kon spreken. Die gedachte om mensen buiten de eigen beschaving als barbaren of zelfs als beesten te beschouwen, heeft in het Westen diep wortel geschoten. Massamisdaden als de slavernij en de slachting van de indianen zijn ermee gerechtvaardigd. Een woord als 'kopvoddentax' suggereert dat de draagster van een 'kopvod' geen mens maar een beest is. Nog rechter voor z'n raap is de uitdrukking 'islamitisch stemvee'. Voor Chinezen waren sommige barbaren nog enigszins te beschaven, maar de meeste waren reddeloos verloren en hadden meer weg van dieren dan van mensen. Tijdens de nationale neergang in de negentiende en de eerste helft van de twintigste eeuw begonnen de Chinezen steeds meer te twijfelen aan de superioriteit van hun ras. Maar met de terugkeer van China op het wereldtoneel is ook de superioriteitsgedachte terug, de racistische connotatie vaak inbegrepen. Dat kan vergaande gevolgen hebben voor de manier waarop China zich als wereldmacht gaat gedragen.

Deel 2
China vroeger en nu

De Chinezen en hun geschiedenis

Zet in China op willekeurig welk moment een tv-toestel aan en begin te zappen, en op minstens één, en waarschijnlijk op meerdere kanalen, kom je een of meer van de volgende genres tegen: een docudrama over de strijd van de communisten tegen de nationalisten of de Japanners, een historische documentaire met archiefmateriaal en interviews over de uitroeping van de Volksrepubliek, een soap tegen de achtergrond van het keizerlijk hof over de eeuwige strijd tussen goed en kwaad, of een politiek-patriottisch drama dat zich afspeelt in de tijd van Mao, met in de heldenrol bij voorkeur een trouwe volgeling van de partij, die zichzelf compleet wegcijfert om het vaderland te verdedigen en het volk tot voorbeeld te strekken. Deze naar ons gevoel nogal drakerige drama's, waarin de pathetiek er iets te dik bovenop ligt, zijn vooral bedoeld als politieke propaganda. Maar dit 'ideotainment' zou nooit zo populair zijn geweest als de Chinezen geen hevige belangstelling hadden voor hun verleden.

Veel westerse misverstanden over China komen voort uit onze onwetendheid over het Chinese verleden en over de vitale relatie van de Chinezen met hun geschiedenis. Daarom weten we nauwelijks iets over een van de belangrijkste factoren die nog altijd bepalend zijn voor de relatie tussen China en het Westen: het gevoel van diepe krenking dat de Chinezen hebben overgehouden aan het kolonialistische optreden van de westerse mogendheden in de negentiende en twintigste eeuw. Een krenking die des te heviger werd gevoeld omdat de Chinese beschaving zich, terecht of ten onrechte, ver verheven voelt boven de barbaren die de rest van de wereld bevolken. Als we ons willen voorbereiden op een wereld waarin China's rol steeds dominanter wordt, moeten we zo snel mogelijk afrekenen met die historische onwetendheid.

In China speelt het verleden een veel belangrijker rol dan bij ons. De relatie van de Chinezen met hun geschiedenis gaat veel dieper dan historische belangstelling alleen. Zij zijn zich er goed van bewust dat veel gebeurtenissen en toestanden van nu diepe wortels hebben in het verleden, en ze spelen veel meer met hun geschiedenis dan wij met de onze. Historische referenties hebben vaak aan een half woord genoeg, omdat iedereen, of althans het goed opgeleide deel van de natie, zijn geschiedenis kent. Een oude manier om gevoelige zaken aan de orde te stellen is het gebruik van historische beeldspraak. 2500 jaar geleden was Confucius de eerste die het verleden gebruikte om het heden te hekelen. De locoburgemeester van Peking schreef in 1959 een toneelstuk over het ontslag van een onkreukbare ambtenaar door een bijzonder kreukbare keizer. Mao's vierde vrouw Jiang Qing, de latere leidster van de beruchte Bende van Vier die in de nadagen van de Culturele Revolutie de macht greep, ontmaskerde het stuk als een allegorie. Met de corrupte keizer was volgens haar Voorzitter Mao zelf bedoeld. De escalerende campagne tegen het stuk liep uit op de ontketening van de Culturele Revolutie in 1966.

De geschiedenis van de Chinese oudheid is voor een groot deel fictief, maar de behoefte om terug te kunnen vallen op een roemrijk verleden was zo groot dat men de latere fictie voor werkelijkheid ging aanzien. En nog altijd is de waarde die men aan het verleden toekent zo actueel dat men het graag naar zijn hand wil zetten. Als heden en verleden niet zo nauw verweven waren, was er geen noodzaak geweest in de geschiedschrijving in te grijpen. De geschiedenis wordt gemanipuleerd juist omdát er zo'n groot gewicht aan wordt toegekend. De geschiedschrijving is te belangrijk om haar over te laten aan individuele historici, die met eigen interpretaties kunnen komen. Geschiedschrijving in China is een staatszaak, die onder strakke regie staat van de partij. De communistische historiografie interpreteert veel gebeurtenissen uit het verleden in het licht van haar eigen ideologie. Personen die de partij niet zinnen of gebeurtenissen die haar niet uitkomen of haar in verlegenheid brengen, worden teruggebracht tot een voetnoot of verdwijnen helemaal, waardoor het heden wordt bevrijd van een loden historische last.

Een paar voorbeelden. Het koninkrijk Koguryo (37 v.Chr.-668 n.Chr), de bakermat van de Koreaanse cultuur, lag voor een deel in Mantsjoerije in het verre noordoosten van China. In de zeventiende eeuw werd China veroverd door de Mantsjoes, die in Peking de Qing-dynastie vestigden. Daarmee werd Mantsjoerije opgenomen in het Hemelse Rijk. Met terugwerkende kracht beschouwen de huidige Chinese leiders, met de steun van revisionistische historici, Koguryo als een deel van China, tot ontzetting van zowel Noord- als Zuid-Korea. Via een soortgelijke historische kronkel zet China zijn aanspraken op Tibet kracht bij. In de dertiende eeuw veroverden de Mongoliërs China. Al eerder was Tibet onder politiek gezag van de Mongoliërs gekomen, in ruil waarvoor de Mongoliërs het boeddhistische geloof van de Tibetanen overnamen. De Chinese conclusie dat Tibet sindsdien deel is van China, is op zijn zachtst gezegd aanvechtbaar. Ander voorbeeld. De grote liberale intellectueel Hu Shi (1891-1962), die als weinig anderen heeft bijgedragen aan de literaire vernieuwing en politieke discussie in de roerige periode tussen de val van het keizerrijk en de communistische machtsovername in 1949, is vanwege zijn politiek incorrecte opvattingen uit de geschiedenisboeken geschrapt. Zo werden ook kameraden die bij Mao in ongenade waren gevallen, net als ontaarde Romeinse keizers, uit de herinnering gebannen. De foto's waarop ze samen met de Grote Roerganger stonden, werden geretoucheerd. Ook Mao zelf is het slachtoffer geworden van de censuur. In het adembenemende spektakel bij de opening van de Olympische Spelen in 2008 over vijfduizend jaar Chinese geschiedenis kwam de stichter van de Volksrepubliek niet voor. Zelfs de natuur is aan censuur onderworpen. Tot voor kort viel de berichtgeving over natuurrampen in dezelfde categorie als die over protestacties, onenigheid in de partij, het privéleven van de leiders en duizend andere verboden onderwerpen. De ware omvang van de aardbeving die in 1976 de stad

Tangshan wegvaagde – met tussen de 250.000 en 750.000 doden was het de grootste aardbevingsramp van de twintigste eeuw – is jarenlang voor de Chinezen verborgen gehouden. Was de partij bang dat de waarheid haar gezichtsverlies zou laten lijden? Of was ze bang voor het oude volksgeloof dat de val van een dynastie wordt aangekondigd door grote natuurrampen? Wie in die aardbeving een aanwijzing zag dat de Hemel vertoornd was op de heerser, zag zijn gelijk snel bevestigd: zes weken na de ramp stierf de communistische patriarch Mao Zedong.

Ondanks de censuur is er een groeiende belangstelling voor China's verzwegen geschiedenis. Boeken en films reconstrueren historische gebeurtenissen die de partij liever verborgen had willen houden, en 'oud-nieuwskranten' zijn bijzonder populair. Dat zijn kranten met vaak smeuïg geschreven onthullingen uit het verleden, voorzover de thema's niet taboe zijn. Onbespreekbaar zijn bijvoorbeeld Mao's fanatieke ideologische en economische campagnes, die men doelbewust in de vergetelheid probeert te laten raken. De Antirechtse Campagne, de Grote Sprong Voorwaarts en de Culturele Revolutie, om alleen Mao's belangrijkste campagnes te noemen, zijn immers ontketend door dezelfde communistische partij die nu de partij van het establishment is. De partij wenst niet herinnerd te worden aan haar extremistisch-criminele verleden. De Culturele Revolutie, ooit door de communistische partij afgedaan als een vergissing van Mao – een vergissing die naar schatting drie miljoen mensen de dood heeft ingejaagd door moord of zelfmoord en een onbekend aantal mensen geestelijk heeft ontwricht – wordt tegenwoordig samengevat als een 'moeilijke tijd', de nog veel rampzaliger Grote Sprong Voorwaarts als 'drie jaren van economische benardheid'. Toch hebben veel mensen heimwee naar een tijd waarin de staat nog een sociale roeping had en er voor arbeiders meer respect was dan tegenwoordig. Sommigen zetten het vermeende idealisme van toen af tegen de rauwe geldjacht van nu. Over zijn in 2010 uitgekomen film *Under the Hawthorn Tree*, het verhaal van een romance tijdens de Culturele Revolutie, zei regisseur Zhang Yimou, de voormalige protestfilmer die zich ontpopte tot hofcineast: 'Ik heb de oorspronkelijke zuiverheid en eenvoud van de jaren zeventig en de mensen uit die tijd willen oproepen.' Het is niet de bedoeling dat kinderen van de basis- en de middelbare school iets over de Culturele Revolutie te horen krijgen. Sommige onderwijzers en leraren trekken zich echter niets meer aan van het taboe. Maar niemand ging zover als de leraar Yuan Tengfei, die Mao in één adem noemde met de 'fascistische dictators' Hitler en Stalin. Hij vergeleek het mausoleum van Mao op het Tiananmenplein met het shintoïstische Yasukuni-heiligdom in Tokio, waar de 2,5 miljoen Japanse oorlogsdoden worden vereerd, met inbegrip van veertien topoorlogsmisdadigers uit de Tweede Wereldoorlog. Yuans videoclips werden door miljoenen mensen gezien, totdat hij in 2010 voor zijn 'buitengewoon onjuiste woorden' ter verantwoording werd geroepen. In officiële toespraken wordt Mao nog maar zelden opgevoerd. Daarvoor wijken de ideeën van de communistische aartsvader te sterk af van de huidige. Mao zelf kan natuurlijk niet worden weggedaan, want de partij kan haar navelstreng met de Volksrepublikeinse Vader des Vaderlands niet doorknippen zonder haar eigen legitimiteit in gevaar te brengen. Maar ook zonder woorden blijft de band tussen het huidige China en de Grote Roerganger nauw: Mao, de man die geld het liefst had willen afschaffen, staat afgebeeld op alle bankbiljetten vanaf 1 yuan.

Ook de jongste geschiedenis, die begint met de economische ommezwaai van 1978, is niet gespaard gebleven voor drastische ingrepen. Zo hoor of lees je vrijwel niets meer over de verloren oorlog van 1979 tegen Vietnam, die immers een smetje werpt op het blazoen van de grote hervormer Deng Xiaoping. De protestbeweging van Tiananmen, die eindigde in een door het leger aangericht bloedbad met honderden doden, hield in 1989 de wereld in haar ban, maar niet de Chinezen van nu. De beweging is van hogerhand afgedaan als een contrarevolutionair oproer dat gesteund zou zijn door niet nader genoemde anti-Chinese buitenlandse krachten. Als het leger niet had ingegrepen, zouden volgens de officiële lezing de demonstranten aan het langste eind hebben getrokken. China zou dan in een chaos terecht zijn gekomen en van een economische opbloei zou geen sprake zijn geweest. Met andere woorden: de tanks van Tiananmen hebben China's terugkeer op het wereldtoneel veiliggesteld. De organisatie van moeders van de slachtoffers krijgt geen poot aan de grond. Elke poging van nabestaanden en sympathisanten om het bloedbad te herdenken wordt in de kiem gesmoord. Jongeren weten niets of bijna niets van 'Tiananmen'. De geschiedenisboeken verzwijgen het, ouders en leraren praten er niet over, en de jongeren zelf zijn er niet of nauwelijks in geïnteresseerd omdat ze liever 'vooruitkijken'. Heel soms weet de pers de censuur te omzeilen of uit te dagen: een foto van gewonden van het bloedbad, een solidariteitsbetuiging in een miniadvertentie, een cartoon van de 'tankman', naar de beroemde foto's van een anonieme jongeman die voor de aanrollende tanks gaat staan en ze tot stilstand brengt.

De pogingen tot vervalsing en vernietiging van de geschiedenis gaan ver terug. Wanneer een nieuwe keizersdynastie aan de macht was gekomen, liet ze de geschiedenis schrijven van de vorige dynastie. Objectief waren deze verslagen van de winnaar over de verliezer natuurlijk niet, want hoe slechter de oude dynastie werd voorgesteld, des te beter konden de nieuwe machthebbers hun staatsgreep rechtvaardigen. Als de geschiedschrijving van de vorige dynastie af was, werden de daarvoor geraadpleegde documenten vernietigd. Ook de paleizen waarin de ten val gebrachte dynastie had gezeteld, werden meestal gesloopt. De afbraak van de materiële resten van de geschiedenis, een praktijk die in Nederland vooral in de jaren vijftig en zestig van de vorige eeuw om zich heen greep, gaat in China door tot op de dag van vandaag. Mao liet de oude stadsmuur van Peking slopen en offerde menig historisch monument op aan rigoureuze stadsdoorbraken en prestigieuze gebouwen. De geschiedenis en haar materiële resten interesseerden hem immers alleen als ze in zijn ideologische kraam te pas kwamen. Al het andere moest worden genegeerd of, beter nog, vermorzeld. Tijdens de Culturele Revolutie gaf Mao de jeugdige Rode Wachters bevel om af te rekenen met de Vier Oude Zaken: oude tradities, oude cultuur, oude gebruiken, oude ideeën. De overlevende intellectuelen, wetenschapsmensen, schrijvers en kunstenaars werden ontmaskerd als 'monsters en demonen' en over de kling gejaagd. Kunstwerken, oude voorwerpen, boeken en tempels, waaronder de oudste Confuciustempel en een groot aantal andere heiligdommen en historische bouwwerken: niets was veilig voor de door Mao opgehitste hordes.

De stedenschennis door de Rode Wachters bleek slechts een aanzet tot de grootschalige historische destructie die met de opkomst van China als economische grootmacht gepaard gaat. Daardoor zijn 44.000 van de 700.000 historische gebouwen verdwenen. De traditionele *hutong* (wijken met hofjeshuizen) van Peking zijn massaal afgebroken, ook als ze nog uitstekend bruikbaar waren of voor weinig geld gerenoveerd hadden kunnen worden. Aan de hoogbouw die ervoor in de plaats is gekomen, valt vele malen meer te verdienen. Zo'n 40 procent van de totale oppervlakte van de binnenstad van Peking is als gevolg van de sloop van hofjeshuizen tussen 1990 en 2010 zijn geschiedenis kwijtgeraakt. Na de drie grootste steden Shanghai, Peking en Guangzhou ondergaan nu ook Tianjin, Chongqing, Xi'an en vele andere steden de radicaalste stadsvernieuwing uit de geschiedenis. Omdat ze allemaal Shanghai, Peking, Guangzhou en Manhattan willen imiteren, beginnen ze te lijken op IKEA-vestigingen in het groot: overal hetzelfde, overal overdonderend, en overal even zielloos. Ook veel kleine en middelgrote steden bouwen wolkenkrabbers, die nergens anders voor nodig zijn dan voor hun statusverhoging. Denk bij stadsvernieuwing vooral niet aan planning. De moderne Chinese steden zijn, net als de grote steden in de andere snel opgekomen landen van Azië, volmaakte voorbeelden van een min of meer geordende chaos: ze dijen almaar uit, van één stadshart is geen sprake meer, de centra verschuiven, nieuwe centra ontstaan, en als alles klaar lijkt te zijn breekt de bouwwoede opnieuw in alle hevigheid uit. Met dit alles is niet gezegd dat China's moderne steden afzichtelijk zijn. Ze stralen dynamiek en macht uit en hebben soms de schoonheid van een in beton uitgevoerde symfonie. Maar ze hebben geen verleden. Een Noorse toerist merkte na een bezoek aan een paar identieke Chinese steden op: 'Voor de volgende generatie en de toeristen zouden ze een beetje geschiedenis moeten bewaren.'

De destructie van de materiële getuigen van het verleden lijkt haaks te staan op China's innige relatie met zijn geschiedenis, die Mao vergeefs heeft trachten te verstoren. Tijdens de Culturele Revolutie hebben de Rode Wachters hun best gedaan al wat oud was te vernietigen. Die vernietiging is te verklaren uit de toen heersende ideologische razernij. Toch is in de economische revolutie die na Mao uitbrak nog veel meer van het verleden kapotgemaakt dan onder het bewind van de Grote Roerganger. Nu niet meer om ideologische redenen, maar omwille van de vooruitgang, het prestige en vooral het gewin. Duizenden historische gebouwen, zelfs oude tempels en stukken van de Chinese Muur, zijn gesloopt. Ze moesten plaats maken voor stadsdoorbraken, wegen en klaverbladen, torenhoge flat- en kantoorgebouwen, hotels en spetterende shoppingmalls – soms zelfs voor moderne kopieën van zichzelf, zoals de oude stadswijken Qianmen in Peking en Xintiandi in Shanghai, die zijn getransformeerd in toeristische goudmijnen waaruit het leven verdwenen is.

Ook in veel oude Europese steden zijn gebouwen van onschatbare historische waarde opgeofferd aan de vooruitgang, of wat daarvoor doorging. Vandaag de dag zou zoiets een groot schandaal veroorzaken. Zover is het in China nog lang niet. Hoe is het mogelijk dat de Chinezen hun verleden koesteren en het tegelijk zo luchthartig wegbulldozeren? Volgens de traditionele uitleg van die paradox gaat het in China niet zozeer om het conserveren van de materiële overblijfselen van het verleden maar van de historische herinnering zelf, en die is vastgelegd in boeken en in het hoofd. Met de overblijfselen springt men naar ons gevoel vaak erg lichtzinnig om: restaureren is in China haast een ander woord voor herbouwen met splinternieuwe materialen. Daarnaast heeft de paradox een buitengewoon prozaïsche verklaring: de beslissing over afbraak is in handen van gemeentelijke instanties die van cultuur geen kaas hebben gegeten en alleen maar kijken naar een zo hoog mogelijk economisch rendement en naar het smeergeld dat ze krijgen van projectontwikkelaars. Nieuwe gebouwen worden vaak ook weer snel afgebroken, want hoe nieuwer hoe beter, en hoe meer eraan verdiend kan worden dankzij de razendsnelle stijging van de prijs van onroerend goed. De gemiddelde levensduur van nieuwe gebouwen is tegenwoordig vijfentwintig, hooguit dertig jaar, ook al bepaalt de wet dat ze minimaal vijftig tot honderd jaar moeten meegaan.

Jonge landen zoeken voortdurend naar hun identiteit, China heeft de zijne al een paar duizend jaar geleden gevonden. De Chinese identiteit wortelt in een lang en rijk verleden. Willen we van het Chinese heden iets meer begrijpen dan alleen wat het oppervlakkig lijkt te zijn, dan zullen we het Chinese verleden moeten kennen. Hetzelfde geldt voor de toekomst: willen we proberen een beeld te krijgen van hoe de wereld eruit gaat zien wanneer China de status krijgt van supermacht, dan kunnen we onmogelijk om zijn lange verleden heen. Want al verandert er aan de buitenkant nog zoveel, de Chinese ziel is door het verleden zo diepgaand gevormd dat ze voorlopig niet en misschien nooit meer wezenlijk zal veranderen. Het is een verleden waarin China herhaalde malen verenigd werd en weer uiteenviel, zich nu eens openstelde voor de buitenwereld en zich dan weer naar binnen keerde, een verleden ook dat vergeven is van rampen, oorlogen en andere ellende maar dat voor de Chinezen toch vooral de geschiedenis is van hun ongeëvenaarde grandeur.

Grandeur

Hun historische grandeur zien de Chinezen in een combinatie van grootheid en grootsheid: een immens land met een enorme bevolking en een superieure beschaving. Immens land: met zijn bijna 9,6 miljoen vierkante kilometer is het vrijwel even groot als de Verenigde Staten. Enorme bevolking: volgens de volkstelling van 2010 heeft China, het volkrijkste land van de wereld, iets meer dan 1,34 miljard inwoners, dat is ongeveer eenvijfde van de wereldbevolking. Superieure beschaving: daarover is volgens de Chinezen geen discussie mogelijk. Wat maakt die beschaving volgens hen zo groots? Het oude karakterschrift met zijn tienduizenden ingenieuze tekens. De geraffineerde staatsordening. De gedachten van wijsgeren, geleerden en militaire strategen. Het werk van dichters, schilders, kalligrafen, musici, porseleinmakers. De creaties van architecten, waterbouwkundigen, scheepsbouwers, ijzersmelters, bronsgieters en andere meesters. De Chinese Muur, het bouwwerk van de wereldrecords: het omvangrijkste bouwproject uit de geschiedenis met het meeste bouwmateriaal waaraan in de onherbergzaamste gebieden door de meeste arbeiders het langst is gewerkt. En natuurlijk de vele Chinese uitvindingen, de hoogontwikkelde Chinese keuken met haar tientallen varianten, de Chinese traditionele geneeskunde, de begrippen 'yin' en 'yang' die de tegenstellingen verenigen en de leer van de Vijf Elementen (hout, vuur, aarde, metaal en water) waaruit de hele kosmos is samengesteld. Dit alles dateert van minstens duizend jaar geleden en vaak van nog veel verder terug.

Het heden heeft China ongetwijfeld nieuwe grandeur gebracht, die echter eerder te maken heeft met grootheid dan met grootsheid, zoals de spectaculairste Olympische Spelen uit de geschiedenis (Peking 2008), het grootste aantal olympische gouden medailles (51 in 2008) en de grootste, duurste en meest bezochte Wereldtentoonstelling ooit (Shanghai 2010). Als China ooit nog eens het wereldkampioenschap voetbal krijgt toegewezen, wordt het ongetwijfeld een WK van de hypersuperlatieven. En dan zijn er faraonische waterwerken zoals de Drieklovendam in de Jangtse, verreweg de grootste stuwdam van de wereld, en de nog gigantischer dam in de Yarlung Tsangpo (de Chinese bovenloop van de Brahmaputra) in Tibet, die in 2014 klaar moet zijn. Nieuwe superlatieven moeten worden uitgevonden voor het omleidingsproject via drie kanalen van water uit het Jangtse-bekken in het zuiden naar het droge noorden, of voor het ongehoorde project om zeewater te pompen naar de uitgedroogde zoutmeren in het Tarim-bekken, een paar duizend kilometer westwaarts, waar het moet verdampen en voor regen moet zorgen in de woestijn.

De Chinese beschaving duurt nu al veel langer dan welke andere beschaving ook. Die continuïteit alleen al is, nog afgezien van de beschaving zelf, terecht een belangrijke reden voor nationale trots. Landen met een jonge geschiedenis, zoals de Verenigde Staten of Australië, kunnen in de ogen van traditioneel denkende Chinezen dan ook niet echt beschaafd zijn. Hoe oud is de Chinese beschaving? Standaard spreken de Chinezen van vijfduizend jaar. Dat is een soort geopenbaarde waarheid, een axioma dat thuishoort in het rijtje van onbespreekbare zaken zoals het immer correcte beleid van de communistische partij, de onverbrekelijke nationale eenheid en China's onvervreemdbare rechten op Taiwan, Tibet en Xinjiang. Als ergens in China een archeologische vondst wordt gedaan die ouder is dan vijf millennia, dan rekt men de lengte van de Chinese beschaving graag nog verder op.

Ergens in het vijfde millennium vóór het begin van onze jaartelling vestigden nomaden zich in de vruchtbare valleien van de middenloop van de Gele Rivier en begonnen landbouw te bedrijven. Daarmee was de Chinese beschaving nog niet begonnen, maar was wel de kiem ervan gelegd. En daarmee was ook de Chinese minachting voor de als barbaars beschouwde herdersvolken geboren. Praktisch vanaf de oertijd tot in de negentiende eeuw toe zijn de Chinezen bedreigd door nomadenvolken: vanuit de steppen in het noorden door Mongoliërs, Turkstalige volken en Mantsjoes, vanuit het zuidwesten door Tibetanen. Dat is tenminste de Chinese lezing. Veel minder bekend is dat de Chinezen ook zelf ten aanval trokken tegen de nomaden. In het noorden vormden aarden muren de eerste aanzet tot de latere *chang cheng*, de 'Lange Muur' die wij Chinese Muur noemen. Die moest vooral de Chinese gebiedsuitbreiding naar het noorden consolideren. Als de Muur ook bedoeld was om de barbaren tegen te houden, dan heeft hij zijn doel gemist: de Mongoliërs trokken eromheen en stichtten de Yuan-dynastie, de Mantsjoes kwamen door een voor hen geopende poort naar binnen en stichtten de Qing-dynastie. De minachting die de sedentaire Chinezen voelden voor de nomaden legde de basis voor het Chinese gevoel van superioriteit jegens iedereen die geen deel had aan de Chinese beschaving. Dit superioriteitsgevoel kreeg een geweldige knauw door de vernederingen die China in de negentiende en twintigste eeuw moest ondergaan van de westerse grootmachten en Japan. Nu China hard op weg is een supermacht te worden is het oude gevoel van meerwaarde weer helemaal terug. Het is een factor waarmee de rest van de wereld terdege rekening zal moeten houden.

Langzamerhand begon zich aan de Gele Rivier een proto-Chinese beschaving te ontwikkelen. Volgens de overlevering begon men in 2398 v.Chr. de kalender bij te houden. Dat was dus het jaar 1 van de Chinese jaartelling. De eerste vijftienhonderd jaar daarna zijn in historische nevelen gehuld. Daarna begon de Chinese beschaving geleidelijk aan vorm te krijgen in een territorium van sterk wisselende omvang. De mythen en legendes uit China's prehistorie zijn pas veel later opgeschreven, waardoor ze nog meer voor waar werden gehouden. Waar of onwaar, ze hebben hun stempel gedrukt op de latere Chinese geschiedschrijving. Iets dergelijks is bijvoorbeeld in het antieke Rome gebeurd met de legendes over Romulus en Remus en over de zes koningen na Romulus. In het oude China gaan die verhalen vooral over keizers en koningen, die met hun uitvindingen en hun wijs beleid de basis zouden hebben gelegd van de Chinese beschaving. De beroemdsten van deze legendarische vorsten zijn Yandi (Vuurkeizer) en vooral Huangdi (Gele Keizer). Deze laatste zou een rijk hebben bestuurd aan de middenloop van de Gele Rivier. Daar zou dan de wieg van de Chinese beschaving hebben gestaan. De traditie weet precies wanneer de Gele Keizer geregeerd heeft: van 2697 tot 2597 v.Chr., waarna hij op de rug van een gele draak ten hemel werd opgenomen. Hij wordt vereerd als China's grootste culturele heros, de grondlegger en het symbool van de Chinese natie en de voorvader van de Han-Chinezen. Dat voorvaderschap wordt vaak heel letterlijk opgevat, hoewel de Han-Chinezen het resultaat zijn van een vermenging van vele volken. De verering van de Gele Keizer wordt van hogerhand gestimuleerd ter versterking van het gevoel van nationale identiteit, saamhorigheid en trots. Zijn oude mausoleum in Yan'an, waar alleen zijn vermeende gewaad en hoed worden bewaard, en zijn nieuwe beeld in Zhengzhou bij de Gele Rivier trekken drommen patriotten. Uit een gigantisch voetstuk rijst daar 106 meter hoog zijn stenen kop op naast die van de Vuurkeizer.

De Chinezen hebben wat met geel. De Gele Keizer. De Gele Draak. De Gele Rivier. De keizerlijke kleur geel. Het gele ras. De Gele Zee. Het komt allemaal van de okerkleur van het lössland waar de Gele Rivier doorheen kronkelt. De rivier ontleent zijn naam aan de enorme hoeveelheden geel slib die hij meevoert. Het grootste deel daarvan zet hij af op zijn eigen bodem, waardoor de bedding ondanks uitbaggering steeds hoger is komen te liggen. De dijken moesten daarom voortdurend worden opgehoogd, maar dat mocht lang niet altijd baten. De afgelopen drieduizend jaar heeft de Gele Rivier zeker vijftienhonderd rampzalige overstromingen veroorzaakt. In die tijd heeft hij minstens 26 keer zijn loop verlegd, vaak met grote hongersnoden als gevolg. Niet voor niets wordt de Gele Rivier niet alleen China's wieg maar ook China's verdriet genoemd. De grootste bekende natuurramp was in 1931, toen een overstroming van de Gele Rivier en de daaropvolgende honger en besmettelijke ziekten tussen de 1,3 en 4 miljoen mensen het leven kostten. Als gevolg van de milieuverwoesting – bijna twee derde van het stroomgebied is ernstig aangetast door erosie – is er 's zomers van de machtige Gele Rivier aan de middenloop alleen nog een miezerig stroompje over en aan de benedenloop helemaal niets meer.

Geel is de keizerskleur, ga maar kijken in de paleizen van de Verboden Stad. Het is verleidelijk dat keizerlijke geel te herkennen in de vlag en het wapen van de Volksrepubliek, die gedomineerd worden door het communistische rood. Geel is ook de kleur die de nationalistische Han-Chinese elite aan het eind van de negentiende eeuw aan het eigen ras heeft gegeven om zich te onderscheiden van de blanke barbaren, dat wil zeggen, de gehate westerse imperialisten. Tot dan toe had het Chinese 'gele ras' zichzelf als blank beschouwd.

In het Westen kreeg het woord 'geel', toegepast op China, een dreigende betekenis: het 'gele gevaar' van aanstormende Chinezen die vastbesloten waren het vrije Westen onder de voet te lopen. Dat idee vatte post ten tijde van de Bokseropstand (1899-1901). De Duitse keizer Wilhelm II zag de Boksers, die in opstand waren gekomen tegen de buitenlandse overheersing van China, als de voorhoede van het 'gele gevaar' dat het hele Westen zou bedreigen. In de Verenigde Staten werden de Boksers zelfs al gezien als het grootste gevaar voor het Westen en het christendom sinds de Mongolische ruiterlegers in de dertiende eeuw Europa binnenstormden. Tijdens de Koude Oorlog werd het 'gele gevaar' herontdekt, vooral na de eerste Chinese proef met een atoombom in 1964. Het Westen had er geen idee van dat China het veel te druk had met zichzelf en met grensconflicten met India en de Sovjet-Unie om ook maar in de verste verte aan wereldverovering te kunnen denken – nog afgezien van de verouderde strategieën en de aftandse bewapening van het Chinese leger. Het bezoek van de Amerikaanse president Nixon aan China in 1972 rekende af met de westerse angst voor naderende hordes uit het Oosten.

In de 21e eeuw is het 'gele gevaar' in het Westen opnieuw actueel geworden, al wordt deze racistische term niet al te vaak meer gebruikt. Het gevaar heeft niet meer de vorm van aanstormende gewapende hordes van fanatieke verre-oosterlingen, maar van Chinese fabrikanten die hun goedkope producten op onze markten dumpen en daarmee onze banen zouden stelen, van Chinese investeerders die zich in onze economie willen nestelen, van Chinese toeristen die zich op onze cultuurgoederen storten, van Chinese politieke leiders die hier en in de rest van de wereld de dienst komen uitmaken. Daarnaast leeft onder westerlingen nog steeds het beeld van het Chinese volk als een enorme mensenzee waarin het naamloze individu geheel verdrinkt. Het modehuis Dior ging in 2010 op de ouderwetse toer: in een advertentiecampagne showde een blank model de Dior-pakjes te midden van veel kleinere, identieke, uniform geklede Chinese mannen en vrouwen. Een westers individu dat boven de massa van oosterse robots uit rijst. China nam het Dior niet in dank af.

Volgens de legende wezen de wijze vorsten van de begintijd een andere wijze tot hun opvolger aan. Aan die selectie op basis van merites kwam na koning Yu een eind. Yu zelf was iemand van grandioze verdiensten: latere geschiedschrijvers hebben deze mythologische held uitgeroepen tot redder van de mensheid doordat hij met de hulp van de Gele Draak een eind maakte aan een vernietigende vloed. Voor zijn opvolging liet Yu zijn keus echter niet vallen op een wijze, maar op zijn zoon Qi. Daarmee was de erfopvolging en, althans volgens de overlevering, de Xia-dynastie geboren. Een keizer bleef regeren tot aan zijn (al dan niet natuurlijke) dood. De enige uitzondering is de Qianlong-keizer, die in 1796 na zestig jaar regeren plaats maakte voor zijn zoon. Maar de macht achter de troon bleef de oude ex-keizer, die van zijn zoon een marionet maakte.

Het hoogste leiderschap in China zou erfelijk blijven – lang niet altijd van vader op zoon – tot het einde van het keizerrijk in 1911. De daaropvolgende Republiek China nam die gewoonte over: generalissimo Chiang Kai-shek, die zijn grondgebied na de communistische overwinning in 1949 ingeperkt zag tot Taiwan, bleef aan de macht tot de dag van zijn dood in 1975. Zijn opvolger als president van Taiwan was zijn zoon Chiang Ching-kuo. Deze maakte echter een begin met de democratisering van het eiland, waarmee een eind kwam aan de dynastieke opvolging.

In de Chinese Volksrepubliek kan natuurlijk van erfopvolging geen sprake zijn, al zijn je politieke kansen groter wanneer je in de juiste familie bent geboren en de juiste beschermheer hebt. Maar hoe de opvolging dan wél is geregeld, is onduidelijk. Na ruim zestig jaar is daar nog altijd geen institutioneel mechanisme voor. Het enige wat iedereen over de selectie van de nieuwe opperste leider weet, is dat ze plaatsvindt achter de schermen en dat er slechts een handjevol mensen aan te pas komt. Mao Zedong bleef, zoals het een Chinese keizer betaamt, tot zijn laatste snik (1976) aan de macht. Zijn gedoodverfde erfgenamen werden 'ontmaskerd' als verraders en voortijdig uitgeschakeld: Liu Shaoqi werd opgesloten in een varkenskot en stierf van de honger, Lin Biao zou zijn neergestort met het vliegtuig waarmee hij na een mislukte couppoging naar de Sovjet-Unie had willen vluchten. Mao's laatste erfgenaam, zijn politieke kloon Hua Guofeng, was na twee jaar door toedoen van Deng Xiaoping van het toneel verdwenen. Ook Deng kreeg het met zijn beoogde opvolgers aan de stok. Eerst zette hij Hu Yaobang af als partijleider, en daarna ook diens opvolger Zhao Ziyang, die tot zijn dood in 2005 onder huisarrest is gebleven. Deng zelf legde alle officiële functies neer en behield slechts het erevoorzitterschap van de Chinese bridgebond. Desondanks bleef hij daarna als een tweede Qianlong-keizer aan de touwtjes trekken tot hij erbij neerviel (1997).

Pas bij de opvolging van Jiang Zemin in 2002 is er voor het eerst geen bloed gevloeid en is niemand in ongenade gevallen. Sinds Deng Xiaoping is er geen charismatische leider meer wiens wil wet is. De huidige topman Hu Jintao moet net als zijn voorganger Jiang Zemin rekening houden met andere leiders en andere opvattingen binnen de top. Ook dat heeft een historisch precedent: vanaf het begin van de negentiende eeuw werd het keizerrijk collegiaal bestuurd. Het keizerlijke raadsbesluit heeft plaats gemaakt voor het compromis, de eenhoofdige absolute leiding voor een collectief leiderschap waarin de hoogste man meer een primus inter pares is. Logisch, want de partij wil de uitwassen vermijden die aan een al te charismatisch leiderschap zoals dat van Mao kleven. Dit heeft een verrassend gevolg: de enige plek in China waar het er democratisch toegaat, is de vergaderzaal van het Politbureau. Besluiten worden er pas genomen nadat eensgezindheid is bereikt. Daaraan kunnen lange debatten voorafgaan, waarin alle Politbureauleden – 24 mannen en één vrouw – hun zegje kunnen doen. Het woord van de secretaris-generaal van de partij weegt zwaar, maar hij kan zijn wil niet per decreet doordrijven. Jiang Zemin probeerde zichzelf in het voetspoor van Mao tot partijvoorzitter te laten benoemen, een functie die in 1982 werd afgeschaft. Tevergeefs: de andere leiders wilden niet het risico nemen dat Jiang zich boven hen zou verheffen en wellicht zelfs een nieuwe persoonsverheerlijking zou stimuleren. Bij Hu Jintao bestaat daar geen gevaar voor. De man heeft het charisma van een walrus. Zijn gedoodverfde opvolger, de huidige vicepresident Xi Jinping, is vooral bekend door zijn vrouw, een populaire ex-zangeres. Uit zijn biografie heeft de censuur alle gegevens geschrapt waaruit iets over zijn eigen opvattingen zou kunnen blijken. Hij mág ook geen eigen gezicht hebben, anders is hij niet geschikt om consensus te kweken tussen de talloze belangengroepen, die allemaal uit zijn op macht en invloed.

Om te verhinderen dat er toch een nieuwe Mao zou opstaan, heeft de partij sinds Jiang Zemin haar topleiders enige beperkingen opgelegd. Ze mogen niet langer dan twee ambtstermijnen aanblijven, in totaal tien jaar, en op hun zeventigste moeten ze met pensioen. Dat laatste is ook bedoeld om te vermijden dat China wordt opgezadeld met afgetakelde leiders à la Brezjnev. Om de vorming van een nieuwe dynastie en chaos aan de top te voorkomen, begint het gebruik te ontstaan dat de zittende hoogste leider niet zijn eigen opvolger aanwijst, maar de opvolger van zijn opvolger. Zo was Hu Jintao niet de keus van zijn voorganger Jiang Zemin maar van zijn mentor Deng Xiaoping. En Xi Jinping is niet de man van Hu Jintao maar van Jiang Zemin. De gaande man probeert na zijn vertrek zo veel mogelijk macht te houden. Dat doet hij onder meer door vertrouwelingen tijdig op sleutelposten te benoemen. Hu Jintao zat daardoor een paar jaar opgescheept met vooraanstaande leden van de door Jiang Zemin geleide 'Bende van Shanghai', een select clubje partijbazen. Op zijn beurt zal Xi Jinping, zelf aanvoerder van de

'Bende van de prinsjes', de hete adem in de nek voelen van mensen van de Communistische Jeugdliga, vanouds het bastion van Hu Jintao. Er zijn dus wel enige regels gekomen, maar het mechanisme achter de selectie van de nieuwe man blijft een groter mysterie dan de verkiezing van een nieuwe paus.

In de keizertijd moest je voor het bereiken van de hoogste top in de juiste familie zijn geboren, in de Volksrepubliek China moet je je verzekeren van de juiste patroon. Patronage is een wezenlijk kenmerk van het Chinese politieke systeem. De meest voor de hand liggende patroon is je eigen vader, en daarmee zijn we via een omweg toch weer terug bij de gebruiken uit de keizertijd. Als je vader een leider is of is geweest, heb jij een natuurlijk recht op een leidende positie. Het idee van de erfopvolging is dus ook in de Volksrepubliek niet dood. Dat blijkt ook uit de verzamelnaam die de volksmond geeft aan de spruiten van de communistische leiders: prinsjes. De belangrijkste prinsjes zijn de kinderen van de leiders van het eerste uur. De aankomende partijleider Xi Jinping is zo'n prinsje. Zijn vader was een revolutionaire held en guerrillaleider die het tot vicepremier bracht alvorens bij Voorzitter Mao uit de gratie te raken. Vader Xi was een goede vriend van Deng Xiaoping, en daaraan dankt zoon Xi mogelijk zijn uitverkiezing. Bo Xilai, de ambitieuze partijbaas van Chongqing, is de zoon van een van de 'Acht Ouden' die in de jaren tachtig en negentig achter de schermen de dienst uitmaakten. Een bijzonder prinsje is Mao Xinyu, kleinzoon van niemand minder dan de Grote Roerganger. In 2010 werd hij op veertigjarige leeftijd bevorderd tot China's jongste majoor-generaal. Hij gaf rustig toe dat zijn naam beslissend was geweest voor zijn promotie.

Veel prinsjes zijn dankzij paps het zakenleven ingerold. Vaak zijn ze baas van een staatsbedrijf of van een particuliere investeringsbank. In 2010 bestond 90 procent van de 3220 rijkste Chinezen uit prinsjes. Onder hen zijn kinderen van (voormalige) topleiders als Deng Xiaoping, Jiang Zemin, Hu Jintao, Li Peng, Zhu Rongji en Wen Jiabao. De lagere goden in de partij blijven niet achter. Plaatselijke bestuurders bezorgen hun kinderen en andere familieleden een goede baan, hun winkelende vrouw een dienstauto met chauffeur, hun minnares of concubine een luxeappartement. Familieleden van lokale machthebbers denken al snel dat ze net als hun vader of man boven de wet staan, wat in de praktijk vaak ook zo is dankzij een flinke dosis klassenjustitie. Daarom is de veroordeling begin 2011 van Li Qiming zo belangrijk. Drie maanden eerder had deze jongeman in staat van dronkenschap twee meisjes aangereden op een universitaire campus in Baoding, een stad onder de rook van Peking. Een van hen overleefde het niet. Li reed door, en toen omstanders hem probeerden te laten stoppen, riep hij: 'Kom maar op met een proces als je durft! Mijn vader is Li Gang!' Hij was dus de zoon van de machtige lokale souschef van politie. Dat had hij beter niet kunnen zeggen. In het hele land stak een internetstorm op, waar de censuur niet tegenop kon. Binnen de kortste keren werd 'Mijn vader is Li Gang!' een nationale slagzin tegen machtsmisbruik en het ontlopen van verantwoordelijkheid. De politiechef verscheen huilend op tv, zijn zoon bood zijn excuses aan, maar een proces was niet meer te vermijden. Li jr. kreeg slechts zes jaar gevangenisstraf omdat hij volgens de rechter berouw had getoond en zijn vader aan de slachtoffers schadeloosstelling had betaald.

Op het gebied van nepotisme hoeft het communisme dus niet voor het kapitalisme onder te doen. Overigens blijkt het communisme hier en daar wel degelijk verenigbaar met het principe van de erfopvolging: zie de absolute, haast theocratische monarchie van de dynastie-Kim in Noord-Korea en het bewind van de gebroeders Castro in Cuba. Maar waar vind je ze níét, de politieke dynastieën en pluchevaste families? De Kennedy's, de Bush's en de Clintons in de vs, de Papandreous in Griekenland, de Gandhi's in India, de Bhutto's in Pakistan, de Aquino's in de Filippijnen, de Assads in Syrië, en bijna de Mubaraks in Egypte en de Khaddafi's in Libië – sinds koning Yu schijnt een machthebber de macht graag binnen de familie te houden.

Het Mandaat van de Hemel

Terug naar de Chinese prehistorie. De (historisch schimmige) dynastie van de Xia-koningen zou van ongeveer 2200 tot 1700 v.Chr. hebben geregeerd over een deel van Noord-China. Uit deze periode stammen de eerste koperen artefacten. Rond 1550 v.Chr. trad de Shang-dynastie aan en begon de productie van schitterende bronzen rituele objecten. De mooiste zijn te zien in het beeldschone Shanghai Museum, dat gewijd is aan oude Chinese kunst. De Shang is het eerste Chinese vorstenhuis waarover geschreven documentatie bestaat. In deze periode begint dan ook volgens de meeste westerse historici – maar zeker niet volgens de Chinese – de eigenlijke geschiedenis van het Rijk van het Midden. De oudste bronnen zijn teksten in karakterschrift die gegrift zijn op het buikschild van een schildpad of het schouderblad van een os. De eerste van deze zogeheten orakelbeenderen werden in het begin van de vorige eeuw ontdekt in een apotheek in Peking, waar een berg soortgelijke botten klaarlag om te worden vermalen tot medicinale poeder. Deze eerste ons bekende karakters dateren van rond 1200 v.Chr. De Egyptische hiërogliefen en het Sumerische spijkerschrift zijn zo'n tweeduizend jaar ouder, maar die waren voor het begin van onze jaartelling allang in onbruik geraakt, terwijl er tussen de schild- en botkarakters van toen en de vereenvoudigde karakters op de Chinese computerschermen van nu een directe lijn loopt. Het is aannemelijk dat de karakters die we op de orakelbeenderen zien het resultaat zijn van een lange ontwikkelingsgang, maar over de karakters die de ons bekende zijn voorgegaan, weten we niets.

Het Chinese woord voor karakterschrift is *wen*. Dat betekent ook literatuur, taal, beschaving, cultuur. In de Chinese cultuur staat het geschreven woord immers centraal, veel meer dan bij ons. Het schrift is de cultuurdrager bij uitstek. De aloude karakters zijn hét symbool van de eeuwige Chinese cultuur. Ze hebben het schrift van omringende landen – Japan, Korea en Vietnam – diepgaand beïnvloed. In weinig landen wordt het schrift zo gecultiveerd als in China. Het schept een culturele band tussen de sprekers van de honderden Chinese dialecten, die vaak zo van elkaar verschillen dat sommige worden beschouwd als afzonderlijke talen. De woorden, hoe verschillend ook uitgesproken, worden immers overal op het Chinese vasteland op dezelfde manier geschreven. Dat is de meest praktische reden dat het karakterschrift nooit is vervangen door een lettersysteem, anders zouden Chinezen die elkaar niet kunnen verstaan ook niet meer schriftelijk of digitaal met elkaar kunnen communiceren. De dieper liggende reden is dat het karakterschrift wezenlijk is voor de Chinese cultuur. Afschaffing van de karakters wordt gezien als culturele zelfmoord. De enige belangrijke karakterverandering van de afgelopen eeuwen vond plaats in Mao's tijd en bestond uit een vereenvoudiging van de schrijfwijze. In Hongkong, Macau, Taiwan en veel Chinese overzeese gemeenschappen wordt echter nog altijd het traditionele schrift gebruikt. De eerbied voor het geschreven woord verklaart ook waarom kalligrafie in China veel meer is dan schoonschrijven bij ons. Het is een kunst die in hoog aanzien staat. Een van de aan Mao Zedong toegeschreven verdiensten was dat hij prachtig kon kalligraferen. Bovendien was hij in zijn jonge jaren een verdienstelijk dichter. Veel mensen hebben kalligrafie als hobby. Sommigen gebruiken daarvoor geen papier maar de straat, en geen inkt maar water, en geen kwastje maar een soort bezem. Hoe warmer het is, des te sneller hun kunst verdampt.

De Chinezen houden van hun karakters, maar de actieve beheersing is in het digitale tijdperk sterk aan het teruglopen. Bij het schrijven van teksten op hun computer gebruiken de Chinezen de Romeinse letters van het transcriptieschrift pinyin. Op het scherm verschijnen dan alle karakters die aan die transcriptie voldoen, en daaruit wordt dan een keus gemaakt. Datzelfde systeem wordt gebruikt voor het versturen van sms'jes, wat nergens op de wereld zo vaak gebeurt als in China. Er wordt steeds minder met de hand geschreven. De pen raakt in onbruik, en daarmee de schrijfvaardigheid. Dat verschijnsel doet zich wereldwijd voor, maar als je ze niet oefent, vergeet je karakters een stuk gemakkelijker dan letters. Daardoor krijgen steeds meer mensen moeite met de minstens drieduizend karakters die ze er als kind dag in dag uit, elke dag vier of vijf uur, gedurende negen schooljaren hebben ingestampt. Het ministerie van Onderwijs heeft de scholen bevolen met extra kalligrafielessen de door computer en sms aangerichte schade te herstellen. Er zijn zelfs karakters die uitsterven door toedoen van de computer, zoals het teken van de familienaam Shan, die gedragen wordt door zo'n tweehonderd mensen in een dorp in de provincie Shandong. Het betreffende karakter is zo zeldzaam dat het niet in de computerprogramma's staat die gebruikt worden voor het printen van officiële documenten. Sinds 2003 krijgt daarom iedere Shan bij de geboorteaangifte een nieuwe familienaam: Xian. De uitspraak lijkt sterk op Shan, maar de schrijfwijze in het geheel niet.

Rond 1045 v.Chr. werd de Shang-dynastie ten val gebracht door de heersers van het Zhou-volk, dat in het zuiden van de huidige provincie Shaanxi woonde, niet ver van de provinciale hoofdstad Xi'an. Zij richtten een feodale maatschappij in, die later door Confucius werd uitgeroepen tot model van de ideale samenleving. De Zhou-koningen gaven aan de door hen gestichte dynastie een nieuwe legitimering: het mandaat om te regeren zouden ze hebben gekregen van de hemel zelf. De laatste koning van de Shang zou vanwege zijn liederlijk gedrag dit mandaat hebben verloren, waardoor een staatsgreep moreel gerechtvaardigd werd. Vanaf de Zhou-dynastie tot aan het einde van het keizerrijk, drie millennia later, heeft de vorst krachtens dit Hemels Mandaat geregeerd en is hijzelf beschouwd als Hemelzoon, drager en zinnebeeld van de Chinese beschaving. Met de hemel werd overigens niet verwezen naar een persoonlijke god of de schepper van het heelal, maar naar de universele kracht die het al bestiert. Als directe emanatie van die kracht had de vorst gezag over *tianxia*: 'alles wat er onder de hemel is'. De hele wereld dus. Maar hij kon zich niet alles veroorloven. Hij was verplicht zich in te zetten voor het algemeen welzijn, een vroege toepassing van het noblesse oblige-beginsel. Zijn mandaat en daarmee zijn legitimiteit kon hij verliezen als hij langdurig zijn plicht tegenover zijn onderdanen verzaakte. Bijvoorbeeld door de defensie te verwaarlozen, de dijken niet op te hogen, het antwoord op grote natuurrampen schuldig te blijven, de belastingdruk ondraaglijk te maken en in het algemeen door niet het voorbeeld van opperste deugdzaamheid te zijn waartoe zijn functie hem verplichtte. De buitenlandse invasies, overstromingen, hongersnoden, desolate armoede of bureaucratische aderverkalking die het gevolg konden zijn van deze plichtsverzaking, gaven het volk het recht om in opstand te komen. Daardoor kon het rijk scheuren of de dynastie ten val komen. Met een nieuwe dynastie begon dan, net als in het Romeinse Rijk onder een nieuwe keizer, een nieuwe jaartelling.

In de twintigste eeuw kwam aan de laatste dynastie een eind en nam China de westerse jaartelling over. Maar de machtsuitoefening heeft veel keizerlijke trekjes behouden. Onder het bewind van de communistische partij is het hiërarchische eenrichtingsverkeer tussen regeerders en geregeerden niet noemenswaardig veranderd. De autoriteiten hebben nog steeds geen enkele verplichting om verantwoording af te leggen aan het volk. Het ceremonieel tijdens politieke plechtigheden doet nog altijd religieus aan, en de hoogste leiders zijn bijna even ontoegankelijk als vroeger de keizer. Het gewone volk mocht niet eens naar de keizer kíjken op de spaarzame momenten dat hij de Verboden Stad verliet. De leiders van nu zijn wel te zien, voornamelijk op televisie, maar dat maakt hen niet minder onbenaderbaar. De premier geeft welgeteld één persconferentie – altijd strak geregisseerd – per jaar, en de partijleider-president geeft er nog één minder. President Hu heeft in het openbaar zelden een woord gesproken dat hij niet van een papier aflas. Premier Wen geeft één keer per jaar in een online-chatsessie antwoord op zorgvuldig geselecteerde vragen.

Kritiek op hooggeplaatsten is nog even ondenkbaar als vroeger.

In de media zijn grappen of cartoons over de partijleiders uit den boze, en hun privéleven is al helemaal taboe. Over de persoon Hu Jintao weten Chinezen aan het eind van zijn tienjarig bewind evenveel als aan het begin: praktisch niets. Toen bekend werd dat de op het Chinese vasteland verboden schrijver Yu Jie in Hongkong een boek ging publiceren met de titel *China's beste acteur: Wen Jiabao*, kreeg hij bezoek van de politie, die dreigde hem te arresteren als het zeer kritische boek over de premier zou verschijnen. Wen Jiabao, bijgenaamd opa Wen, gaat door voor het menselijk gezicht van het bewind, voor een man die begaan is met het gewone volk. Bij rampen snelt hij direct naar de plaats des onheils, waar hij soms een traantje moet wegpinken. Het boek van Yu Jie verscheen toch. Hij werd zwaar gemarteld in het kader van de wraakoefening na de toekenning van de Nobelprijs voor de vrede aan zijn vriend Liu Xiaobo. Yu Jie haalde alsnog zijn gelijk na een fatale treinbotsing in juli 2011. De leugens van de regering over de oorzaak en het verbod op onafhankelijk onderzoek door de media brachten op internet zulke heftige protesten teweeg, dat Wen Jiabao alsnog de plek van het ongeluk bezocht om deze bedreiging van de sociale stabiliteit te bezweren. Hij verontschuldigde zich dat hij niet eerder was gekomen omdat hij een paar dagen ziek was geweest. Dat bleek aantoonbaar een leugen. Yu Jie vluchtte begin 2012 naar de vs.

Wie zich vroeger door een rechter of een andere autoriteit onrechtvaardig behandeld voelde, kon op een speciaal kantoor in de provinciale hoofdstad of bij een keizerlijke instantie in Peking een klacht indienen, die in het Chinese hiërarchische jargon 'petitie' wordt genoemd. Dat kan nog steeds, zowel in Peking als in de provincie, en tegenwoordig ook via internet. Elk jaar maken een paar miljoen mensen er gebruik van. Dat bewijst dat de rechtspraak in conflicten tussen burgers en de overheid niet deugt. Maar het petitiesysteem deugt evenmin. De kans dat de klagers gehoord worden is minimaal – dikwijls worden hun grieven niet eens in ontvangst genomen – en nog kleiner is de kans dat ze in het gelijk worden gesteld. Vaak bereiken ze de hoofdstad niet, want de leiders van hun plaats van herkomst hebben opdracht hen thuis te houden teneinde de autoriteiten in Peking tijd- en gezichtsverlies te besparen. Bereiken de klagers Peking toch, dan worden de lokale leiders daarop afgerekend. Die hebben er dus alle belang bij het niet zover te laten komen. Vroeger stuurden ze hun politie op de lastposten af, maar tegenwoordig huren ze graag particuliere ontvoeringsbedrijven in, die de rechtzoekers kidnappen en terugsturen of opsluiten in wat de volksmond een 'zwarte gevangenis' noemt, vaak een aftands hotel. De campagne die de politie eind 2011 begon om deze clandestiene gevangenissen te ontmantelen is met enige scepsis ontvangen. Niet zelden komen de klagers terecht in een heropvoedingskamp of in een psychiatrische inrichting. Soms komen deze praktijken in de publiciteit. Toen de vrouw van een hoge partijman het kantoor van haar man wilde binnengaan werd ze door drie politiemannen in burger afgetuigd. Ze dachten dat ze iemand was die een petitie kwam indienen. De politiecommissaris die voor dit 'totale misverstand' zijn excuses aanbood, legde uit: 'We hadden niet de bedoeling de vrouw van een hoge chef te slaan.' Reactie van veel internetgebruikers: 'Gewone mensen mogen dus wél in elkaar worden geramd?' En hoe reageerde de politie toen bekend werd dat een toerist in zijn hotel in Peking van zijn bed was gelicht, in elkaar was geslagen en bewusteloos aan de kant van de weg gedumpt? 'Sorry, we dachten dat het een petitie-indiener was.' Er waren geen excuses voor de mishandeling van de drie échte klagers die uit hetzelfde hotel waren ontvoerd.

De partij regeert weliswaar niet meer krachtens het Hemels Mandaat – dat zou een aanfluiting zijn van het historisch materialisme en vloeken met het atheïsme dat de partij officieel belijdt – maar krachtens het Mandaat van het Volk of het Mandaat van de Geschiedenis, wat in de praktijk op hetzelfde neerkomt. Formeel dankt de partij haar recht om te regeren aan de communistische overwinning in 1949 in de burgeroorlog tegen de regerende nationalisten van Chiang Kai-shek. Maar met het verstrijken van de jaren is deze revolutionaire legitimering vervaagd en is de traditionele voorwaarde weer terug die het gezag van de heerser rechtmatig maakt. Zoals de keizer als een vader moest zorgen voor zijn volk, zo moet de communistische partij het volk vooruitgang, orde en rust brengen. Net als de keizers moet de partij het volk, of althans het grootste deel ervan, tevreden houden, anders dreigt ze het vertrouwen te verliezen en daarmee haar mandaat om te regeren. Democratische regimes baseren hun legitimiteit op hun verkiezingszege, autoritaire regimes legitimeren zich door hun prestaties. Daarom zien democratieën dictaturen haast automatisch als niet-legitiem. Maar dankzij het feit dat de communistische partij verplicht is om te presteren teneinde haar macht te behouden, is een groot deel van de bevolking er geweldig op vooruitgegaan, en dat ziet het Westen gemakkelijk over het hoofd.

Veel westerlingen denken dat de Chinese communistische partij dag en nacht zit te zinnen op de versterking van China's internationale positie. Geen sprake van: de partijleiders zinnen dag en nacht op de beste methodes om de binnenlandse sociale stabiliteit – eufemisme voor orde en rust – te verzekeren. Daartoe doen ze graag een beroep op dezelfde wijze die door Mao Zedong nog zo fel werd bestreden: Confucius. Voor de oorsprong van zijn denkbeelden moeten we heel ver terug in de geschiedenis.

Meester Kong

Geleidelijk aan brokkelde de macht van de Zhou-koningen af. In 770 v.Chr. moesten ze hun hoofdstad in het Wei-dal, 145 kilometer ten westen van de huidige stad Xi'an, een stuk oostwaarts verplaatsen naar de huidige stad Luoyang aan de Gele Rivier. Dat was het begin van de zogeheten Lente- en Herfstperiode. Her en der vormden zich in het Zhou-rijk vorstendommen – op een gegeven moment waren het er meer dan honderd – die elkaar de macht betwistten. Dankzij hun strakkere organisatie wisten ze het gezag van de Zhou uit te hollen, maar ze erkenden het nog wel. De desintegratie zette zich in toenemende mate voort gedurende de periode van de Strijdende Staten (481-221 v.Chr.), waarin de zeven grotere staten binnen het Zhou-rijk hun gebied geleidelijk aan uitbreidden. In 256 v.Chr. gaf de koning van het Qin-rijk de Zhou-dynastie ten slotte de genadeslag. Niet lang daarna onderwierpen de Qin de resterende koninkrijken en vestigden het Chinese keizerrijk, dat ruim 22 eeuwen heeft bestaan. Binnenkort zal het tijdperk van de Strijdende Staten terugkeren, maar dan op wereldniveau. Dat denkt althans een grote groep Chinese schrijvers die in 2010 meededen aan een opiniepeiling over de vraag hoe de rest van de wereld zal reageren op de herrijzenis van China als wereldmacht. Wie de historische vergelijking doortrekt, moet concluderen dat die wereldoorlog dan gewonnen gaat worden door China.

Als je Chinezen vraagt waarom ze hun cultuur als superieur beschouwen, dan valt direct de naam Kong Fu Zi (Meester Kong), bij ons bekend als Confucius (551-479 v.Chr.). Hij kwam uit het kleine staatje Lu in de huidige oostelijke provincie Shandong. De naam Lu leeft voort als een andere aanduiding voor die provincie. Meester Kong was een rondtrekkende leraar, die met lede ogen de toenemende sociale chaos aanzag. Hij reisde van hof naar hof, in een vergeefse poging zich op te werpen als permanent adviseur van een of andere koning. Alles wat we weten van deze politicoloog en socioloog avant la lettre dateert uit latere eeuwen en is vaak afkomstig van leerlingen die hun opvattingen toedichten aan de Meester. Het bekendste boek met aan Confucius toegeschreven uitspraken is de *Analecta*, een verzameling antwoorden op vragen van leerlingen.

Het confucianisme is geen godsdienst maar een maatschappelijke leer. De Confucius-tempels hebben geen religieuze betekenis. Ze zijn bedoeld om de nagedachtenis van de grote wijze te eren. De voorouderverering waaraan Confucius zo'n groot belang hecht, is eerder ethisch dan religieus van aard. Volgens een aloude Chinese overtuiging spelen de voorouders een actieve rol in het leven van hun nazaten, die hen daarom in ere moeten houden. De voorouderverering is een uitbreiding over het graf heen van de kinderlijke piëteit jegens de ouders tot de voorouders. Het uitblijven van verering zou een zware belediging van de voorouders zijn, die dan als straf hun bescherming zouden kunnen staken. De ergste belediging die men hun kan aandoen, is kinderloos blijven, want daardoor krijgt de familie een 'dode tak'. Ouders oefenen daarom zware druk op hun volwassen kinderen uit om te trouwen, ook als die er (nog) geen zin in hebben. Maar meestal bezwijken ze, of ze doen alsof. Bijvoorbeeld door zich tijdens hun nieuwjaarsbezoek aan het ouderlijk huis te laten vergezellen door een ingehuurde 'verloofde'. Nog altijd is het voor veel Chinese ouders een schrikbeeld om als enig kind een homoseksuele zoon te hebben: niet zozeer uit morele afkeuring, maar uit angst de voorouders *post mortem* hun gezicht te laten verliezen. Daar alleen zoons de familielijn kunnen voortzetten, is het voor ouders veel minder erg een homoseksuele dochter te hebben. Volgens de confucianistische leer kan een zoon zijn ouders niet vreselijker treffen dan door hun een erfgenaam te onthouden. Om hun (voor)ouders dit gruwelijke gezichtsverlies te besparen komen verreweg de meeste Chinese homo's niet uit de kast. Vier op de vijf homo's bezwijken voor de druk om te trouwen en indien mogelijk een kind te maken. Zelfs in een kosmopolitische wereldstad als Shanghai worden er schijnhuwelijken gevierd, compleet met ringen, taart en gezang van lang-zullen-ze-leven. De ouders van bruid en bruidegom – soms hebben die elkaar gevonden via datingsites en bijeenkomsten voor trouwlustige homo's en lesbo's – zitten er stralend bij. De voorouders kunnen gerust zijn.

Confucius leefde in een roerige tijd. Met weemoed keek hij terug naar de geordende samenleving van vroeger, dat wil zeggen de bloeiperiode van de Zhou, drie, vier eeuwen voor zijn eigen geboorte. China's leidende maatschappijfilosofie wortelt dus in een verlangen naar een revival van waarden die op het moment van haar ontstaan al oud en traditioneel waren. Het confucianisme is een model dat volgens zijn ontwerpers – en later ook volgens de heersende elite – de beste voorwaarden schiep om het hoogste ideaal op deze aarde te bereiken: maatschappelijke harmonie. Daarmee is zeker niet de harmonie van de klassenloze maatschappij bedoeld, integendeel. Confucius' feodale samenleving is op alle niveaus strikt hiërarchisch ingedeeld. Vrouwen zijn ondergeschikt aan mannen, leerlingen aan leraren, en iedereen aan de autoriteiten. Alleen tussen vrienden is er geen hiërarchische verhouding, tenzij er een flink leeftijdsverschil is. Jongeren zijn respect en gehoorzaamheid verschuldigd aan ouderen, lagergeplaatsten aan degenen die boven hen gesteld zijn. Individualisme is in deze conformistische maatschappij uit den boze: de enkeling gaat op in de gemeenschap, en de belangen van de gemeenschap gaan altijd vóór die van het individu. Harmonie is alleen mogelijk als iedereen, zowel in zijn directe omgeving als in de maatschappij als geheel, zijn plaats en zijn plichten kent, en iedereen zich laat leiden door het beginsel dat ook christenen welbekend is: wat gij niet wilt dat u geschiedt, doe dat ook een ander niet.

Harmonie begint in de familie, de hoeksteen van de samenleving. Confucius hecht zeer veel belang aan de piëteit (gehoorzaamheid, respect, zorg) van kinderen jegens hun ouders. In het gezin is de man de baas van zijn vrouw en kinderen, en bij de kinderen staan de jongens boven de meisjes en de oudere broer boven de jongere broer. Oudere jongens staan zelfs boven hun moeder als zij weduwe is geworden, zoals de regel van de Drie Gehoorzaamheden verkondigt: een vrouw gehoorzaamt haar vader zolang ze niet is getrouwd, haar man gedurende haar huwelijk, en haar zoons als ze weduwe is. Een vrouw heeft niet het recht zelf een man te kiezen, en als ze weduwe is geworden mag ze niet hertrouwen. Haar Vier Deugden zijn trouw, fysieke bekoorlijkheid, welvoeglijk taalgebruik en handigheid met naald en draad.

Op de hoogste hiërarchische trap staat de heerser. Vanaf de eerste eeuw v.Chr., toen het confucianisme onder de Oostelijke Handynastie staatsfilosofie werd, was dat de keizer. Tegenwoordig zijn het de negen man van wat officieel het Vaste Comité van het Politbureau van het Centrale Comité van de Chinese Communistische Partij heet. Hogergeplaatsen moeten een toonbeeld zijn van deugdzaamheid en moeten rechtvaardig en goedertieren zijn tegenover hun minderen. Dat geldt bij uitstek de vorst: met zijn onovertreffelijke morele kwaliteiten moet hij een lichtend voorbeeld zijn dat van hoog tot laag wordt nagevolgd totdat de hele maatschappij doordrenkt is van deugdzaamheid. Het is niet de wet die de mensen dwingt tot goed gedrag, maar de hoge ethische standaard die hun van bovenaf wordt voorgehouden. Daarin verschilt China fundamenteel van de westerse politieke traditie. In China speelt niet de wet maar de moraal een essentiële rol. Heersers kunnen hun mandaat verliezen niet omdat ze de wet aan hun laars lappen – de wet, dat zijn ze immers zelf, net zoals vroeger de absolute vorsten in Europa – maar wanneer ze moreel afglijden. De staat ziet het als zijn plicht het volk te onderwijzen in de uiteraard confucianistische moraal. In het Westen hoefde een vorst zich moreel niet te legitimeren, want het recht om te regeren ontleende hij aan God en aan zijn geboorte uit vorstelijke ouders. Prediking van de moraal liet hij over aan de Kerk.

Het idee over het goede voorbeeld dat goed doet volgen, leeft in China nog steeds. Het maoïsme heeft dat idee op grote schaal in praktijk gebracht, vooral door middel van propagandaposters waarop Voorzitter Mao staat afgebeeld als het lichtend voorbeeld. In dat verband is een van Mao's erenamen, de Zon, heel illustratief. De partij introduceerde rolmodellen die de deugdzaamheid belichaamden. Vooral bekend is de zichzelf wegcijferende soldaat Lei Feng, die na een kort maar intens leven van belangeloze hulpverlening aan de in nood verkerende medemens, door Mao zelf werd uitgeroepen tot voorbeeld voor alle Chinezen. Er werd een speciale Lei Feng-dag ingesteld, die nog altijd bestaat maar weinig animo meer oproept. Officiële rolmodellen wekken tegenwoordig eerder medelijden: wie is er nu zo stom om alleen aan anderen te denken in plaats van aan zijn eigen portemonnee? Nog altijd organiseert de partij campagnes waarin het volk puntsgewijs de na te streven idealen krijgt voorgehouden, maar dat zijn eerder rituele oefeningen waar niemand zich wat van aantrekt.

In moderne tijden is de leer van Confucius vaak gezien als een ideologische constructie ter rechtvaardiging van een dictatoriaal regime dat aan niemand verantwoording schuldig is. Menig keizer heeft het confucianisme inderdaad uitgelegd als eenrichtingsverkeer wanneer het om plichten ging: het volk dient te gehoorzamen, en de keizer doet wat hem goeddunkt. Ook de herontdekking van Confucius door de huidige communistische leiders heeft veel te maken met hun behoefte aan gehoorzaamheid zonder protest. Sociaal conformisme verkleint de kans op rebellie immers aanzienlijk. 'Harmonie' is in de mond van de leiders haast een ander woord geworden voor controle en dwang. Confucius' nadruk op hiërarchie maakt machtsmisbruik een stuk gemakkelijker, temeer daar er geen verantwoording hoeft te worden afgelegd. Bijna iedereen in China, zo blijkt uit een in 2010 gehouden steekproef, voelt zich wel eens onheus of arrogant behandeld door een of andere gezagsdrager. Die zou zich Confucius' woorden moeten aantrekken: 'Als een heerser afwijkt van deugdzaamheid, hoe kan hij de naam "heerser" dan nog waardig zijn?'

Natuurlijk is het confucianisme met zijn grote nadruk op hiërarchie niet de meest geschikte voedingsbodem om de democratie te laten floreren. Maar dat is niet de enige verklaring van het ontbreken van een democratische traditie in China. Al sinds ruim duizend jaar heeft de Chinese staat geen last meer van concurrerende machtsgroepen. Europa had naast de staat de adel, de Kerk en de gilden. Later kwamen burgerij en arbeidersklasse op. De staat, hoe absolutistisch ook geregeerd, diende met deze machtsfactoren rekening te houden. In China was daar geen sprake van. De Chinese gilden hebben nooit politieke macht gehad. De macht van het boeddhisme en de landadel werd door de staat geknakt, en vervolgens werden ze geabsorbeerd. Vanaf toen ontleenden deze groepen hun gezag niet meer aan zichzelf maar aan de staat. Dit komt overeen met de confucianistische en taoïstische harmoniegedachte, waarin conflicten of maatschappelijke tegenstellingen tussen hen die deel hebben aan de superieure Chinese beschaving uit den boze zijn. Dat idee is beklijfd. De bourgeoisie, de middenklasse, de strijdkrachten, de rechterlijke macht, de media en wat eigenlijk níét bevinden zich onder de vleugels van de communistische eenpartijstaat, die niet alleen de arbeiders en boeren maar zo ongeveer iedereen zegt te vertegenwoordigen.

Meester Kong, overtuigd voorstander van hiërarchie en maatschappelijke orde, heeft echter nooit gewild dat zijn oerconservatieve leer zou uitmonden in een dictatuur, en dus in een allesbehalve harmonieuze samenleving. Daarom heeft hij in zijn doctrine een correctiemechanisme ingebouwd dat een ongebreidelde uitoefening van de macht moet tegengaan. De geleerden hadden de plicht de keizer kritisch te volgen en hem te waarschuwen als hij zijn plichten verzaakte. En het volk had het recht te rebelleren tegen een keizer die een gesel was voor zijn onderdanen en daardoor het Mandaat van de Hemel had verloren. Juist daarom zijn de hoogste partijleiders zo verontrust over de corruptie en het machtsmisbruik van partijbonzen, waardoor het volk reden en recht heeft te rebelleren en de partij het Mandaat van het Volk kan kwijtraken.

Het confucianisme was als een magneet. Vele jaren lang heeft het de opvattingen van allerlei denkers aangetrokken, die samen vorm hebben gegeven aan de leer. Een van de belangrijksten was Mencius (vermoedelijk 372-289 v.Chr.), vooral bekend om zijn nadruk op de beoefening van *ren*, een deugd die misschien het best te omschrijven valt als medemenselijkheid. Hij was het die de klassiek geworden opvatting onder woorden bracht dat hoofdwerkers leiding dienen te geven aan handwerkers. Mencius is ook bekend om zijn uitspraak dat mensen met grijs haar hulpbehoevend zijn. Met Mencius in hun achterhoofd verven de grijze topleiders van de communistische partij hun haar zorgvuldig zwart. Na Mencius heeft het confucianisme vele malen veranderingen ondergaan, maar het wezen van de aan Confucius toegeschreven leer staat nog altijd als een huis.

Confucius leefde drie generaties vóór Socrates, de man met wie de westerse wijsbegeerte serieus begint (de eerste Griekse filosofen worden veelbetekenend 'presocratici' genoemd). Aristoteles is weer een kleine eeuw later. Het Westen heeft aan deze en andere antieke filosofen enorm veel te danken, en hetzelfde geldt voor de grote klassieke auteurs met hun gedichten en tragedies over de menselijke drama's van alle tijden: over goed en kwaad, liefde en haat, trouw en verraad, leven en dood. Maar Homerus, Plato, Sophocles en al die anderen hebben hun plaats gevonden in de geschiedenis van de literatuur en de wijsbegeerte, en gelden allang niet meer als de opperste wijsheid of het laatste woord. Hetzelfde geldt voor de politieke en sociale opvattingen van de antieke Griekse auteurs. Wie de grondbeginselen van de westerse democratie ter harte gaan, zal niet graag de elitaire politieke ideeën van Plato omhelzen. Confucius daarentegen, of de leer die aan hem wordt toegeschreven, is na 2500 jaar nog steeds springlevend en heeft zelfs, na de vergeefse poging van Mao Zedong om hem uit de geschiedenis te bannen, een indrukwekkende comeback gemaakt. China beleeft de renaissance van een leer die zelf als renaissance is begonnen.

Confucius, de eerste ons bij naam bekende leraar uit de Chinese geschiedenis, is de patroon van leraren en leerlingen. De nadruk die China's leraar bij uitstek legde op onderwijs, is een blijvend kenmerk geworden van de Chinese samenleving. Meer dan ooit zijn Chinese (groot)ouders bereid desnoods jarenlang krom te liggen om hun vaak enige (klein)kind het beste onderwijs te laten volgen. Vanaf het begin is alles gericht op het nemen van de grootste horde op de weg naar maatschappelijk prestige en een vermeende gouden toekomst: het universitaire toelatingsexamen. Op zo'n kind wordt geweldige pressie uitgeoefend. Lees het boek *Strijdlied van de tijgermoeder* van de Chinees-Amerikaanse Amy Chua, en je wordt als westerling haast onpasselijk van de hardvochtige methodes waarmee de superambitieuze moeder haar dochters naar de top probeert te jagen. Chinese kinderen hebben Confucius in hun hart gesloten. De populairste leerling is bij ons de grootste praatjesmaker, in China is het de beste van de klas. Dankzij Confucius wordt er in China en in de andere confucianistische landen harder gestudeerd dan waar ook ter wereld. De PISA-test 2009 onder vijftienjarige middelbare scholieren in 68 landen over hun kennis van wiskunde, natuurkunde en tekstanalyse leverde als grote winnaar op: Confucius. Leerlingen in Shanghai scoorden in alle drie de vakken verreweg het best. Tot de topvijf behoorden verder Hongkong, Singapore, Zuid-Korea en slechts één niet-confucianistisch land: Finland. Amerikaanse pubers bakten er gemiddeld heel weinig van. Chinese kinderen werken gewoon een stuk harder. Minder dan 5 procent van de Amerikaanse bevolking is van Aziatische komaf, maar op de Amerikaanse topuniversiteiten ligt het percentage Aziaten veel hoger. Bijna 13 procent van de studenten van Harvard zijn Aziaten. Op Berkeley is dat zelfs 34 percent.

Tijdens de vernieuwingsbewegingen vanaf het eind van de negentiende eeuw en vooral onder het bewind van Mao kreeg Confucius het zwaar te verduren. Hij werd gezien als de verzinnebeelding van alles wat de Chinese samenleving achterlijk, dom en onrechtvaardig had gehouden, zoals de ongelijkheid van de mensen, de achterstelling van de vrouw, de afbinding van vrouwenvoeten, de verering van de voorouders. Toch had Mao meer van Confucius dan hij ooit zou hebben toegegeven. Zijn leer is zelfs omschreven als confucianistisch leninisme. Confucianisme en maoïsme houden het volk beide het egalitarisme voor. Ze delen de nadruk op sociaal-politieke controle, de bevelstructuur, het primaat van de groep boven het individu, de overtuiging dat ieder mens zijn maatschappelijke plaats moet kennen, de leer over de groei van de mens naar de volmaaktheid: voor de confucianisten de wijze, voor de maoïsten Marx' Nieuwe Mens. En zelfs het Rode Boekje met citaten van Voorzitter Mao is zowel qua vorm als inhoud geënt op Confucius: *les extrèmes se touchent.*

Na Mao werd Confucius gerehabiliteerd. Zelden zal een rentree zo triomfantelijk zijn geweest als die van de 2500 jaar oude Meester Kong. Zijn ideeën over sociale harmonie en hiërarchische verhoudingen werden de officiële leidraad van het beleid van een partij die onder haar eerste leider nog de permanente klassenstrijd en de totale gelijkheid had gepredikt, en daarna haar idealen had teruggebracht tot de slogan 'rijk worden is glorieus'. De politieke besluitvorming is wezenlijk confucianistisch: ze is niet gebaseerd op een beslissing van de meerderheid maar op consensus. Tegenwoordig staat het confucianisme op het lesprogramma van de Centrale Partijschool in Peking, waar de toekomstige leiders worden klaargestoomd. Het is zelfs niet onmogelijk dat de Chinese Communistische Partij ooit haar naam zal veranderen in Chinese Confucianistische Partij. In het indrukwekkende openingsspektakel van de Olympische Spelen van 2008 in Peking over de geschiedenis van de Chinese beschaving traden, onder het goedkeurend oog van de hoogste leider Hu Jintao, drieduizend soldaten op die verkleed waren als leerlingen van Confucius. Overal worden particuliere scholen gesticht die op confucianistische leest zijn geschoeid. Steeds meer universiteiten voeren cursussen over het confucianistische denken in. Vermoeide managers komen op verhaal in bezinningsoorden waar de wijze inhoudelijk de scepter zwaait. Een boek waarin Confucius antwoord geeft op vragen van de moderne tijd werd een topbestseller. De partij bracht de blockbuster *Confucius* uit, maar die moest het afleggen tegen *Avatar*, waarschijnlijk omdat de strijd van de buitenaardse mensen tegen de overweldigers die hun land kwamen stelen in China zo herkenbaar was. Als reactie op de toekenning van de Nobelprijs aan Liu Xiaobo stelde China halsoverkop een tegenprijs in: de Confucius Vredesprijs. Begin 2011 werd een reusachtig Confucius-standbeeld geplaatst voor de ingang van het Chinees Nationaal Museum aan het Tiananmenplein. In dit politieke hart van China coëxisteerde Confucius met het portret en het gebalsemde lichaam van zijn vervolger Mao, totdat het beeld in april zonder enige verklaring weer verdween. Kennelijk was deze provocerende rehabilitatie van de oude wijze sommige topleiders toch te gortig. De ongeveer vijfhonderd instellingen in bijna honderd landen die als beoogde bolwerken van China's soft power de Chinese taal en cultuur onderwijzen, dragen de programmatische naam Confucius-Instituut of Confucius-Klaslokaal. Het toekomstbeeld dat de partij de hele mensheid voorhoudt, is rechtstreeks aan het harmonie-ideaal van Confucius ontleend: een 'harmonieuze wereld'.

De gedachte dat de maatschappij hiërarchisch moet zijn ingericht, is een even vanzelfsprekend als onbespreekbaar axioma geworden. Op dat punt, zoals op vele andere, sluit de communistische partij perfect aan bij de traditie. Voorbeelden van de hiërarchische structuur zijn er legio: de verticale machtsverhoudingen tussen autoriteiten en volk zoals die tussen ouders en kinderen, de geheimhouding van vrijwel alles wat met de partij, de regering en de politiek te maken heeft, de angst voor de opkomst van een *civil society*, het gebrek aan reële inspraak, vaak zelfs ook over zaken die de betrokkenen rechtstreeks aangaan, de overtuiging dat de communistische partij boven de wetten staat die ze zelf heeft gemaakt. Of neem de obsessie voor protocol en vormelijkheden, bedoeld om aan te geven wie er de baas is over wie: het bewijst allemaal hoe diep het gevoel voor hiërarchie erin zit.

Ook de censuur komt, behalve uit vermeende politieke noodzaak, voort uit de aloude hiërarchische verhoudingen: vader (de keizer, de partij) bepaalt in zijn wijsheid wat goed is voor zijn kinderen (de onderdanen, het volk) en wat niet. De westerling die roept dat daarmee de waarheid vaak grof geweld wordt aangedaan, krijgt tegenwoordig in China een ultrakorte repliek: 'Murdoch'. Tegenover de immorele methodes die in het imperium van deze mediatycoon werden gehanteerd, stelt de Chinese communistische partij haar educatieve aanpak, die de mensen behoedt voor kwade invloeden.

Deze verticale structuur wordt niet alleen van bovenaf opgelegd maar ook van onderaf in stand gehouden. Veel mensen weigeren verantwoordelijkheden te nemen die niet strikt onder hun be-voegdheid vallen. Zodat het kan gebeuren dat een fabrieksvloer door een lekkende brandkraan onder water komt te staan omdat alleen één bepaalde chef bevoegd is aan die kraan te komen, en die is er toevallig niet. Werknemers zullen niet snel kritiek leveren op hun werkgever, ook al zijn ze het niet met hem eens. De angst om de su-perieuren te mishagen is vooral sterk bij werknemers die belast zijn met de communicatie met de buitenwereld. Immers, voor je het weet, zeg je iets verkeerds, en daarom zeg je liever niets. Het gevolg daarvan ervaren binnen- en buitenlandse journalisten om de ha-verklap als ze bij een instantie van de overheid – bijvoorbeeld een politiebureau, een rechtbank, een ministerie – om informatie of commentaar komen vragen over 'gevoelige' onderwerpen. Nu ligt een zaak in China al gauw gevoelig. Vaak wordt bij de afdeling voorlichting (in het Chinees betekent het woord voor 'voorlichting' ook 'propaganda') de telefoon niet eens opgenomen, of er wordt een ontkennend, een ontwijkend, of helemaal geen antwoord gege-ven. Een enkele keer is de voorlichter wel bereid iets te zeggen, maar dan alleen anoniem of hoogstens met de vermelding van zijn fami-lienaam – een Wang, Li of Zhu is immers moeilijk te identificeren. Wat wij zien als extreme koudwatervrees is voor de Chinezen ech-ter een daad van zelfverdediging.

Chinezen zullen hun leiders niet snel afvallen, niet eens zozeer omdat dat vervelende consequenties kan hebben, maar eerder om-dat je zoiets als Chinees niet doet. Je identificeert je immers met de mannen aan de top, want die belichamen China zelf, net als vroeger de keizer dat deed. Kritiek leveren op je leiders is dus haast hetzelfde als kritiek leveren op je vaderland. Critici zijn dus landverraders, die opgesloten dienen te worden. Alleen al daarom kunnen er in China geen echte oppositiepartijen of onafhankelijke media be-staan. Veel Chinezen lijken er voetstoots van uit te gaan dat de me-dia in het buitenland dezelfde propaganda- en doorgeefluikfunctie hebben als in China. Ze kunnen zich moeilijk voorstellen dat ie-mand kritiek heeft op zijn regering, laat staat dat hij niet trots is op zijn land. Buitenlanders in China doen er dan ook goed aan hun kritiek op zowel de Chinese als hun eigen regering voor zich te houden. Dat geldt ook voor opmerkingen, al dan niet ironisch bedoeld, in de trant van 'Nederland is maar een onbeduidend landje, dat 240 keer in China past'. Die weg-met-ons-mentaliteit is voor een Chinees volkomen onbegrijpelijk. Een Indiase hoogleraar die in China gastcolleges gaf over zijn vaderland shockeerde zijn gehoor door nare waarheden over India niet onder stoelen of banken te steken. Zo zei hij dat om en nabij de 30 procent van de Indiërs in volstrekte armoede leefde. Een Chinese studente onder zijn gehoor maakte hem praktisch uit voor landverrader.

Waarom zijn de ideeën van andere denkers uit de Chinese oudheid niet aangeslagen? Behalve Confucius moeten er heel wat andere rondreizende leraren zijn geweest, en van hen kennen we de namen niet eens. Waarom hebben grote mannen als Mozi (Meester Mo, 480-390 v.Chr.) met zijn antihiërarchische denkbeelden, of Han Feizi (Meester Han Fei, rond 280-233 v.Chr.) met zijn nadruk op wetten en regels, het uiteindelijk niet gehaald? Confucius' enige echte concurrent door de eeuwen heen is Laozi (de Oude Meester, ook geschreven als Lao Zi, Laotse of Lao Tsu), samen met Zhuang Zi beschouwd als de stichter van het taoïsme (of daoïsme). De mythische Laozi, die Confucius' tijdgenoot zou zijn geweest, verkondigde in het aan hem toegeschreven boek *Daodejing* ('Boek van de Dao en de innerlijke kracht', na de Bijbel het meest vertaalde boek ter wereld) dat de natuur volmaakt is geordend en dat de mens, zelf een minuscuul onderdeel van de natuur, daarin niet moet ingrijpen. Het beste wat de mens kan doen om een harmonieus leven te leiden, is zo weinig mogelijk regels en wetten maken, teneinde de natuurlijke loop der dingen niet te verstoren. Een goede heerser zal zich daarom zo veel mogelijk onthouden van handelen volgens een vooropgesteld plan: het beginsel *wu wei*. De heerser vermijdt hard optreden en probeert zo veel mogelijk goodwill te kweken. Een soort soft power avant la lettre. Alleen zo kan de natuurlijke gang der dingen zijn beloop hebben overeenkomstig het allesbeheersende beginsel van de dao (volgens een oudere transcriptie *tao*). Dao is vaak vertaald als De Weg, maar het is een begrip dat alle definiëring ontstijgt. Als we ons desondanks wagen aan een definiëring, dan is de dao het universele principe waaruit alles afkomstig is en waartoe alles terugkeert.

Als enige van de grote godsdiensten in China is het taoïsme van nationale bodem. Het heeft de Chinese aard diepgaand beïnvloed. Het taoïsme is een religieuze levenshouding van de mens die beseft dat hij een deel is van de kosmische orde, het confucianisme daarentegen is een maatschappijvisie die met al haar morele idealisme toch zeer van deze aarde is en weinig belangstelling heeft voor het hiernamaals. Confucianisme en taoïsme delen het ideaal van de harmonie, maar staan haaks op elkaar in hun opvattingen over de manier waarop de mens in het leven moet staan. Het confucianisme benadrukt verantwoordelijkheid, plichtsbetrachting, soberheid en hiërarchie, het taoïsme staat voor de vrije, creatieve, rebelse kant van de Chinese geest. Aan Confucius danken de Chinezen hun praktische instelling, aan Laozi hun hang naar het mysterieuze. Het confucianisme geeft de Chinees strenge gedragsregels, het taoïsme ongebondenheid. Confucius maakt van de Chinees een zwoegende massamens voor wie tijd geld is, Laozi maakt hem tot ontheven, luierende individualist voor wie de tijd geen rol speelt. Kijk naar al die mensen die niets zitten te doen en de dag kletsend, theedrinkend, spelend of slapend doorbrengen: ze zijn zich er misschien niet van bewust, maar ze zijn druk bezig het taoïsme in praktijk te brengen. Als de Chinees in gezelschap is, dan heeft hij zich als confucianist onder controle; kruipt hij achter het stuur, dan breekt de taoïst in hem los en laat hij gebeuren wat gebeuren moet. Het ontzaglijke aantal verkeersongelukken, zowel in absolute cijfers als in verhouding tot het aantal auto's, komt zeker voor een deel op het conto van Laozi. Het confucianisme is de buitenkant van de Chinezen, het taoïsme hun binnenkant. De economische revolutie is Confucius, het Eeuwige China is Laozi. Die tegenstellingen houden elkaar in evenwicht als yin en yang. Het is net als met de meditatieve vechtsport tai chi chuan, die de totale harmonie bereikt door vereniging van de tegenstellingen: beweging en bewegingloosheid, activiteit en inertie, uiterlijke actie en innerlijke rust. Wil je naar links, zegt de beoefenaar van tai chi chuan dialectisch, ga dan eerst naar rechts, wil je je greep versterken, laat hem dan eerst verslappen, wil je winnen, geef dan eerst toe.

Ook bestuurders hebben zich in de loop der eeuwen vaak tot het taoïsme gewend, vooral als het confucianistische idealisme niet bleek te werken. Sommige keizers hadden het wu wei-beginsel hoog in het vaandel staan. Zelfs de communistische leiders laten zich in netelige zaken nog weleens door dit principe leiden, in de hoop dat het probleem zich door niet-ingrijpen vanzelf zal oplossen dankzij gewenning, vergetelheid of een verandering van omstandigheden. Dat gebeurde bijvoorbeeld tijdens de crisis rond de besmettelijke ziekte SARS in 2003, die de regering een half jaar lang verborgen heeft trachten te houden terwijl de epidemie zich ongehinderd verspreidde. Volgens Ai Weiwei, een van China's meest gevierde beeldende kunstenaars, is wu wei voor de regering een leidend principe: 'Haar benadering is altijd om van grote problemen kleine te maken en dan de kleine problemen te laten verdwijnen.' Sommigen denken zelfs dat het dankzij wu wei met de wereldheerschappij van China niet zo'n vaart zal lopen: de Chinezen hebben volgens goed taoïstisch gebruik gewoon geen zin in al die verantwoordelijkheid. Hoe het ook zij, in het materialistische China van nu beleeft het taoisme, net als de meeste godsdiensten en sekten, een indrukwekkend reveil. De opbloei van het taoisme gaat hand in hand met de renaissance van zijn tegenhanger, het confucianisme: yin kan niet zonder yang.

Succesformule

Als ethische en politiek-maatschappelijke leer heeft het confucianisme geen concurrenten. Wat is het geheim van Confucius' ongeëvenaarde historische succes? Kennelijk hebben de wijzen die gezamenlijk voor zijn leer verantwoordelijk zijn iets zeer wezenlijks geraakt, anders was die doctrine niet beklijfd en was de Chinese volksaard er niet diepgaand door beïnvloed. Maar wat is dat wezenlijke dan precies?

China is vanouds een agrarische maatschappij en is dat ondanks de tomeloze urbanisering nog steeds. Als agrarisch land heeft het echter geen geluk gehad. Er is te weinig water, en het water dat er is, is geografisch slecht verdeeld: vaak te veel in het zuiden en veel te weinig in het noorden. Bovendien is slechts 10 procent van de grond geschikt voor landbouw, maar er wonen meer mensen dan in welk ander land ook. Als de Verenigde Staten dezelfde verhouding tussen bebouwbaar land en bevolkingsomvang zouden hebben als China, dan zouden er drie miljard Amerikanen zijn, bijna tien keer zo veel als in werkelijkheid. En dan zouden ook de vs waarschijnlijk zijn gedwongen tot een of andere vorm van geboortebeperking.

Tot op de dag van vandaag wordt China haast zonder onderbreking geteisterd door natuurrampen. De dodelijkste aardbeving aller tijden was in 1556 in de Chinese provincie Shaanxi (naar schatting 830.000 doden). Vaak waren er meerdere rampen tegelijk: overstromingen, modderlawines, droogtes, orkanen, aardbevingen, aardverschuivingen, sneeuw- en zandstormen, noem maar op, met als resultaat misoogsten, ellende, honger, ziekte, dood. Vaak heeft de mens door nalatigheid of door actief ingrijpen de hand gehad in die calamiteiten, bijvoorbeeld door hellingen te ontbossen, grasland te laten overbegrazen of uiterwaarden en andere waterafvloeiingsgebieden in cultuur te brengen. Daar kwamen in het niet al te verre verleden andere rampen bij: epidemieën decimeerden de bevolking, invasielegers richtten slachtingen en verwoestingen aan, burgeroorlogen kostten miljoenen mensen het leven, tirannieke leiders zaaiden dood en verderf. Verreweg de grootste hongersnood uit de wereldgeschiedenis was in China in de jaren van de Grote Sprong Voorwaarts, van 1958 tot 1961, uitgerekend tijdens een periode van grote droogte. Deze *man-made disaster* kostte zeker 45 miljoen mensen het leven. Sinds die tijd is zelfvoorziening op het gebied van voedsel een nationale obsessie. China is verreweg de grootste producent ter wereld van aardappels, varkensvlees, tarwe en maïs, die het bijna geheel gebruikt voor eigen consumptie. Wanneer China gedwongen zou worden op grote schaal voedsel te importeren, zou dat de wereldmarktprijzen enorm opdrijven. Dat perspectief werd begin 2011 reëel als gevolg van een hardnekkige droogte. De belangrijkste landbouwgebieden maakten al de ergste droogteperiode sinds zestig jaar door. De provincie Shandong, de graanschuur van China, ging zelfs zijn ergste droogte sinds tweehonderd jaar tegemoet.

Gedurende een groot deel van de Chinese geschiedenis heeft het gevecht om de overleving het bestaan van miljoenen mensen bepaald. Er was geen tijd om aan andere dan de meest essentiële behoeften te denken. Vandaar een begroeting die je nog altijd bij de boeren kunt horen: *Ni chilema?* 'Heb je gegeten?' Tegenwoordig betekent dat gewoon 'Hoe gaat het?' en denkt bijna niemand meer aan de letterlijke betekenis. Maar eeuwenlang was er voor de gewone Chinees maar één vraag in het leven die ertoe deed: hoe kom ik aan mijn eten? Waarschijnlijk is dat de diepste verklaring voor de materialistische en pragmatische houding van de Chinezen. Die mentaliteit heeft heel diep wortel geschoten. Vanouds zijn de Chinezen grote spaarders: vroeger spaarden ze om voorbereid te zijn op een misoogst, tegenwoordig om de school of de dokter te kunnen betalen. Toen het leven nog een tranendal was, was het logisch dat je elke mogelijkheid aangreep om eraan te ontsnappen. Bijvoorbeeld door je heil te zoeken in gokken en bijgeloof. In het moderne China lacht het leven miljoenen mensen toe, maar de Chinezen zijn bijgeloviger en goklustiger dan ooit. In de casino's in Macau – de enige plaats in China waar casino's geoorloofd zijn – en de twee legale loterijen groeiden de omzetten in 2010 ruim vier keer zo snel als het bruto binnenlands product. Het leven is voor de meeste mensen geen strijd om het bestaan meer, maar eten blijft voor de Chinezen het belangrijkste wat er is. En samen met geld is het hun meest geliefde gespreksonderwerp.

Het was van levensbelang de grond zo veel mogelijk te laten opbrengen, zodat er een oogstoverschot (*yu*) was om slechte tijden door te komen. Daaraan herinnert nog altijd het feit dat op een goed banket één schotel zeker niet mag ontbreken: vis. Het Chinese woord voor vis is een homoniem van yu en roept daardoor overvloed en rijkdom op. In de familie, de kleinste economische eenheid, draaide alles om de landbouwproductie. Hoe meer werkkrachten op het land hoe beter. Daarom moesten er in een gezin veel jongens zijn, want meisjes, daar heb je op het land niet zo veel aan. Bovendien stappen meisjes bij hun huwelijk uit hun eigen familie om lid te worden van de familie van hun man. Behalve hun oorspronkelijke familie verliezen ze daarmee ook hun oorspronkelijke voorouders. Voorouderverering, een vitaal onderdeel van de Chinese traditie, is dus een mannenzaak. Alleen jongens kunnen de familienaam voortzetten en daardoor ouders en voorouders de grootste schande besparen: het uitsterven van de familie. En alleen jongens zullen later de zorg op zich nemen voor hun oud geworden ouders. Investeren in de opvoeding van je dochters is volgens een oud boerengezegde hetzelfde als het land van je buurman besproeien: weggegooid geld. Vrouwen dienden hun plaats te kennen: in het huishouden, in de keuken, op het erf voor hand- en spandiensten, en als echtgenote voor het maken van jongens, van wie er hopelijk zo veel mogelijk in leven zouden blijven. Als er in arme boerengezinnen een meisje werd geboren, werd dat gezien als een straf, ook door de moeder. Vroeger kregen meisjes vaak niet eens een eigen naam, maar een nummer, of ze kregen een naam die zoiets betekende als 'was ik maar een jongen geweest'. Nog in 2010 gaf een teleurgestelde man zijn tweede kind, opnieuw een dochter, de vrouwonvriendelijke naam Ruonan (Net Een Jongen). Overigens verloor hij als straf voor de overtreding van het eenkindbeleid zijn baan.

De achterstelling van de vrouw heeft dus diepe wortels en is vooral economisch bepaald. In het arme deel van China, dus in het grootste deel van het land, hebben vrouwen vaak een nog harder bestaan dan mannen. Het beeld van ambitieuze Chinese vrouwen die het in de zakenwereld en andere voorheen typische mannelijke beroepen geweldig doen, gaat maar op voor een kleine stedelijke elite. Met de maatschappelijke emancipatie van de vrouw, die op grote schaal begon onder Mao, is het de laatste jaren zelfs achteruitgegaan: minder vrouwen hebben een baan, voor hetzelfde werk krijgen ze slechter betaald dan mannen, ze worden moeilijker aangenomen en gemakkelijker ontslagen. Die discriminatie zie je ook in de communistische partij zelf. Toen de partij aan de macht kwam, beloofde ze dat de helft van de partijfuncties zou worden bekleed door vrouwen. Mao had het immers zelf gezegd: 'Vrouwen dragen de helft van de hemel.' Ruim zestig jaar later is er onder de negen topleiders niet één vrouw.

Voor het traditioneel denkende deel van China, vooral voor boeren, is de geboorte van een meisje nog altijd geen zegen. Een boer kreeg bij de geboorte van een kind extra grond toegewezen mits dat kind een jongen was. Nog aan het eind van de twintigste eeuw werden bij de bepaling van het graanrantsoen van boeren, dat gebaseerd was op het aantal familieleden, meisjesbaby's volgens een tweeduizend jaar oude gewoonte niet meegerekend. Arme boeren verkochten hun dochters niet zelden als prostituee, concubine of slavin. In het moderne China komt het opnieuw voor dat boerendochters worden verkocht. Ook de oude praktijk om pasgeboren meisjes te doden, in de regel door uithongering of verdrinking, bestaat in afgelegen streken nog altijd. Een vroedvrouw had vaak een emmer met water klaarstaan voor het geval er een meisje werd geboren. Infanticide gold niet als moord omdat kinderen in hun eerste levensjaar nog niet als menselijke wezens werden gezien. Tegenwoordig rekenen veel echtparen met meisjesbaby's al ruim vóór de geboorte af: door abortus. De in de steden geldende eenkindpolitiek heeft het wanevenwicht tussen jongens en meisjes, en daarmee de angst voor sociale ontwrichting, verder vergroot.

Hiërarchisch ingerichte samenlevingen bestonden en bestaan er overal op de wereld. Chinezen vinden een hiërarchische ordening vanzelfsprekend, omdat ze die als de beste garantie tegen de gevreesde chaos zien. En chaos, *luan* in het Chinees, is het ergste wat zowel de leiders als hun onderdanen zich kunnen voorstellen. China weet wat luan betekent. In zijn lange geschiedenis is het talloze malen gedompeld geweest in chaos, teweeggebracht door grote natuurrampen, honger, ziekten, oorlogen, desintegratie van de staat, wanbeleid of politiek fanatisme. Het tegenovergestelde van chaos is harmonie, het hoogste maatschappelijke ideaal. De menselijke relaties moeten daarom op de maat van dat ideaal gesneden zijn. Confucius heeft daarvan een wetenschap gemaakt. Centraal staat de hiërarchische organisatie van het gezin, die in diepste wezen een economische motivatie had: een zo groot mogelijke landbouwproductie. Meester Kong vergrootte die organisatie uit en paste haar toe op de hele maatschappij, met de vorst als vader van het volk. Het respect en de gehoorzaamheid die kinderen verschuldigd zijn aan hun ouders, is het hele volk verschuldigd aan zijn heerser. En die is op zijn beurt verplicht zijn volk te behandelen als een rechtvaardige en meedogende vader.

Elke keer als dit recept voor maatschappelijke harmonie niet bleek te werken als gevolg van door de natuur of de mens verwekte rampspoed, keerde China zich weer tot Confucius om de chaos de baas te worden. De leer van Meester Kong is niet statisch. Het confucianisme heeft zich voortdurend aangepast en zich daardoor weten te handhaven. Maar zal het ook het einde overleven van de agrarische samenleving waarin het ontstaan is? Toen in 1978 de economische omwenteling begon, werkte 80 procent van de Chinese bevolking nog in de landbouw, slechts 10 procent minder dan twee millennia eerder. Sindsdien is een volksverhuizing naar de steden op gang gekomen zoals de wereld nog nooit heeft gezien. Honderden miljoenen boeren zijn stadsbewoners geworden, en een paar honderd miljoen zullen nog volgen. De steden zijn explosief gegroeid. Alle records slaat Chongqing, in de jaren dertig een slapend Jangtse-havenstadje diep in het binnenland, nu verreweg de grootste stedelijke agglomeratie ter wereld: 32 miljoen inwoners in een gebied zo groot als Oostenrijk. Volgens een projectie uit 2010 zullen er in 2015 evenveel Chinese stadsbewoners zijn als plattelanders, voorzover je de niet-stedelijke bewoners van een zo bergachtig land als China plattelanders kunt noemen. In datzelfde jaar zal China minstens 220 steden hebben met meer dan een miljoen inwoners. Heel Europa telde in 2010 niet meer dan 35 miljoenensteden. Tegen 2025 wonen 350 miljoen Chinezen in steden die nu nog niet bestaan. In 2050 zal driekwart van de Chinese bevolking in de steden wonen. Voordat de boerenmentaliteit verdwenen is, zijn we echter jaren verder. Maar zal daarmee dan ook de bestaansgrond onder het confucianisme zijn weggevallen?

Er is niets dat daarop wijst, integendeel. De economische ontwikkeling en de daarmee gepaard gaande urbanisering hebben juist een revival van het confucianisme veroorzaakt. Het is herontdekt als de essentie van de Chinese waarden en is daarom onvervangbaar als nationaal bindmiddel. Ook in samenlevingen als die van Taiwan, Japan en Zuid-Korea hebben industrialisatie, urbanisering en vertechnisering de confucianistische waarden niet teloor laten gaan. Traditionele waarden uit de statische agrarische wereld, zoals voorouderverering en geloof in geesten en andere magische krachten, hebben China's overstap naar de moderne tijd glansrijk overleefd. Zelfs de communistische partij is overstag gegaan: onder Mao Zedong werden confucianisme, bijgeloof en andere als feodaal bestempelde praktijken fanatiek vervolgd; onder Hu Jintao werden traditionele feesten zoals het Qingming-feest (waarop de mensen hun voorouders vereren en de voorouderlijke graven schoonbezemen) en het Drakenbootfeest hersteld als officiële feestdagen. Kennelijk heeft het begrip 'modern' voor de Chinezen een heel andere betekenis dan voor het Westen. De Chinezen mogen weer volop geloven wat Mao hen verboden had. Het getal acht brengt dus weer geluk en vier is weer een ongeluksgetal. Opnieuw brengt de keuken-god vlak voor Chinees Nieuwjaar in de hemel verslag uit van het gedrag van de bewoners. Net als vroeger kan een kind weer het best worden geboren in een Drakenjaar, en moet je je noedels niet doorsnijden omdat je daarmee je leven verkort. En ook weer helemaal terug is het oude systeem van feng shui, dat gebouwen zo bouwt en inricht dat de levenskracht (*qi*) gemakkelijk kan binnenwaaien en de boze geesten worden geweerd. En zo zijn er duizend andere bijgelovige overtuigingen en praktijken die mét het confucianisme weer helemaal terug zijn. De massale transformatie die China bezig is te ondergaan, zal waarschijnlijk leiden tot de meest ingrijpende aanpassing van het confucianisme uit zijn geschiedenis, maar China zal zijn wezen niet verloochenen.

Eenwording

De huidige staat China gaat in veel opzichten terug op het jaar 221 v.Chr., toen de koning van Qin zijn laatste rivaal, de koning van Chu, versloeg. Het grondgebied van Qin, de meest westelijke van de strijdende staten, beslaat ongeveer de huidige provincie Shaanxi. De Qin-koning nam de naam Qin Shi Huangdi ('De Eerste Keizer van de Qin') aan en werd de stichter van het Hemelse Rijk. Dit gebied van de zeven verenigde koninkrijken geldt sindsdien als China's kernland: van de Chinese Muur en de Gele Rivier in het noorden tot de Jangtse in het zuiden, met twee verre uitstulpingen ten zuiden van de Jangtse. De door de eerste keizer tot stand gebrachte vereniging van China was veel meer dan de samenvoeging van bestaande koninkrijken. Hij vestigde een centraal bestuur met een eigen wetssysteem, het alleenrecht op het gebruik van geweld, een belastingstelsel, verplichte arbeidsdiensten en een ambtenarenapparaat van burgers dat onafhankelijk was van de militairen. Hij bracht een integratie tussen de voormalige koninkrijken tot stand door hun schrift, hun munt en hun maten en gewichten te harmoniseren, de asbreedte van karrenwielen te standaardiseren, en zo'n 6500 kilometer aan hoofdwegen aan te leggen. Ook zou hij de aarden muren die de afzonderlijke rijken hadden gebouwd om de noordelijke nomaden te weren, deels hebben geslecht en deels met elkaar verbonden, waardoor de eerste stenen Chinese Muur ontstond. Ondanks haar kortstondige duur (221-206 v.Chr.) heeft de Qin-dynastie het 'eeuwige China' in de steigers gezet.

Bij weinig westerlingen roept de naam Qin Shi Huangdi iets op, maar iedereen kent zijn leger van duizenden mansgrote kleisoldaten. Dit terracottaleger, opgesteld in ondergrondse gangen, moest hem na de dood tegen zijn aardse vijanden beschermen en hem in het hiernamaals aan nieuwe overwinningen helpen. Ook latere keizers lieten zich na hun dood bewaken door soldaten van terracotta, maar in grootte en aantal haalden die het niet bij die van Qin Shi Huangdi. In diens kolossale mausoleum, verborgen in een kunstmatige heuvel dicht bij de kleien slagordes, zouden fabelachtige schatten zijn verborgen. Het is nog altijd niet geopend, naar het schijnt omdat men bang is voor rampzalige effecten zodra de schatten aan licht en lucht worden blootgesteld. Zijn eeuwigheidsmaatregelen hebben de eerste keizer overigens niet mogen baten: al snel na zijn dood kwam er een opstand, de kleisoldaten werden kort en klein geslagen, en de Qin-dynastie moest plaats maken voor de Han.

Over de stichter van de Qin-dynastie doen verschrikkelijke verhalen de ronde. Een mensenleven telde voor hem niet. Duizenden mensenlevens evenmin. Hij zou de arbeiders die aan zijn mausoleum hadden gewerkt, na gedane arbeid hebben laten doden, zodat ze de geheimen over de schatten aan niemand zouden kunnen doorvertellen. Voor de zekerheid zou hij de soldaten die de arbeiders hadden geëxecuteerd, hetzelfde lot hebben laten ondergaan. Hij zou een dodelijke arbeidsdiscipline hebben ingevoerd. Arbeiders die te laat op hun werk kwamen, werden gestraft met de dood, evenals alle leden van hun ploeg. Als aanhanger van het zogeheten legalisme, een politiek-maatschappelijke filosofie die sterk de nadruk legde op het afdwingen van wetten en regels door middel van strenge straffen, zou hij het zo hebben begrepen op de leer van Confucius dat hij de confucianistische boeken liet verbranden en 460 confucianistische geleerden levend liet begraven. Voor deze verhalen zijn echter weinig bewijzen. Ze schijnen vooral uit de koker te zijn gekomen van de schrijvers die tijdens de Han-dynastie de geschiedenis van de voorgaande dynastie te boek hebben gesteld. Dat zou in de Chinese geschiedschrijving het eerste voorbeeld zijn van bewuste vervalsing. De vervalsing is beklijfd en is van verdichtsel waarheid geworden. Ook Mao moet erin hebben geloofd. Ondanks zijn ideologisch gemotiveerde afkeer van het verleden had hij een grote bewondering voor de man die bijna 22 eeuwen vóór hem China voor het eerst had verenigd en volgens de geschiedschrijving een genadeloze heerser was geweest.

Toen het Chinese keizerrijk ontstond, moesten in Europa de Tweede Punische Oorlog (218-201 v.Chr.) en de expansie van Rome buiten Italië nog beginnen. Pas twee eeuwen later (27 v.Chr.) werd het Romeinse Rijk geboren. Na de val van het West-Romeinse Rijk in 476 n.Chr. is Europa nooit meer verenigd geweest, de pogingen van Napoleon en Hitler ten spijt. De onvergelijkbaarheid van Europa met China is dus al lang geleden begonnen. Europa werd een lappendeken van nationale staten, waarvan er altijd wel een paar met elkaar in oorlog waren. De meeste van die staten zijn een stuk kleiner dan de gemiddelde Chinese provincie. De kleinste provincie, het eiland Hainan, is bijna net zo groot als Nederland. Terwijl voor de Chinezen de nationale eenheid het hoogste goed is, ziet de doorsnee-inwoner van Europa zich niet of nauwelijks als Europeaan. In de wereld laat Europa 27 geluiden horen, en China één.

China's eenwording heeft een onuitwisbaar stempel gedrukt op de latere geschiedenis en is actueel tot op de dag van vandaag. Voor de communistische partij heeft verdediging van de nationale eenheid dezelfde topprioriteit als handhaving van de sociale stabiliteit, want zonder die twee riskeert de partij haar heerschappij kwijt te raken. Even onbespreekbaar als de overtuiging dat Tibet en Xinjiang onder Chinese soevereiniteit staan, zijn Pekings hangende territoriale aanspraken. Die claims kunnen tot gevaarlijke conflicten leiden, maar internationaal trekken ze alleen sporadisch de aandacht. China heeft de volgende territoriale aanspraken, die in het geval van Taiwan voortkomen uit een nationalistisch oerinstinct en in de overige gevallen voornamelijk gebaseerd zijn op strategische en/of economische overwegingen.

- Taiwan en de daarbij behorende eilandjes gelden als een Chinese provincie, die zich tijdelijk ten onrechte heeft vervreemd van het moederland. De definitieve hereniging is in Chinese ogen slechts een kwestie van tijd. Oplossing van de kwestie-

Taiwan, een nasleep van de burgeroorlog tussen communisten en nationalisten, is het hoogste doel voor zowel de Chinese diplomatie als voor de militaire leiders.

- Van India eist China een gebied van 90.000 vierkante kilometer in de deelstaat Arunachal Pradesh, door China Zuid-Tibet genoemd, terwijl India aanspraak maakt op een door China bestuurd gebied van 30.000 vierkante kilometer in Kasjmir. Dit is een nasleep van de door China gewonnen Chinees-Indiase oorlog van 1962, waarin China een groot deel van Arunachal Pradesh bezette alvorens zich terug te trekken.

- Met Japan loopt een steeds hoger oplopende twist over de Diaoyu-eilanden (door Japan, dat de feitelijke controle heeft over de eilanden, Senkaku genoemd). Deze acht onbewoonde eilanden liggen in een olierijk gebied in de Oost-Chinese Zee tussen Taiwan en het Japanse eiland Okinawa (dat volgens een recente claim van Chinese historici aan China toebehoort). Ook Taiwan eist de soevereiniteit over deze eilandengroep op. Bovendien erkent China niet de exclusieve economische zone van Japan rond het Pacific-atol Okinotori.

- Net als Vietnam claimt China de Paracel-eilanden (Xisha in het Chinees). Deze groep van 130 onbewoonde koraaleilandjes en riffen in de Zuid-Chinese Zee staat sinds een zeeslag in 1974 in de praktijk onder Chinese controle.

- Met Vietnam, Maleisië, Indonesië, Brunei, Singapore, de Filippijnen en Taiwan heeft China al sinds jaar en dag een conflict lopen over de Spratly-eilanden (Nancha in het Chinees). Deze groep van zo'n tweehonderd vrijwel onbewoonde eilandjes, atollen en riffen in de Zuid-Chinese Zee ligt ver van de Chinese kust en dicht bij die van de andere landen die ze geheel of gedeeltelijk claimen. De bodem in het betreffende zeegebied bevat enorme hoeveelheden olie, naar schatting 80 procent van de hele oliereserve van Saoedi-Arabië. Daardoor is de Zuid-Chinese Zee voor China, dat slechts 1,1 procent van de bekende oliereserves van de wereld heeft, van vitaal economisch belang geworden.

- Met Zuid-Korea loopt een territoriaal geschil over de Socotra Rots (Suyan Rots in het Chinees), een rotspartij in de Gele Zee een paar meter onder de zeespiegel. Zuid-Korea heeft er een oceanografisch onderzoekscentrum op gebouwd. Volgens China ligt de rots in zijn exclusieve economische zone.
- Een tamelijk onbekend aspect van China's opvattingen over nationale eenheid zijn de aanspraken op het water van internationale rivieren. Alle grote rivieren van Zuidoost- en Zuid-Azië ontspringen op de Hoogvlakte van Tibet. Daardoor heeft China de controle over de watervoorziening van honderden miljoenen niet-Chinezen, en dat in gebieden waar zoetwater schaars is: per hoofd van de bevolking minder dan de helft van het wereldgemiddelde. De aanleg van stuwdammen en irrigatieprojecten in het Chinese deel van deze rivieren ziet Peking als een binnenlandse aangelegenheid, hoewel dat conflicten heeft opgeleverd met praktisch alle buurlanden. Rekening houden met de waterveiligheid van de stroomafwaarts gelegen staten zou in Chinese ogen een aantasting zijn van de nationale soevereiniteit en dus van de nationale eenheid.

Eén en onverdeeld?

In het Westen wordt vaak gedacht dat China sinds zijn vereniging door de eerste keizer van de Qin onafgebroken onder Han-Chinese leiding heeft gestaan. Dat is historische onzin. In de laatste duizend jaar van het keizerrijk is China slechts gedurende 276 jaar geregeerd geweest door een volbloed Chinees vorstenhuis, de Ming-dynastie (1368-1644). De rest van de tijd is het bestuurd door dynastieën van half-Turkse, Mongolische of Mantsjoerijse origine. Die namen het confucianistische gedachtegoed over, maar raakten hun stigma van vreemde overheersers nooit helemaal kwijt. In de ondergang van de laatste dynastie, de uit Mantsjoerije afkomstige Qing, speelde de afkeer van buitenlandse overheersing een belangrijke rol, tweeënhalve eeuw heerschappij over China ten spijt.

Dat leiders van nomadenstammen en andere niet-Chinese volken het tot Hemelzoon konden brengen, hadden ze te danken aan de onmacht van de Chinezen om hun land voor lange tijd bijeen te houden. Alles bij elkaar is China in de 22 eeuwen sinds zijn eenwording gedurende ongeveer de helft van die tijd in meerdere of mindere mate verdeeld geweest. Tot in de twintigste eeuw zijn desintegratie en integratie elkaar opgevolgd. Vrijwel direct na het einde van het keizerrijk viel het land uiteen in een lappendeken van kleine en grote gebieden waar krijgsheren de dienst uitmaakten. Generalissimo Chiang Kai-shek, de leider van de Kwomintang (Nationalistische Partij), bleek de sterkste. Zijn regering werd internationaal erkend, maar heeft altijd slechts geheerst over een deel van China. De rest werd eerst bezet door concurrerende krijgsheren, daarna door de oprukkende communisten. In de burgeroorlog tussen communisten en nationalisten kwam een steeds groter deel van het binnenland onder controle van de communistische leider Mao Zedong. De hereniging in 1949 na jaren van bloedvergieten geldt nog altijd als een van Mao's grootste verdiensten. Maar niet iedereen gelooft dat China nu voorgoed verenigd is. Zo hield de Amerikaanse inlichtingendienst CIA na de desintegratie van de Sovjet-Unie en Joegoslavië serieus rekening met de mogelijkheid dat China nog vóór het begin van de 21e eeuw uiteen zou vallen. Volgens sommige toekomstscenario's kan een ernstige binnenlandse crisis uitlopen op de zoveelste ontbinding van de eenheidsstaat.

De meeste Chinezen zijn ervan overtuigd dat het huidige China het resultaat is van een natuurlijk en onvermijdelijk proces van eenwording. De gebieden die nu China vormen, zouden historisch zijn voorbestemd om gezamenlijk de dragers te worden van de Chinese beschaving. China zoals wij dat kennen is echter het product van militaire en diplomatieke expansie, van oorlogen en conflicten, van de uitroeiing, verdrijving of assimilatie van hele bevolkingsgroepen. Regio's die eenmaal waren ingelijfd, werden daarna voor altijd als deel van China beschouwd, en hun bewoners zelfs met terugwerkende kracht als trouwe dienaren van de keizer. Deze voorstelling van zaken is aantoonbaar onjuist. In de loop der eeuwen is China nu eens uiteengevallen, dan weer één geworden; nu eens is het ingekrompen, dan weer is het uitgedijd. De laatste expansiegolf was ook de snelste, grootste en bloedigste. Ze vond plaats van de tweede helft van de zeventiende eeuw tot het eind van de achttiende eeuw onder de Qing-dynastie. In die tijd werd het rijk ruim twee keer zo groot door de verovering van immense, schaars bevolkte gebieden die grenzen aan het noorden (bewoond door Mongoliërs), het zuidwesten (bewoond door Tibetanen) en het noordwesten (Midden-Azië, bewoond door voornamelijk Turkstalige moslims en Mongoliërs). Dit laatste gebied, dat drie keer zo groot is als Frankrijk, kreeg in het Chinees de veelbetekenende naam Xinjiang, ofwel Nieuwe Gebieden. Duidelijker had China niet kunnen zeggen dat Xinjiang in feite een wingewest is, alle pogingen om dat te verhullen ten spijt. Zelfs de prehistorie van Xinjiang is verchineesd. Daarom wilden de Chinese autoriteiten in 2011 een tentoonstelling in Philadelphia met 3500 jaar oude mummies uit het Tarim-bekken, een woestijn in Xinjiang, verbieden omdat de mummies met hun lange neuzen en blonde haar duidelijk Kaukasische trekken vertoonden. Sommige China-watchers menen dat de expansiedrang er heel diep in zit en zich ook nu weer doet gelden, ondanks de verzekering van de hoogste leiders dat China niet uit is op andermans grondgebied.

Onder de Qing bereikte China de grootste omvang uit zijn geschiedenis. Het strekte zich uit van Siberië tot de Himalaya en van de Midden-Aziatische steppen tot Indochina en de zeeën aan de oost- en zuidoostkust, het eiland Taiwan inbegrepen. Dit is het gebied dat ook volgens de communistische partij onvervreemdbaar aan China toebehoort, met uitzondering van Buiten-Mongolië. In haar officiële geschiedschrijving sympathiseert de partij sterk met het verzet tegen de feodale Qing-heersers, maar als het gaat om territoriale aanspraken sluit ze aan bij de Qing. Na de ontbinding van het keizerrijk verklaarde Buiten-Mongolië zich zelfstandig onder de naam Mongolië. In 1921 werd Mongolië de eerste Sovjetsatelliet, waardoor het sterker kwam te staan tegenover China. Nadat de Sovjet-Unie had gedreigd gebieden van de Chinese provincie Binnen-Mongolië in te lijven, werd Mongolië in 1945 door de Republiek China erkend. De Volksrepubliek handhaafde de erkenning. Tegenwoordig is Mongolië hard op weg een economische provincie van China te worden.

Tijdens de burgeroorlog beloofde Mao Zedong dat de etnische minderheden zouden kunnen beslissen over hun toekomst. Eenmaal aan de macht slikte hij die belofte in. Xinjiang, dat onder de naam Oost-Turkestan korte tijd een onafhankelijke staat was geweest, werd nog in 1949 heroverd. Een jaar later werd Tibet, dat sinds de val van het keizerrijk in 1911 de facto onafhankelijk was geweest, door het Chinese leger 'bevrijd' van het juk waaronder de gewone Tibetanen hadden gezucht als lijfeigenen van de leidende boeddhistische monniken. Separatisme kan niet geduld worden, want afscheiding zou een breuk inhouden met de Chinese beschaving en het almachtige gezag tarten van de Hemelzoon – wiens rol tegenwoordig wordt gespeeld door de topleiders van de communistische partij – over 'alles wat er onder de hemel is'.

Mao riep China uit tot een multi-etnische eenheidsstaat. Alle etnische groepen konden zich melden voor registratie. Verreweg de grootste van de 56 erkende groepen bestaat uit Han-Chinezen, nu ruim 91 procent van de bevolking. Het officiële discours laat de Han uit het begin van de keizertijd stammen. In werkelijkheid bestaat deze aanduiding pas sinds het eind van de negentiende eeuw. Dat was de tijd waarin China in zijn voortbestaan als onafhankelijke natie werd bedreigd door de westerse koloniale mogendheden en Japan. De regerende Qing-dynastie stevende onverbiddelijk op haar ondergang af. Chinese nationalisten zagen de Qing, een niet-Chinees vorstenhuis, meer en meer als vreemde overheersers. De leidende intellectueel Zhang Taiyan verzon toen de term 'Han-mensen', die de Chinezen een nieuw gevoel van eigenwaarde en identiteit moest geven tegenover zowel de buitenlandse mogendheden als de Mantsjoe-heersers.

De naam Han verwijst naar een vroege bloeiperiode van het Chinese keizerrijk. Onder de Han-dynastie (Westelijke Han, 202 v. Chr.-9 n.Chr. en de Oostelijke Han, 25-220 n.Chr.) werd China voor het eerst een grote mogendheid. Het bestaan van een Han-Chinese bevolkingsgroep is echter een fictie. Het is een kunstmatige naam voor een mix van een groot aantal bevolkingsgroepen, die vaak nog altijd sterk van elkaar verschillen en dikwijls elkaars taal of dialect niet eens begrijpen. De 55 overige bevolkingsgroepen staan te boek als minderheden. Die term, minderheden, zet hen slechts af tegen de Han-meerderheid en houdt bovendien een historische vervalsing in, alsof de niet-Han altijd hebben behoord tot de ene grote Chinese familie. Ook de gebruikelijke naam voor de officiële Chinese taal, *hanyu* (Han-taal), heeft een discriminerende bijklank. In de loop der eeuwen hebben veel 'minderheden' hun eigen identiteit geheel of bijna geheel verloren. Het woongebied van de vijf bevolkingsgroepen die zich hun identiteit het meest bewust zijn, hebben de status gekregen van autonome provincie: Binnen-Mongolië, Guangxi (Zhuang), Ningxia (Hui, moslims), Xinjiang (Oejgoeren en andere moslims) en Tibet. Overeenkomstig het verdeel-en-heersbeginsel werden de Tibetaanse woongebieden uitgesmeerd over vijf verschillende provincies, waarvan er slechts één de autonome provincie Tibet werd. De overige vier hebben de status van gewone provincie. De autonomie gaat over niet-essentiële zaken en heeft met werkelijk zelfbestuur niets te maken. Een Tibetaan of een Oejgoer mag de leider zijn van zijn autonome provincie, maar de werkelijke macht is in handen van de provinciale partijleider, en dat is altijd een door Peking benoemde Han-Chinees. Wie pleit voor reële autonomie voor een etnische minderheid of kritiek heeft op de Han-Chinese autoriteiten gaat algauw door voor een voorstander van afscheiding.

Deze multi-etnische samenleving is allesbehalve vrij van racistische sentimenten, al zal geen enkele Chinees dat ooit toegeven. Han-Chinezen hebben vaak diepe minachting voor de minderheden in het algemeen – behalve als het gaat om het toeristisch uitbaten van hun folklore – en voor de Tibetanen en Mongoliërs in het bijzonder. Dat zijn volgens hen domme, onbeschaafde herders die je gemakkelijk een poot kunt uitdraaien. Een oude methode om zelfbewuste minderheden onder controle te brengen is het bevorderen van een systematische Han-migratie naar hun woongebieden. Daardoor zijn bijvoorbeeld de Mantsjoes vrijwel geheel opgegaan in de Han en is hun taal praktisch uitgestorven. In Binnen-Mongolië zijn de Mongoliërs teruggebracht tot 17 procent van de bevolking. In hun eigen provincie Xinjiang maken de Turkstalige Oejgoeren, die in 1950 nog veruit in de meerderheid waren, nu al minder dan de helft van de bevolking uit. Hetzelfde proces van systematische sinificatie ('verchinezing', al gaat het in feite om een 'verhanning') is aan de gang in Tibet. In dit proces van culturele en demografische overvleugeling speelt naast de oude minachting een nieuw Han-Chinees paternalisme mee, dat aan de achterlijke minderheden beschaving en vooruitgang wil brengen, maar dan natuurlijk wel op z'n Hans.

In het Westen bestaat veel sympathie voor de onafhankelijkheid van Tibet, of minstens voor een grote mate van autonomie. China beschouwt dat als een ontoelaatbare inmenging in zijn binnenlandse aangelegenheden. De Oejgoeren van Xinjiang, die zich net als de Tibetanen behandeld voelen als tweederangsburgers, kunnen in het Westen op veel minder sympathie rekenen dan de Tibetanen: ze hebben immers geen dalai lama en geen fans in Hollywood, én het zijn moslims. De Binnen-Mongoliërs hoeven nauwelijks internationale solidariteit te verwachten. De 'verhanning' van hun gebied begon al driehonderd jaar geleden. Het boegbeeld van de (zwaar onderdrukte) onafhankelijkheidsbeweging is de boekhandelaar Hada, die eind 2010 na vijftien jaar cel vrijkwam en direct daarna werd ontvoerd. In mei 2011 laaiden de massaprotesten op na de moord door Han-Chinezen op twee Binnen-Mongoliërs die protesteerden tegen de verwoesting van hun weidegronden door Han-Chinese kolenmijnexploitanten. Beide moordenaars werden snel ter dood veroordeeld. Korte tijd later was er een soortgelijke moord.

De culturele repressie bestaat vooral uit beperkingen op religieus gebied en op het onderwijs in de eigen taal. Godsdienst is in China een partijzaak. Vijf godsdiensten zijn toegestaan: boeddhisme, taoïsme, islam, katholicisme en protestantisme. Elke geloofsrichting wordt geleid door een partijorganisatie die ervoor moet zorgen dat de betreffende godsdienst zo veel mogelijk de partijbelangen dient en in elk geval niet gebruikt wordt tegen de partij. Daarmee heeft de partij zichzelf uitgeroepen tot de hoogste religieuze instantie. Ze erkent het gezag van de paus niet, ze heeft zichzelf het recht toegekend om te bepalen welk kind de nieuwe dalai lama zal worden na de dood van de huidige, ze biedt de Chinese moslims de 'correcte en gezaghebbende interpretatie' van de Koran, kortom, de atheïstische communistische partij is roomser dan de paus. Gelovigen die het religieuze gezag van de partij niet erkennen, kunnen grote problemen krijgen.

In april 2011 kozen uitgeweken Tibetanen de 43-jarige Lobsang Sangay, een in Harvard opgeleide expert in internationaal recht, tot opvolger van de dalai lama als politiek leider. Deze omvorming van een theocratie in een democratie is voor China onaanvaardbaar. Zowel voor Tibetanen als Oejgoeren vormt de godsdienst de kwintessens van hun identiteit. Opstanden, aanslagen en verzetsacties zijn niet uitgebleven. De reactie van de overheid was in alle gevallen bloedig. In Tibet waren grote opstanden in 1959 (waarbij 85.000 Tibetanen zouden zijn afgeslacht), in 1989 (onderdrukt door de toenmalige partijleider van Tibet, Hu Jintao) en in maart 2008, toen volgens de Chinese media achttien burgers, de meesten van hen

Han-Chinezen, werden vermoord door woedende Tibetanen. Ook in andere door Tibetanen bewoonde provincies braken opstanden uit. Volgens Tibetaanse bronnen werden bij het neerslaan van de opstanden meer dan 200 Tibetanen vermoord. In Xinjiang begonnen in de jaren negentig de Oejgoeren, eens de dominante bevolkingsgroep van Midden-Azië, zich heftig te roeren. Ze voelden zich geïnspireerd door de geboorte van de onafhankelijke staten Kazachstan, Kirgizië en Oezbekistan, waar Oejgoerse minderheden wonen. '9-11' gaf Peking een gouden kans om de Oejgoeren die opkwamen voor onafhankelijkheid of een werkelijke autonomie, internationaal te laten bestempelen als 'moslimterroristen' en hen in verband te brengen met Al-Qaida. In juli 2009 sloeg de vlam in de pan na de moord op twee Oejgoerse migrantenarbeiders. In Urumqi, de hoofdstad van Xinjiang, vielen tweehonderd doden. In de stad Hotan leidden protesten van Oejgoeren in juli 2011 tot een bloedbad, waarin de politie twintig Oejgoeren zou hebben gedood. Kort daarop was er in de stad Kashgar opnieuw een explosie van geweld, met opnieuw minstens twintig doden. De officiële lezing over het geweld in Xinjiang wekt meestal weinig geloof. Zo zouden eind december 2011 bij een politieactie voor de redding van twee gekidnapte schaapherders zeven leden van een 'terreurbende' zijn gedood. De daarbij gevangen genomen 'terroristen' bleken Oejgoerse kinderen te zijn.

Deze woede-uitbarstingen, de ernstigste in vele jaren, zijn door de Han-Chinezen niet begrepen. Niet door de regering, en door de Han-Chinese bevolking ook niet, getuige talloze boze reacties op weblogs en internetfora. Ze zijn afgedaan als het resultaat van gestook door separatistische elementen, die de steun zouden hebben van internationale 'anti-Chinese krachten'. De Han kunnen er met hun verstand niet bij dat Tibetanen en Oejgoeren niet met dankbaarheid zijn vervuld voor de economische vooruitgang die de integratie met China hun gebracht heeft. Dat de Tibetanen en Oejgoeren hechten aan hun traditionele cultuur is voor Han-Chinezen onbegrijpelijk. Dat maakt een nieuw fenomeen extra interessant: een kleine maar zich uitbreidende groep Han is gefascineerd door het Tibetaanse boeddhisme vanwege zijn mysterieuze aspecten en zijn spiritualiteit, die dwars staat op het heersende materialisme.

Na de grote onlusten kwamen de autoriteiten tot de conclusie dat er voor de definitieve pacificatie van Tibet en Xinjiang vier vereisten zijn: meer investeringen, meer Han-Chinese immigranten, meer soldaten en meer onderdrukking van (echte of vermeende) dissidenten. In 2009 investeerde de centrale overheid in Tibet de tegenwaarde van drie miljard dollar en groeide de Tibetaanse economie met 12 procent, 3 procent meer dan de nationale economie. Een groot huisvestingsprogramma moet de Tibetaanse herders en nomaden een vaste woonplaats geven, en daarmee een van de pijlers van de traditionele Tibetaanse cultuur ondermijnen. In Xinjiang wordt een door roerige Oejgoeren bewoonde wijk van Urumqi, de hoofdstad van Xinjiang, afgebroken. Datzelfde gebeurt ook met de binnenstad van Kashgar, een oude Oejgoeren-stad aan de Zijderoute in the middle of nowhere die nu het Shanghai van Midden-Azië moet worden. Tibet en Xinjiang zijn behangen met miljoenen bewakingscamera's, tot in hotels, winkels, tempels en moskeeën toe. In beide gebieden zijn het vooral de Han-immigranten die profiteren van de economische groei en zij hebben ook de beste banen. Voor beschuldigingen van discriminatie en culturele genocide is Peking niet gevoelig. Iedereen die opkomt voor autonomie van Tibet of Xinjiang wordt gebrandmerkt als een voorstander van afsplitsing en systematisch gedemoniseerd. De dalai lama is een 'wolf in monnikspij', de Oejgoerse leidster Rebiya Kadeer, eens gelauwerd als een succesvolle zakenvrouw, een 'terrorist'. Zij zouden de aanstokers zijn geweest van de grote opstanden in Tibet en Xinjiang. De repressie richt zich niet alleen op politieke activisten, maar ook op mensen met maatschappelijk aanzien. Zo kregen drie Tibetaanse broers zware gevangenisstraffen wegens 'illegaal' milieuactivisme. Een Oejgoerse intellectueel werd veroordeeld tot vijftien jaar omdat hij door een interview te geven aan een Hongkongse krant de staatsveiligheid in gevaar zou hebben gebracht.

Tegenover deze overmacht maakt verzet tegen de overheersing door de Han, of het nu gewelddadig of geweldloos is, geen schijn van kans. De reeks zelfverbrandingen – zestien in 2011 en begin 2012 – door Tibetaanse (ex-)monniken en nonnen zijn een pathetisch bewijs niet alleen van de mislukking van de Chinese aanpak, maar ook van de machteloosheid van het verzet. In Tibetaanse woongebieden in de provincie Sichuan vielen rond Chinees Nieuwjaar in januari 2012 opnieuw doden toen de politie aan vreedzame manifestaties schietend een einde maakte. Het is ondenkbaar dat China aan Tibet of Xinjiang ooit onafhankelijkheid of een grotere autonomie zal verlenen. Dat vloeit niet alleen voort uit het axioma over de nationale eenheid, maar ook uit heel pragmatische overwegingen. De meeste etnische minderheden wonen in de enorme gordel rond het Han-Chinese kernland. Ze vormen slechts 6 procent van de totale bevolking van China, maar ze bewonen 64 procent van het grondgebied. Vooral de immense provincies Tibet en Xinjiang zijn voor China van groot strategisch, militair en economisch belang. Tibet grenst aan India, de rivaal waarmee China in 1962 een grensoorlog voerde in de Himalaya. Een verdrag over de grensafbakening is er nog steeds niet. Het feit dat de dalai lama sinds zijn vlucht uit Lhasa in 1959 gastvrijheid geniet in India, is een doorn in China's oog. Bovendien is Tibet van vitaal belang voor de toekomst van de Chinese economie vanwege de grote hoeveelheden mineralen die zijn aangetroffen op ruim drieduizend vindplaatsen. Naast de grootste chroom- en kopervoorraden van China herbergt het andere belangrijke grondstoffen zoals uranium, lithium, goud, olie, lood, ijzer, en zink. Volgens critici dient de in 2006 geopende spoorlijn van Golmud in de provincie Qinghai naar de Tibetaanse hoofdstad Lhasa – de hoogste spoorlijn van de wereld en ook technologisch een hoogstandje – vooral om de Tibetaanse mineralen weg te halen, de penetratie van Han-Chinese migranten te versnellen en het toerisme van Han-Chinezen naar het 'mysterieuze' Tibet te bevorderen. Deze spoorlijn wordt doorgetrokken tot Shigatze, de tweede stad van Tibet, niet ver van Nepal en dicht bij de omstreden grens met India. In Shigatze wordt ook een vliegveld aangelegd.

De openlegging van Tibet volgt het patroon van Binnen-Mongolië en Xinjiang. Ook die gebieden kregen na de aanleg van een spoorlijn een veel grotere instroom van Han. Xinjiang grenst aan een paar instabiele moslimlanden in Midden-Azië. Veel inwoners van die landen beschouwen de Oejgoeren van Xinjiang als hun broeders. China is bang dat opstandige Oejgoeren daar steun vinden. Xinjiang is voor China onmisbaar vanwege zijn olie en gas, die vooral gebruikt worden in de steden aan de rijke oostkust. In Xinjiang komt ook de gaspijplijn uit Turkmenistan en Kazachstan uit, de eerste directe gasverbinding tussen Midden-Azië en China. Voor China is Xinjiang dus een strategisch gebied, politiek, economisch en militair. Jammer alleen dat er nog altijd zo veel Oejgoeren wonen, maar dat worden er naar verhouding snel minder.

Angst voor de chaos waarmee de desintegratie van het land altijd gepaard is gegaan, zit er bij de Chinezen heel diep in. Daarom moet koste wat het kost de nationale eenheid worden bewaard. Dat eist niet alleen de geschiedenis, maar ook de Chinese beschaving zelf, waartoe immers 'alles wat er onder de hemel is' behoort. Een van de symbolen van de nationale eenheid is de uniforme tijd. Van oost naar west, een afstand van 5500 kilometer, wijzen de klokken in heel China dezelfde tijd aan: die van Peking. In Urumqi, de hoofdstad van Xinjiang, loopt de zon drie uur achter op de officiële klok. Oejgoeren onder elkaar gebruiken vaak het zonne-uur, maar als ze dat in het bijzijn van een Han-Chinees doen, geldt dat bijna als een separatistische daad.

Een effectief wapen voor het bevorderen van de nationale eenheid is de verbreiding van het Putonghua (letterlijk: 'gewone taal'), ook Standaard-Mandarijn of kortweg Mandarijn genoemd. Dat is de 'beschaafde' versie van het, in onze oren foeilelijke, dialect van Peking. Overal in China is het onderwijs in het Mandarijn verplicht, en ook de media en de regeringsdiensten in het hele land bedienen zich van deze standaardtaal. Dat heeft het gevoel van nationale eenheid ongetwijfeld versterkt. Ongeveer 1 miljard van de ruim 1,3 miljard Chinezen kent tegenwoordig Mandarijn. Veel mensen blijven natuurlijk in hun eigen omgeving hun eigen taal of dialect spreken. Soms leidt de obsessie van de overheid met de nationale eenheid tot regelrechte culturele onderdrukking. Niet minder dan 41 minderheidstalen dreigen uit te sterven, maar dat laat men rustig gebeuren. Zelfs het Kantonees, een taal die gesproken wordt door vijftig miljoen mensen in Zuid-China en twintig miljoen Chinezen in het buitenland, blijkt niet veilig.

Hoge bergen, verre keizer

Ter bevordering van de nationale eenheid bespeelt men ook graag de toets van nationalisme, patriottisme en chauvinisme. Dat slaat gemakkelijk aan, want trots op hun superieure beschaving zit iedere (Han-)Chinees in het bloed. Maar hoe er ook gehamerd wordt op de onverbrekelijke nationale eenheid, in de praktijk bestaat China uit een groot aantal tamelijk zelfstandige provincies. Het zou vreemd zijn als dat níét zo was, gezien de enorme verschillen binnen China op vrijwel alle gebieden: geografisch, klimatologisch, economisch, historisch, cultureel, taalkundig, religieus. Die verschillen smeken haast om een federalistische staatsvorm, met een ruime autonomie voor de deelstaten. Daar is echter, althans op papier, geen sprake van.

In veel opzichten verschillen de provincies en regio's meer van elkaar dan de staten van de Europese Unie. Ze hebben hun eigen wetten, hun eigen economische regime, hun eigen protectionistische systeem en hun eigen leiders, en die hebben hun eigen belangen en hun eigen agenda's. Deze leiders bewijzen lippendienst aan de centrale overheid – maar soms zelfs dat niet eens – en doen en laten intussen wat ze zelf willen. De landelijke leiders willen bijvoorbeeld strenge milieu- en veiligheidsmaatregelen doorvoeren, maar lokale leiders hebben geen zin in de daarvoor vereiste grote investeringen, en ze willen nog minder de sluiting van vervuilende of gevaarlijke fabrieken of kolenmijnen riskeren. Ze vrezen immers dat ze anders hun belasting- en corruptie-inkomsten mislopen of ze zijn bang voor werkloosheid en sociale beroering.

Wat ze al helemaal niet willen is dat Peking beperkingen stelt aan hun belangrijkste bron van inkomsten: de handel in grond. Sinds Mao is grond, vroeger meestal het bezit van feodale heren, publiek eigendom, wat in veel gevallen wil zeggen eigendom van de plaatselijke overheid. Die heeft het recht ermee te doen wat ze wil, ook al staan er particuliere huizen op of gaat het om landbouwgrond waarvan boeren voor hun bestaan afhankelijk zijn. Als de overheid beslag wil leggen op grond hebben de boeren of de bewoners geen poot om op te staan, want zij zijn niet de eigenaars van de grond, ook al bebouwen of bewonen ze die sinds vele generaties. De gemeente betaalt een, vaak veel te lage, schadeloosstelling en verkoopt de grond voor een veelvoud van dat bedrag door aan een projectontwikkelaar. Deze methode van onteigening houdt in dat de boeren, de armsten van China, in feite de kosten betalen van de urbanisering. Uit die handel houden de autoriteiten, naast het gebruikelijke smeergeld, vaak de helft van hun fiscale inkomsten over. Alleen al in 2010 was dat 355 miljard euro.

De regering probeert deze praktijk aan banden te leggen, maar de controle op de uitvoering van de nieuwe regels laat veel te wensen over, en plaatselijke besturen geven vaak maar een fractie van hun werkelijke inkomsten aan de centrale overheid op. Ze hebben er alle belang bij dat er tegen de klippen op gebouwd wordt. Om vastgoedinvesteerders aan te trekken smijten de lokale bestuurders er graag een 'ontwikkelingszone' tegen aan, waar tegen gunstige voorwaarden fabrieken kunnen worden neergezet. Die moeten arbeidskrachten, leveranciers, winkeliers, restauranthouders en andere dienstverleners aantrekken, die op hun beurt de klanten moeten worden van de projectontwikkelaars. Vaak lukt het, maar vaak ook niet. China is bezaaid met ontwikkelingszones die bij gebrek aan investeerders nooit zijn afgebouwd. Er worden ook veel onnodige of veel te luxueuze projecten uitgevoerd. China heeft splinternieuwe gemeentehuizen en partijbureaus die eruitzien als vijfsterrenhotels, hypermoderne verkeersknooppunten waar nauwelijks verkeer is, vliegvelden waar bijna geen vliegtuig landt. Het record staat op naam van het vliegveld van het stadje Libo in de zuidwestelijke provincie Guizhou. Bouwkosten: 57 miljoen dollar. Totaal aantal passagiers in heel 2009: 151. Maar de plaatselijke leiders hebben aan het vliegveld, of liever gezegd de bouw ervan, uitstekend verdiend. De centrale regering keurt deze praktijken van de lagere besturen – die in het Chinees ook 'regering' heten – niet goed, maar ze kan er vaak niets tegen doen.

Er zijn talloze voorbeelden van de semi-onafhankelijkheid van plaatselijke, districts- en provinciale regeringen. In de praktijk komt er van de hiërarchische bevelstructuur niet veel terecht. Het westerse beeld van een met ijzeren vuist bestuurd China, waar de wil van Peking tot in de verste uithoeken wet is, strookt dus absoluut niet met de werkelijkheid. China is een verzameling vorstendommen, waar iedere vorst een grote autonomie geniet. Dit regionalisme is even oud als China zelf. De eerste keizer had al nauwelijks controle over het zuiden van zijn rijk. Dat was ook niet nodig, want in Chinese ogen is de erkenning van het oppergezag van de keizer belangrijker dan de feitelijke machtsuitoefening. De provincies zijn nog altijd een soort vazalstaten, die grote autonomie genieten mits ze het gezag van Peking erkennen. Het uit de verre provincie Guangdong stammende gezegde 'De bergen zijn hoog en de keizer is ver' is nog altijd actueel. Zelfs een potentaat als Mao Zedong wist dat zijn bevelen in de provincie vaak slecht werden uitgevoerd. Met enige overdrijving zei hij tegen de Amerikaanse president Nixon tijdens diens bezoek aan China in 1972 dat zijn gezag zich beperkte tot enkele tientallen kilometers rond Peking.

Na Mao kreeg de provincie de wind in de zeilen. Deng Xiaoping had dat uitdrukkelijk zo gewild, om een snelle economische ontwikkeling te bevorderen. Maar ook hij had, ondanks zijn onbetwistbare gezag, grote moeite om zijn politiek van economische hervormingen doorgevoerd te krijgen. De bureaucratische leidersfiguren na Deng hebben te doen met veel meer nationale en lokale belangengroepen dan vroeger, en die laten zich veel sterker gelden. Dat maakt de uitvoering van in Peking genomen besluiten nog lastiger. Het is goed met die eigen agenda van de plaatselijke leiders terdege rekening te houden, nu China voor een economische tweesprong staat. De nationale leiders willen naar een economie die gebaseerd is op duurzaamheid en de ontwikkeling van de binnenlandse markt, de plaatselijke leiders voelen vaak meer voor handhaving van het huidige wildgroeimodel.

In de jaren negentig van de vorige eeuw begon de centrale overheid met moeizame pogingen om het regionalisme in te dammen. De landelijke autoriteiten zijn zich uitstekend bewust van de vrijheden die men zich plaatselijk veroorlooft, maar ze kunnen er weinig tegen uitrichten. Ze weten bijvoorbeeld dat de cijfers die ze binnenkrijgen uit de provincie haast per definitie zijn opgeblazen of juist zijn gebagatelliseerd, al naar gelang het uitkomt. Provinciale of plaatselijke autoriteiten gaven in de regel te hoge groeicijfers en te lage criminaliteitscijfers door, anders zouden ze hun bonus of promotie mislopen. Vóór de jongste economische wereldcrisis werden daarom bij de berekening van het nationale groeicijfer standaard een paar procent van de door de provincies gemelde groeicijfers afgetrokken. Volgens een onthulling van WikiLeaks in 2010 heeft vicepremier Li Keqiang, algemeen beschouwd als China's volgende premier, toegegeven dat de meeste economische cijfers, vooral die over de groei, met een korreltje zout moeten worden genomen. In zijn vorige baan als partijleider van de noordelijke provincie Liaoning leidde hij de werkelijke groei af uit de cijfers over het elektriciteitsverbruik, het vrachtvervoer per spoor en de toegekende bankleningen.

Toch heeft het regionalisme ook grote voordelen. Beleids- en investeringsbeslissingen kunnen door omzeiling van de staatsbureaucratie veel sneller worden genomen en efficiënter worden uitgevoerd. Dat is een van de verklaringen van de explosieve groei van de Chinese economie sinds 1978, toen de lokale leiders alle volmachten kregen om buitenlands kapitaal aan te trekken. Ze hadden en hebben alle belang bij een zo groot mogelijke economische groei. Die levert hun immers behalve promotie ook meer belastinginkomsten, werkgelegenheid, sociale rust en smeergeld op. Voor de centrale overheid is het regionalisme niet alleen maar negatief. Het bevordert de snelle economische ontwikkeling, terwijl de 44 miljoen plaatselijke partijfunctionarissen functioneren als de ogen, oren en handen van de landelijke leiders. En als er iets misgaat, kan de schuld altijd op de lokale bestuurders worden geschoven. Dat sterkt de bevolking in de aloude overtuiging dat de keizer in de beste confucianistische traditie alleen maar het goede voorheeft met zijn volk. Als het volk slecht wordt behandeld, ligt het nooit aan de keizer – tenzij de misstand zo ernstig en langdurig is dat hij het Mandaat van de Hemel verliest – maar aan slechte adviseurs of ondergeschikten die zijn besluiten saboteren. De vele lokale opstanden van de laatste jaren, vooral op het platteland, zijn dan ook nooit gericht tegen de centrale regering of tegen het bewind van de communistische partij, maar tegen corrupte plaatselijke mandarijnen of met hen bevriende notabelen: vastgoedmagnaten die de boeren van hun land en de stedelingen uit hun huizen jagen, industriëlen die met het afval van hun fabrieken landbouwgrond, rivieren en drinkwater vergiftigen, werkgevers die hun personeel tot op het bot uitkleden of hun financiële verplichtingen niet nakomen. Er zijn zelfs speculaties dat de plaatselijke opstandjes de centrale regering niet onwelkom zijn, omdat ze een pressiemiddel vormen op de lokale overheden om orde op zaken te stellen en tegelijk de reputatie van de 'goede' leiders in Peking opvijzelen ten koste van die van de 'slechte' leiders ter plekke.

Maar moeten de lokale overheden zich dan niet aan de wetten en regels van de centrale overheid houden? Die luiden bijvoorbeeld dat er zonder overeenkomst met de betrokkenen geen land kan worden onteigend, dat er niet straffeloos afval kan worden gedumpt, dat gevaarlijke kolenmijnen moeten worden gesloten. Wetten en regels zijn er in China volop, maar de implementatie daarvan laat veel te wensen over. Dat komt behalve door het regionalisme ook door een aloud verschijnsel: in China maken niet de wetten maar de gezagsdragers uit wat mag en niet mag. Vroeger werd het gezag uitgeoefend door de keizer, zijn hofhouding en de mandarijnen, nu door de landelijke, regionale en plaatselijke leiders van de communistische partij, en die bepalen ieder in hun gebied wat mag en wat niet mag. Vanouds zijn de wetten bedoeld om te maken dat het volk de wil van de heerser respecteert uit angst voor straf in geval van overtreding. De straf kon onvoorstelbaar wreed zijn en zich uitstrekken tot de familieleden van de betrokkene, tot zijn (klein)kinderen en (voor)ouders toe. In Mao's tijd werd die gewoonte uit de keizertijd hernomen: ook de ouders en kinderen van de dader van een 'contrarevolutionaire misdaad' moesten daarvoor boeten, en wie uit een bourgeois familie kwam, had geen leven. De laatste tijd is de collectieve familiebestraffing weer terug. Familieleden van gearresteerde of onder huisarrest geplaatste activisten mogen ook zelf hun huis of het land niet uit. Zo kregen de vrouwen van de opgesloten dissidenten Liu Xiaobo en Hu Jia huisarrest en werden de vrouw en het dochtertje van Chen Guangcheng samen met hem in hun huis opgesloten direct nadat zijn gevangenisstraf was afgelopen.

Een onafhankelijke rechterlijke macht heeft nooit bestaan. Lokale mandarijnen combineerden de bestuurlijke en de rechterlijke taak. De wet was een instrument in de hand van de heerser. Daarop was het legalisme gebaseerd, een strenge leer waarvan de eerste keizer een overtuigd aanhanger was. De heerser zelf liet zich niet door wetten leiden, want die waren niet voor hem bedoeld. De Hemelzoon was immers ver boven aardse wetten verheven. Met zijn morele voortreffelijkheid was hij een voorbeeld voor iedereen. Op de wet hoefde pas een beroep te worden gedaan als die voorbeeldfunctie niet werkte. Overigens werden civiele geschillen zo veel mogelijk buiten de rechtbank om beslecht, en dat is nog altijd zo. Pas als vredestichting of arbitrage geen resultaat heeft, wordt een civielrechtelijke zaak aan de rechter voorgelegd.

Tijdens Mao werden alle bestaande wetten afgeschaft. De revolutionaire wetten die ervoor in de plaats kwamen, waren een instrument in de klassenstrijd. Processen waren infame volksgerichten, en de politie kon mensen straffen zonder dat er een rechter aan te pas kwam. Die bevoegdheid heeft de politie nog altijd: ze mag op eigen gezag mensen naar een heropvoedingskamp sturen, en beroep daartegen is onmogelijk. Na Mao was het noodzakelijk wetten en regels in te voeren die na de chaos van de Culturele Revolutie de burgers rust en veiligheid en de binnen- en buitenlandse investeerders rechtszekerheid moesten verschaffen. Vanuit het niets werd een wetsstelsel opgebouwd. De rechtspraak is sterk verbeterd, mede dankzij een programma van de Europese Unie, al is er nog een lange weg te gaan: veel rechters hebben van recht geen kaas gegeten, of ze zijn te koop, of ze leggen voor hetzelfde vergrijp een verschillende straf op. Op het gebied van het strafrecht is er echter nauwelijks verbetering. Elk proces met een politieke connotatie is vrijwel bij voorbaat een uitgemaakte zaak. De verdachte heeft geen rechten en is bij voorbaat schuldig, zelfs als het tegendeel wordt bewezen. De belangen van de communistische partij en van haar leiders gaan altijd voor. President Hu Jintao heeft het zelf gezegd. In 2007 gaf hij de top van de rechterlijke macht de instructie dat rechters zich moeten laten leiden door drie 'suprematieën': de partij, het volk en de wet. In die volgorde. Toch beweert de partij dat ze de rechtsstaat heeft omhelsd. Maar daarmee wordt iets anders bedoeld dan wat wij eronder verstaan. In onze rechtsstaat geldt de vuistregel dat iedereen zich dient te houden aan de wet, ongeacht zijn of haar maatschappelijke positie. In China ziet men dat anders. De partij regeert door middel van de wet, maar is zelf niet aan de wet onderworpen. Het is het verschil tussen de *rule by law* en de *rule of law*. Dit wetssysteem heet 'socialistische justitie met Chinese karakteristieken'.

De rule by law herinnert aan het legalisme dat de eerste keizer aanhing. Daarnaast speelt ook de oude confucianistische traditie mee van de keizer die boven alle wetten uit een lichtend voorbeeld is voor zijn volk. Dat past uitstekend in het hiërarchische denken van de partij. Maar de werkelijkheid is weerbarstig. Net als in de keizertijd zijn ook de leiders van nu vaak allesbehalve een lichtend voorbeeld, en net als toen heeft dat zelden strafrechtelijke consequenties. Een leidende functie blijkt dikwijls juist een vrijbrief voor straffeloos optreden. Wetshandhavers voelen er meestal niets voor zich de vijandschap van machtige lieden op de hals te halen. Daarom kijken verkeersagenten liever de andere kant uit als een auto met een officieel nummerbord een overtreding begaat en bedenkt een rechter zich wel drie keer voordat hij een machthebber of diens familielid veroordeelt wegens machtsmisbruik of andere onwettige praktijken. Vooral in het binnenland zijn er partijkaders die zich gedragen als maffiabazen. Maar er valt weinig tegen hen te beginnen, want de wet, dat zijn zijzelf.

Geen opkomst maar terugkeer

Nog altijd staan veel westerlingen met hun oren te klapperen als ze horen dat voor China de status van wereldmacht niet nieuw is. Om precies te zijn: tot medio negentiende eeuw is China op economisch en commercieel gebied vrijwel altíjd een wereldmacht geweest. Bovendien hadden de Chinezen tot omstreeks 1500, toen het Europa van de Renaissance opkwam, 's werelds hoogste inkomen per hoofd van de bevolking. De Chinese wereldhandel liep sinds de Han-dynastie via de Zijderoute. Dat is overigens geen Chinese maar een westerse term, afkomstig van de negentiende-eeuwse Duitse geograaf en ontdekkingsreiziger Ferdinand von Richthofen. Het woord 'Zijderoute' kan tot diverse misverstanden leiden. Het was niet één verbinding maar een web van handelsroutes die het oosten, zuiden, zuidwesten en westen van Azië verbonden met elkaar en met het Middellandse Zeegebied, Egypte en Oost-Afrika. Later werden de routes over land, die door bandieten onveilig werden gemaakt of door het uiteenvallen van China niet meer toegankelijk waren geworden, vervangen door zijderoutes over zee. Behalve traditionele Chinese producten als zijde en later thee en porselein werden vele andere producten verhandeld. Via deze handelsroutes reisden in beide richtingen ook ideeën, culturele waarden, religieuze overtuigingen, technische kennis en ziekten zoals pokken en builenpest mee. De pest die rond 1350 de Europese bevolking decimeerde, was via de Zijderoute uit China naar het westen gebracht.

Het oostelijke begin van de noordelijke landroute was in Chang'an (het huidige Xi'an), dat vele eeuwen de hoofdstad van China is geweest. Onder de Tang-dynastie (618-907) ging China commercieel, cultureel en religieus open voor de buitenwereld. Met zijn bijna twee miljoen belastingbetalende inwoners was het kosmopolitische Chang'an verreweg de grootste stad ter wereld. De Song-dynastie (960-1279) bracht China tot nieuwe bloei. Als eerste land in de wereld begon China bankbiljetten uit te geven. De binnen- en buitenlandse handel floreerde. Koopvaardijschepen bevoeren rivieren in binnen- en buitenland, de Indische Oceaan en het zuidoosten van de Pacific. De buitenlandse handel onder de Song was voornamelijk in handen van Perzen en Arabieren. China's wereldmacht bereikte een hoogtepunt in de eerste helft van de vijftiende eeuw. Die periode is onlosmakelijk verbonden met de naam van de beroemdste eunuch uit de Chinese geschiedenis: Zheng He.

Ma He werd in 1371 geboren in de zuidwestelijke provincie Yunnan. Drie jaar tevoren was de Mongolische Yuan-dynastie ten val gebracht door de Ming-dynastie, die een nieuwe hoofdstad koos: Nanjing (vroeger getranscribeerd als Nanking, 'Hoofdstad van het Zuiden'). De moslimminderheid waartoe Ma He behoorde, bleef echter trouw aan de Yuan. Een Ming-leger riep de rebellen in Yunnan tot de orde. Als straf werden de jongens van het verslagen kamp gecastreerd. De tienjarige Ma He schijnt tijdens zijn ontmanning geen kik te hebben gegeven. Hij heeft er geen rancune tegenover de Ming aan overgehouden, integendeel. Als eunuch kwam hij in dienst van het keizerlijk hof, waar hij San Bao werd genoemd ('Drie Juwelen', naar de afgesneden lichaamsdelen die een gecastreerde man zijn leven lang bewaarde). Hij werd officier in het leger van Zhu Di, een zoon van de eerste Ming-keizer, en weldra diens belangrijkste raadgever. Zhu Di gaf hem een nieuwe naam: Zheng He. Inmiddels was de eerste Ming-keizer opgevolgd door een kleinzoon, dit tot woede van Zhu Di. Met de hulp van Zheng He smeedde hij een complot en kwam, ten koste van veel bloedvergieten, zelf aan de macht.

Zhu Di (1402-1424) nam de keizersnaam Yongle ('Eeuwig Geluk') aan. Hij verplaatste de hoofdstad van het rijk naar Peking ('Hoofdstad van het Noorden'), zodat het machtscentrum dichter in de buurt was van de altijd gevaarlijke Mongoliërs. In Peking trokken een miljoen arbeiders een extravagant complex voor hem op van 9999 gebouwen, bij ons bekend als de Verboden Stad. Het werd gebouwd op de plek waar het paleizencomplex van de Yuan-keizers had gestaan, dat bij het aantreden van de nieuwe dynastie met de grond gelijk was gemaakt. Bij de feestelijke opening van de Verboden Stad in 1421 werd op het fijnste porselein een banket met geraffineerde spijzen geserveerd voor 26.000 gasten. Onder hen waren 28 heersers uit Azië en Afrika. Een jaar lang werden ze door de keizer gefêteerd en vervolgens op dezelfde manier naar huis gebracht als ze gekomen waren: met de jonken van admiraal Zheng He. Een figuur om even bij stil te staan omdat zijn daden opnieuw actueel zijn.

Tussen 1405 en 1433 heeft Zheng He zeven wereldreizen gemaakt naar de kusten van Zuidoost-Azië, Indonesië, India, het Arabisch schiereiland en de oostkust van Afrika. Zheng He zou mede model hebben gestaan voor Sinbad de Zeeman uit *Duizend-en-één-nacht*. De naam Sinbad zou zijn afgeleid van San Bao, en net als Zheng He maakte hij zeven avontuurlijke zeereizen. Volgens de Britse ex-duikbootkapitein Gavin Menzies is Zheng He zelfs de hele aarde omgevaren en heeft hij en passant Amerika ontdekt, 71 jaar vóór Columbus. Het is wel de meest recente, maar niet de enige verdichting rond de roemruchte Chinese admiraal. De meeste van Zheng He's routes over de Indische Oceaan werden al sinds eeuwen bevaren door Perzische en Arabische handelslieden, dus zo nieuw waren zijn 'ontdekkingsreizen' niet. Wel bijzonder waren de enorme omvang van zijn schepen (de grootste vaartuigen van Zheng He's vloot, de 'schatschepen', waren negenmasters zo groot als een voetbalveld), het aantal bemanningsleden (tot dertigduizend per expeditie toe) en vooral het motief van de reizen.

Er werden geen handelsrelaties gevestigd, geen gebieden veroverd, geen inheemse volken uitgemoord, geen slaven gemaakt, geen koloniën gesticht. Het enige zichtbare resultaat van Zheng He's expedities bestond uit de geschenken die hij uit den vreemde meebracht. Het bekendste geschenk was een giraffe, een in China zeer uitheems beest. Deze giften legde de keizer uit als tributen van vorsten die hem erkenden als hun meerdere. Elke nieuwe tribuut-relatie betekende een versterking van de legitimiteit van het bewind van Yongle, en dat schijnt precies de reden van de reizen van Zheng He te zijn geweest. De keizer was immers door een staatsgreep aan de macht gekomen en had daarom behoefte aan erkenning van zijn gezag. Na Yongles dood maakte Zheng He nog één reis, en toen besloot de nieuwe keizer dat het met de peperdure maritieme avonturen afgelopen moest zijn. China had genoeg aan zichzelf en keerde zich naar binnen. Er werd niet meer geïnvesteerd in zeeschepen, maar in legerexpedities naar het noorden tegen de Mongoliërs en wat later in de wederopbouw en uitbreiding van de Chinese Muur. Handel over zee werd verboden, al kwam in de praktijk weinig van dat verbod terecht. Bijna alles wat herinnerde aan de expedities van Zheng He werd vernietigd.

Pas de laatste jaren is Zheng He aan de vergetelheid ontrukt. Hij is door de communistische partij uitgeroepen tot icoon van China's 'vreedzame ontwikkeling'. Net zoals de door Zheng He ontdekte volken niets van hem te vrezen hadden – integendeel, ze kregen deel aan de Chinese beschaving – zo hoeft ook nu geen volk ter wereld voor China bang te zijn, integendeel, iedereen heeft bij de 'vreedzame ontwikkeling' van China alleen maar te winnen. Twee aantekeningen bij deze officiële campagne. Historici hebben nogal wat af te dingen op het vreedzame karakter van Zheng He's reizen: als hij bij vreemde volken op verzet stuitte, was hij niet te beroerd om de ondankbaren over de kling te jagen. En met het vreedzame karakter van China's huidige ontwikkeling zal lang niet iedereen het eens zijn. Bijvoorbeeld de Tibetanen en Oejgoeren, of de slachtoffers van door China gesteunde dictaturen als die van Soedan, Zimbabwe, Iran, Noord-Korea en Birma. Ook de buren in Oost- en Zuidoost-Azië zijn er niet gerust op als ze zien met hoeveel – vooralsnog verbale – overkill China zijn territoriale aanspraken op omstreden eilandjes in de aangrenzende zeeën kracht bijzet.

Voor velen in het Westen is dit Chinese assertieve gedrag als een grote verrassing gekomen. Ze waren gewend aan een China dat zich trouw hield aan de gevleugelde woorden van Deng Xiaoping: 'Hou het hoofd koel en hou je gedeisd, neem nooit de leiding.' Met andere woorden: China moet niet de internationale aandacht trekken, zodat het onopvallend op de achtergrond kan werken aan zijn eigen glorie. Niemand had zich herinnerd dat Dengs woorden eindigden met: '… maar streef ernaar iets groots te doen.' Tegen het eind van zijn leven zei hij hetzelfde, maar met andere woorden: 'Verberg de glans en koester de donkerte.' Oftewel: wil je winnen, doe dan eerst of je toegeeft. Taoïstischer kan het niet.

De barbaren komen

Chinezen zijn zo diep overtuigd van de superioriteit van hun beschaving dat velen van hen geloven dat ze niet dezelfde Afrikaanse
oorsprong kunnen hebben als de rest van de mensheid. Hoe zouden immers Chinezen en barbaren dezelfde stamvader kunnen delen? De Chinezen zouden afstammen van de prehistorische Peking-
mens, waarvan tussen 1929 en 1936 in Zhoukoudian bij Peking een
aantal, inmiddels zoekgeraakte botten werd opgegraven. Volgens
de jongste dateringsmethode zou de Peking-mens 700.000 jaar geleden geleefd hebben. Als een nieuwe bevestiging van de Chinese
oorsprong van de Chinezen gold de vondst in 2008 van een vrijwel
complete menselijke schedel in Xuchang in de provincie Henan. De
Xuchang-mens zou 80.000 tot 100.000 jaar geleden hebben geleefd.

Geen wonder dat de relatie van Chinezen met niet-Chinezen
vanouds problematisch is. Wie geen deel had aan de Chinese beschaving en de keizer niet kende of niet erkende, werd weggezet als
een barbaar of, als hij zich agressief gedroeg, als een duivel. Volgens
de traditionele Chinese opvatting is er onder de hemel geen heerser
die de gelijke is van de keizer, laat staan zijn meerdere. De relatie
van het Hemelse Rijk met de buitenwereld was daarom wezenlijk
ongelijk. China kon alleen omgaan met vreemdelingen die het gezag van de keizer erkenden. Dat was formeel geregeld in periodieke
audiënties aan het keizerlijk hof. Beladen met kostbare geschenken
begaf de vreemde vorst of zijn afgezant zich naar de audiëntiezaal,
waar hij eerst de *kowtow* ('hoofdbons') moest uitvoeren. Dit be-
toon van hoogste respect, dat vandaag de dag nog altijd wordt uitgevoerd voor goden- en boeddhabeelden, bestond uit drie knieval-

len op beide knieën, waarbij telkens negen keer met het voorhoofd tegen de vloer moest worden gebonkt, zo hard dat de keizer het vanaf zijn troon kon horen. In ruil voor dit eerbetoon verleende de keizer de vreemde vorst de status van vazal, waardoor hij en zijn onderdanen deel kregen aan de Chinese beschaving. China omringde zich met vazalstaten, van Korea tot Vietnam.

Tussen China en de barbaren van het Westen zijn er lange tijd geen of nauwelijks relaties geweest. Alexander de Grote stootte ver door naar het oosten, maar China heeft hij nooit bereikt omdat zijn leger na de stichting in 329 v.Chr. van Alexandria Eschatè (het 'Verste Alexandrië') in het huidige Tadzjikistan niet verder wilde. Later werd deze stad een belangrijke pleisterplaats aan de noordelijke tak van de Zijderoute. Koning Euthydemos I van het Grieks-Bactrische Rijk in Midden-Azië heeft rond 220 v.Chr. een expeditie geleid naar het huidige West-China. Hij zou zijn rijk hebben uitgebreid tot het land van de Seres (het Zijdevolk). De geografen Plinius de Oudere en Claudius Ptolemaeus maken melding van de Seres. De Romeinse historicus Florus schrijft over het bezoek van een naamloze afgezant van de Seres aan keizer Augustus. Beladen met kostbare geschenken had de man vier jaar over zijn reis gedaan. Dat zou het eerste directe contact tussen Oost en West zijn geweest. Een Chinese gezant die in 97 n.Chr. naar Rome werd gestuurd, kreeg onderweg van de Parthen te horen dat de reis wel twee jaar zou duren en heel gevaarlijk was. Ontmoedigd keerde hij naar China terug. De Parthen hadden veel profijt van hun rol als handelsbemiddelaars tussen China en Rome en hielden daarom beide rijken graag gescheiden. Uit Chinese bronnen blijkt dat in 166 een delegatie uit Rome, gestuurd door keizer Antoninus Pius of zijn opvolger Marcus Aurelius, in China is geweest. In Chinese annalen is sprake van het bezoek in de derde eeuw van nog twee gezantschappen uit Rome. Veel meer valt er over de contacten tussen de twee wereldrijken niet te melden. In het dorp Liqian in de West-Chinese provincie Gansu wonen mensen met blonde haren, grote neuzen en groene ogen, die zichzelf beschouwen als afstammelingen van Romeinse legioensoldaten. Die zouden na een nederlaag in 53 v.Chr. tegen de

Parthen op drift zijn geraakt en uiteindelijk Liqian hebben gesticht. Mooi verhaal, maar waarschijnlijk niet meer dan dat.

Het Romeinse Rijk werd in het Chinees *Da Qin* genoemd, de 'Grote Qin', een soort tegenhanger van China aan de andere kant van de Zijderoute. De handelscontacten, die liepen via secties van de Zijderoute, dateren van de eerste eeuw van onze jaartelling, maar geen Romeinse handelaar heeft ooit China bereikt en geen Chinese ooit Rome. De karavaanreis was immers een estafettetocht van de ene stad of oase naar de andere, waar de handelaars hun vracht doorverkochten aan lokale collega's die er ter plaatse handel mee dreven of ermee verder trokken. De karavanen van de westelijke tak van de Zijderoute gingen niet verder dan de oostkust van de Middellandse Zee. Daar ging de voor Rome bestemde koopwaar per schip verder. Chinese zijde was in Rome het summum van decadente luxe. De filosoof Seneca sprak van 'zijden kleren – tenminste als je materialen die het lichaam niet verbergen, zelfs niet de intieme delen, kleren kunt noemen'. Van zijn kant verkocht Rome aan China vooral glaswaren, tapijten met goudborduursel en kostbare (ondoorzichtige) kleding.

Tijdens de gehele westerse Oudheid en het grootste deel van de Middeleeuwen is de kennis over China in het Westen en over het Westen in China op zijn best zeer schimmig geweest. Tegen het eind van de Middeleeuwen verschenen de eerste reisverslagen, geschreven door de Venetiaanse koopman Marco Polo en de Chinese monnik Rabban Sauma – waarbij de aantekening dat het verblijf in China van Marco Polo niet helemaal zeker is. In 1275 zou de jonge Marco met zijn vader en oom, die al eerder naar China zouden zijn gereisd, via de Zijderoute Peking hebben bereikt. Kort tevoren was in China de Mongolische Yuan-dynastie aan de macht gekomen. De stichter van deze dynastie was Khubilai Khan, een kleinzoon van de Mongolische wereldheerser Djenghis Khan. De Venetiaan werd een vertrouweling van de nieuwe keizer van China. In zijn boek *Il Millione*, dat hij jaren later in een gevangenis in Genua dicteerde aan een medegevangene, deed Marco Polo verslag van zijn Chinese ervaringen. Misschien heeft hij delen van zijn verhaal opgetekend van reizigers die hij buiten China was tegengekomen. In elk geval heeft dit boek eeuwenlang het westerse beeld over China bepaald.

Volledig zeker is een reis in omgekeerde richting. Ongeveer op hetzelfde moment waarop Marco Polo in Peking zou zijn gearriveerd, begon daar de monnik Rabban Sauma, een Turkstalige Chinees uit Peking, een pelgrimstocht naar Jeruzalem. Rabban Sauma was een nestoriaanse christen, zo genoemd naar Nestorius, een vijfde-eeuwse Syrische bisschop die het tot patriarch van Constantinopel bracht. Het nestorianisme was een richting in het christendom die de scheiding benadrukte tussen de menselijke en de goddelijke natuur van Christus. Het werd door de Kerk van Rome veroordeeld als een ketterij, maar in het oosten is de Nestoriaanse Kerk, ook bekend als Kerk van het Oosten, nog eeuwenlang blijven voortbestaan, met Bagdad als centrum. Van daaruit trokken monniken naar China, waar het nestorianisme twee bloeiperiodes beleefde: van de zevende tot de negende eeuw, en in de dertiende en veertiende eeuw. Op een handjevol bejaarde gelovigen in Iran en Irak na is het nestorianisme thans uitgestorven.

Samen met zijn leerling en medemonnik Mar Markos trok Rabban Sauma te voet westwaarts. Vanwege oorlogen in het Midden-Oosten hebben ze Jeruzalem nooit bereikt. Ze bleven steken in Bagdad, waar Mar Markos werd gekozen tot hoogste kerkleider van de Nestoriaanse Kerk. Argun, de Mongolische khan van Bagdad, stuurde Rabban Sauma op een diplomatieke missie naar Europa. Daar sprak hij met de paus en de koningen van Frankrijk en Engeland. Hij bezocht de belangrijkste steden van West-Europa en had in Rome theologische disputen met de kardinalen. Als zijn missie, het smeden van een Mongolisch-Europees bondgenootschap tegen de islam, was geslaagd, dan zou de wereldgeschiedenis anders zijn gelopen. Rabban Sauma heeft van zijn spectaculaire en vaak barre reis nauwkeurig verslag uitgebracht. Niettemin is deze Chinese ontdekker van Europa bij ons niet of nauwelijks bekend. De westerse ontdekker van China daarentegen kent iedereen, al was het alleen maar vanwege pizzakoerier Marco Polo.

Khan Argun had aan Rabban Sauma een boodschap voor de paus meegegeven om missionarissen te sturen naar het hof in Peking van Khubilai Khan. De stichter van de Yuan-dynastie stond sympathiek tegenover het christendom. Verschillende moeders en vrouwen van de Yuan-vorsten waren nestoriaanse christenen. Al in 1294 kwam de eerste westerse missionaris, de Italiaanse franciscaan Giovanni da Montecorvino, in Peking aan, waar hij het tot aartsbisschop bracht. Het einde van de Yuan-dynastie in 1368 luidde ook het einde van deze tweede christelijke influx in China in. De derde golf begon in 1583, toen een jezuïet, de Italiaan Matteo Ricci, zich in China mocht vestigen. Deze buitengewoon erudiete figuur, die het renaissance-ideaal van de *uomo universale* dicht benaderde, bracht China in contact met de westerse wetenschap en technologie. Dankzij zijn grote kennis van wiskunde (hij vertaalde de *Elementen* van Euclides in het Chinees), geografie, cartografie en astronomie werd hij een vertrouwensman van de Wanli-keizer. Op diens verzoek maakte hij in 1602 de eerste wereldkaart in het Chinees waarop het Amerikaanse continent voorkomt. Voor de Chinezen moet deze kaart heel schokkend zijn geweest. Weliswaar is China midden op de kaart afgebeeld, dus in het centrum van de wereld, maar het is maar een van de vele landen op de wereldkaart.

Ricci, ook wel de 'westerse Confucius' genoemd, probeerde een brug te slaan tussen christendom en confucianisme. Zoals de humanisten van de Renaissance in de antieke Griekse en Romeinse schrijvers verkapte christenen hadden herkend, zo bespeurde Ricci christelijke trekken in de Chinese religieuze traditie, die hij hoopte te verenigen met het christendom. Gehuld in het gewaad van een Confucius-geleerde discussieerde hij met Chinese literaten over de parallellen die hij zag tussen de Chinese traditie en het christendom, zonder zijn ogen te sluiten voor wat hij noemde *superbia Sinica*, de Chinese arrogantie. In *Over de vriendschap*, zijn eerste boek in het klassiek Chinees, benadrukte hij de overeenkomsten tussen Oost en West in het denken over dat thema. Hij vertaalde de Bijbel in het Chinees en de confucianistische klassieken in het Latijn. Daarvoor moest hij de Chinese namen verlatijnsen. Zo doopte hij Meester Kong (Kong Fu Zi) om tot Confucius en Meester Meng (Meng Zi) tot Mencius.

Andere jezuïeten zetten het werk van Matteo Ricci voort. De Duitser Johann Adam Schall von Bell (1591-1666) voerde metingen van een maansverduistering uit die accurater bleken dan die van Chinese astronomen. Daarmee won hij de achting van de keizer. Voor de Hemelzoon was het immers van het grootste belang om zo goed mogelijk geïnformeerd te zijn over wat er zich aan de hemel afspeelde. Binnen de Verboden Stad mocht Schall von Bell een sterrenwacht bouwen, en daarbuiten kerken. De Vlaamse jezuïet Ferdinand Verbiest (1623-1688) hielp Schall von Bell met het corrigeren van de traditionele Chinese kalender. Hij bouwde voor de keizer geavanceerde astronomische instrumenten en zelfs honderden moderne kanonnen. De instrumenten zijn nog steeds te zien in de Oude Sterrenwacht van Peking op een wachttoren van de afgebroken stadsmuur. Ricci, Schall von Bell en Verbiest behoren nog altijd tot China's meest vereerde buitenlanders. Samen met 46 andere westerse missionarissen liggen ze begraven in atheïstische grond: de campus van de academie voor de opleiding van bestuurlijk kader in Peking.

De jezuïeten probeerden via de superioriteit van hun kennis de Chinezen te overtuigen van de superioriteit van hun godsdienst. Die opzet had bij de Chinese elite aanvankelijk enig succes, maar niet bij het gewone volk. In stilte schijnen de paters te hebben gehoopt dat ze de keizer zelf zouden kunnen bekeren. Daarna, dachten ze, zou de rest van de Chinezen vanzelf volgen. Ze gingen er stilzwijgend van uit dat de Europese regel *cuius regio, illius et religio* (de godsdienst van de vorst bepaalt de godsdienst van zijn onderdanen) ook voor China zou opgaan. De jezuïeten lieten de paus weten dat de Kerk in China een grote toekomst wachtte als hij bereid was kleine aanvullingen op de leer toe te staan: de verering van Confucius, de voorouderverering en de deelname van katholieken in China aan bepaalde niet-christelijke religieuze feesten. De jezuïeten dachten dat door het wegnemen van die obstakels de Chinezen massaal hun andere religieuze tradities zouden afzweren. Maar zo soepel als het boeddhisme zich aan de Chinese omstandigheden had aangepast, zo star was het rooms-katholicisme. Rome liet zich niet leiden door de Chinese omstandigheden, maar door dogma's, de kerkelijke traditie en de onverbiddelijkheid van de Contrareformatie. De weigering van de paus om speciaal voor China concessies te doen, wordt in het Westen meestal voorgesteld als een klap in het gezicht van de missionarissen en een bal in eigen doel. Maar in de praktijk had die weigering weinig effect op het missioneringswerk. Totdat de keizer in 1724 het christendom verbood omdat hij niet langer kon tolereren dat onderdanen van de universele heerser loyaal waren aan een concurrerende hemelvorst, de paus van Rome.

Matteo Ricci heeft grote invloed gehad op zowel de Chinese kijk op de buitenwereld als de westerse kijk op China. Zijn brieven aan het thuisfront en zijn dagboeken, die na zijn dood werden bewerkt en uitgegeven, getuigden van grote bewondering voor het Rijk van het Midden. Daardoor vormde de Europese intelligentsia zich een zeer positief beeld over China. Grote denkers van de Verlichting zoals Voltaire, Leibnitz en Rousseau bewonderden de confucianistische beschaving om haar hoge morele gehalte en haar maatschappelijke orde. In het confucianisme herkenden ze hun eigen denkbeelden over de ideale staat. Hun geïdealiseerde visie heeft zelfs het politieke denken van de Amerikaanse Founding Fathers beïnvloed. Een Chinees hadden ze nog nooit gezien en ze wisten zo mogelijk nog minder van China dan de gemiddelde Amerikaan van nu, maar het Rijk van het Midden sprak erg tot hun verbeelding: een kolossaal land, een omvangrijke bevolking, een hoogstaande publieke moraal, een verfijnde beschaving, en, niet in de laatste plaats, een bloeiende economie. In de tijd dat de Verenigde Staten werden gesticht, was ruim eenderde van de wereldeconomie een Chinese aangelegenheid. Immanuel Kant zag voor het bereiken van een blijvende wereldvrede een grote rol voor China weggelegd. Montesquieu daarentegen deelde de bewondering voor de Chinese staatsopvattingen niet. Hij vond dat orde en rust niet gebaseerd moesten zijn op ethische beginselen en het geven van het goede voorbeeld, maar op de wet. Nog altijd is er voor Montesquieus trias politica in het totalitaire Chinese staatsbestel geen plaats. Voor alle duidelijkheid: 'totalitair' is een westers begrip, dat in China onze negatieve connotatie mist.

Behalve met jezuïetische geleerdheid maakte China ook kennis met een ander westers product: het kolonialisme. In 1557 werd het zuidelijke schiereiland Macau een Portugese handelsenclave en daardoor voor westerlingen de toegangspoort tot China. Daarmee begon de directe handel over zee tussen China en het Westen, de slavenhandel inbegrepen: jongens die in China waren ontvoerd, werden vanuit Macau naar Lissabon gebracht om daar als slaven te worden verkocht. Macau, het eerste Europese wingewest in China, werd ook Europa's laatste kolonie in Azië. Pas in 1999 kwam het schiereiland weer onder Chinese soevereiniteit om, net als Hongkong twee jaar eerder, een 'Speciale Bestuurlijke Regio' te worden met een ruime autonomie. De voormalige handelsenclave nam in 2006 de positie van Las Vegas over als het grootste gokparadijs van de wereld.

Na de Portugezen meldden zich de Hollanders. In 1622 probeerde de Verenigde Oostindische Compagnie tevergeefs zich meester te maken van Macau. Twee jaar later veroverde de VOC het eiland Formosa, later beter bekend als Taiwan. In 1656 werden twee VOC-gezanten, Pieter de Goyer en Jacob de Keyzer, door de keizer ontvangen. Voorzover bekend waren zij de eerste Nederlanders in Peking. Ze vroegen de keizer om handelsprivileges, maar kregen nul op het rekest. De kronikeur van hun bezoek, Johan Nieuhoff, werd na de jezuïeten de belangrijkste bron voor kennis over China in Europa. De 'roodharige duivels', zoals de Chinezen de 'barbaren' van de VOC noemden, moesten in 1662 het veld ruimen voor de Chinese piraat Koxinga. Taiwan werd een Chinese provincie en bleef dat tot 1949, met een onderbreking van 1895 tot 1945 toen het een kolonie was van Japan. Met de vlucht van Chiang Kai-shek en de geboorte van de Volksrepubliek begon in 1949 de kwestie-Taiwan, die nog altijd niet is opgelost.

Terwijl China zich bezighield met zichzelf wijdden Portugezen, Hollanders, Spanjaarden en Engelsen zich aan de buitenlandse handel. In 1684 kregen de buitenlanders verlof om, onder strenge controle, gedurende enkele weken van het jaar handel te drijven in China's meest zuidelijke havenstad Guangzhou (Kanton). Toen

China een kleine drie eeuwen later onder Mao opnieuw dichtging, was Guangzhou weer de enige Chinese stad waar buitenlandse handelaars werden toegelaten, maar voor niet langer dan de duur van de Canton Fair. Na Mao ging China open, maar de Canton Fair is nog altijd verreweg de grootste handelsbeurs van het land.

De grote veranderingen in de rest van de wereld gingen China goeddeels voorbij. De laatste dynastie, de Qing (1644-1911), wijdde zich in de eerste helft van haar bestaan aan gebiedsuitbreiding, en in de tweede helft aan pogingen om zich de oprukkende barbaren van het lijf te houden. Vergeefse moeite: China werd het slachtoffer niet alleen van de westerse en Japanse agressiviteit, maar ook van zijn eigen bewegingloosheid. Het Rijk van het Midden, verlamd door de angst de eigen identiteit te verliezen, betaalde een hoge prijs voor zijn isolement en zijn onwil of onvermogen tot modernisering.

De Eeuw der Vernedering

Het voorspel tot de historische inzinking die in China de Eeuw der Vernedering heet, was de mislukte missie-Macartney (1792-1794). Overladen met de modernste producten van de jonge industriële revolutie, waaronder geavanceerde wetenschappelijke instrumenten, kwam de Britse lord George Macartney namens koning George III aan de stokoude Qianlong-keizer hoofdzakelijk drie dingen vragen: handelsfaciliteiten voor Engeland, de vestiging van een ambassade in Peking en de overdracht van een eilandje aan de oostkust waar Britse handelaars hun waren konden opslaan. De audiëntie bij de keizer was de botsing tussen twee beschavingen die beide zichzelf superieur en de andere barbaars waanden. Macartney weigerde de kowtow, omdat dat zou hebben betekend dat de koning van Engeland ondergeschikt was aan de keizer van China. Als universeel heerser kon de keizer zich geen buitenlandse vorst voorstellen die níét zijn vazal was. Hij bleef de Britten, en alle Europeanen, consequent barbaren noemen. Het toestaan van de vestiging van een buitenlandse ambassade in Peking was in zijn ogen absurd, omdat dat zou inhouden dat de barbaren gelijkwaardig waren aan de Chinezen. Hij liet Macartney en koning George weten dat China, op dat moment nog de grootste economische macht ter wereld, geen enkele behoefte had aan de vernuftige producten die Engeland fabriceerde. Uit het echec van zijn missie trok Macartney een wijze conclusie, die nu meer dan ooit actueel is: 'Niets zou bedrieglijker zijn dan China te beoordelen volgens onze Europese criteria.' Maar de grote verliezer was China. Met zijn arrogante houding sloot het zich in zijn ivoren toren af voor de industriële revolutie. Overtuigd van zijn opperste gelijk liet het na zich cultureel en militair te moderniseren. Dat leidde tot langdurige, ongekende rampspoed. Pas na 1978 begonnen de Chinezen op grote schaal en in razend tempo de verloren tijd in te halen. En opnieuw is er een confrontatie aan de gang tussen twee grootmachten die beide overtuigd zijn van hun eigen superioriteit, met de Verenigde Staten in de rol van Engeland en het nieuwe China in de rol van het oude.

Twee jaar na Macartney kreeg de keizer opnieuw bezoek van een Europese handelsdelegatie, ditmaal van de Hollanders Isaak Titzing en Andreas Everardus van Braam Houckgeest. Zij hadden geen moeite met de kowtow, maar ook zij kregen geen poot aan de grond. In 1816 probeerde een Engels gezantschap het opnieuw, maar het werd op het laatste moment teruggestuurd toen een conflict over het protocol ontaardde in een handgemeen. Engeland was echter niet van plan de Chinese markt op te geven. Met een speciaal exportproduct wist het in China reusachtige winsten te maken: opium uit Brits-Indië, dat in het midden van de achttiende eeuw onder controle was gekomen van de Britse East India Company. Hollanders en Portugezen werden door de Britten uit de Chinese opiummarkt verjaagd. Dat Engeland een wereldrijk kon worden, heeft het in belangrijke mate te danken aan de opiumsmokkel naar China. Met die illegale handel probeerde Engeland zijn handelstekort met China te compenseren. De uit China ingevoerde thee, zijde en porselein hoefden daardoor niet meer te worden betaald met zilver, maar met de inkomsten uit de opiumverkoop.

Opium werd in China niet alleen geschoven door verslaafden, maar ook door mensen die het gebruikten als medicijn of als pijnstiller. Ook had het vaak de sociale functie van de sigaret in het huidige China: een manier om met andere mensen contact te maken ('Een rokertje?'). De pogingen van de Qing-regering om de smokkelhandel te beteugelen, mislukten. Een keizerlijk verbod op de handel leidde tot de Eerste Opiumoorlog (1839-1842), waarin China geen verweer had tegen de moderne Britse kanonneerboten. In het Verdrag van Nanjing moest de verliezer akkoord gaan met herstelbetalingen en de afstand van vijf havens, terwijl het toen nog onbeduidende visserseiland Hongkong 'voor eeuwig' aan de Britse kroon werd toegewezen en daarmee persoonlijk eigendom werd van koningin Victoria. Het was het eerste van een lange reeks 'ongelijke verdragen' die China door het buitenland zijn opgedrongen. Het Rijk van het Midden, dat zich altijd ver verheven boven de rest van de wereld had gewaand en andere landen hoogstens als vazalstaten kon zien, moest diep in het stof bijten. De Eeuw der Vernedering was begonnen.

Inmiddels was er in het Westen niets meer overgebleven van de idyllische kijk op China uit de tijd van de Verlichting. Hegel en later ook Marx hadden voor het Hemelse Rijk geen goed woord over, en ze waren de enigen niet. Lees bijvoorbeeld wat de *Edinburgh Review* schreef in januari 1805: 'De Chinezen leven onder de meest abjecte tirannie, altijd met de angst om met bamboestokken geslagen te worden. Ze sluiten hun vrouwen op en verminken hen. Ze plegen kindermoord en andere tegennatuurlijke misdaden. Ze zijn ongeschikt om exacte wetenschappen en natuurfilosofie te bedrijven. Ze hebben geen benul van de kunsten en de meest onmisbare technieken. Hun sociale betrekkingen zijn gebaseerd op stupide formaliteiten. Ze zijn laf, vuil en wreed.' Tegenover het sinocentrisme van de Chinezen stelden de westerlingen de superioriteit van het blanke ras. Chinezen vonden ze ondoorgrondelijk, xenofobisch, onbetrouwbaar, sluw of juist dom, vies, gevaarlijk, vreemd ('een rare Chinees'), onbegrijpelijk ('dat is Chinees voor me') en eigenlijk minderwaardig. Deze vaak racistische clichés hebben een hardnekkig leven geleid en zijn nog altijd niet helemaal verdwenen. Eén voorbeeld. 'Spleetoog' kan een objectieve term lijken, maar is behoorlijk denigrerend. Het Chinese equivalent voor een blanke westerling, grootneus, klinkt een stuk gemoedelijker.

China was te groot om in zijn geheel te worden veroverd, maar dat was ook niet nodig, want de rijkdom was geconcentreerd in de kustgebieden. Daar kwam de ene stad na de andere onder koloniaal bestuur. De Britten waren er het eerst bij, gevolgd door Fransen, Russen, Japanners, Amerikanen en Duitsers. In de 'verdragshavens' golden hun wetten, ook voor de Chinese bevolking. In deze 'concessies' gold niet het Chinese recht en werden de Chinezen behandeld als tweederangsburgers in eigen land. De tekst op een bord bij de ingang van een park in Shanghai ('Verboden voor Chinezen en honden') is vermoedelijk apocrief, maar daarom niet minder representatief voor de koloniale mentaliteit. Hele gebieden van China moesten worden verpacht aan de buitenlanders, die steeds grotere invloedssferen opbouwden.

Het Chinese meerwaardigheidsgevoel kreeg knak na knak. Na de Eerste verloor het ook de Tweede Opiumoorlog (1856-1860). Deze culmineerde in de plundering en verwoesting door Britse en Franse troepen van het Oude Zomerpaleis, een keizerlijke buiten aan de rand van Peking dat gebouwd was volgens een ontwerp van de jezuïeten. In het daaropvolgende vredesverdrag werd de opiumhandel gelegaliseerd. Een nieuwe vernedering was de stichting in 1861 van het ministerie van Buitenlandse Zaken, een stille erkenning van het verlies van de Chinese superioriteit. Als aasgieren stortten de grote mogendheden zich op het stervende Chinese keizerrijk. In 1858 en 1860 lijfde Rusland het noorden van Mantsjoerije in, waardoor China ook zijn toegang tot de Japanse Zee verloor. Dat verlies besloot China in 2011 goed te maken door de ontwikkeling van een haven in Rajin in het uiterste noordoosten van Noord-Korea, waardoor het opnieuw toegang krijgt tot de, door de Amerikaanse marine gepatrouilleerde Japanse Zee. In een oorlog tegen Frankrijk (1884-1885) verloor China zijn vazalstaat Vietnam. Het hardst kwam de vernietigende nederlaag aan die China in 1895 werd toegebracht door zijn vroegere vazalstaat Japan. Deze nederlaag tegen een inferieur geacht land kwam China te staan op het verlies van Taiwan en zijn vazalstaat Korea. Japan had sinds de Meiji-restoratie van 1868 iets gedaan wat China had geweigerd: het had zich opengesteld, geïndustrialiseerd, bewapend en gemoderniseerd, en het had daarbij zijn nationale identiteit behouden. En nu was het uit op de hegemonie over Azië.

In diezelfde tijd werd China geteisterd door grote hongersnoden en kolossale binnenlandse opstanden, sommige van etnisch-religieuze aard, andere gevoed door een combinatie van werkloosheid, overbevolking, honger, armoede, uitbuiting en woede over het wanbestuur en de aangedane vernederingen. De grootste rebellie was de Taiping-opstand (1851-1864), genoemd naar het ideaal dat de opstandelingen voor ogen stond: *Taiping Taiguo*, het Hemelse Koninkrijk van de Grote Vrede. Deze messianistische rebellie werd geleid door een gesjeesde ambtenaar, Hong Xiuquan, die uit zijn visioenen afleidde dat hij de jongere broer van Jezus was. Hij kreeg miljoenen volgelingen. Voor de vestiging van zijn heilstaat moest eerst de Qing-dynastie over de kling worden gejaagd. Hong Xiuquan slaagde erin eenderde deel van China te veroveren. Met militaire hulp uit het Westen wisten de Qing-troepen uiteindelijk te zegevieren. De schattingen over het dodental variëren van vijftien tot vijftig miljoen. Hoogstwaarschijnlijk was het de bloedigste burgeroorlog aller tijden.

In de communistische historiografie gaan de Taiping-rebellen door voor een soort protocommunisten. Tegelijk ziet de partij hun opstand, en die van andere religieus geïnspireerde bewegingen in de Chinese geschiedenis, als een bewijs dat militante godsdienstige organisaties niet te vertrouwen zijn. Ze kunnen immers voor een subversief politiek doel worden gebruikt: de verovering van de macht. Met die gedachte in het achterhoofd ontketende partijleider-president Jiang Zemin in 1999 een grootschalige repressie tegen Falun Gong, een uitstekend georganiseerde sekte die op dat moment waarschijnlijk meer leden had dan de partij. Het slepende conflict dat de partij heeft met de Rooms-Katholieke Kerk moet ook in dat licht worden gezien. Het gaat vooral over de vraag wie de bisschoppen mag benoemen: het Vaticaan of de Chinese staat, dat wil zeggen de partij. De partij is bang dat als ze de controle over die benoemingen uit handen geeft, het Vaticaan gaat samenzweren en van de Kerk een politieke verzetsorganisatie maakt. Ook speelt waarschijnlijk het oude idee mee dat een Chinees niet loyaal kan zijn aan een andere heerser dan de Hemelzoon.

Het christendom, zowel in zijn katholieke als protestantse variant, keerde in de negentiende eeuw naar China terug. In het kielzog van de westerse kanonneerboten stroomden missionarissen en zendelingen het land binnen en maakten veel bekeerlingen. Nationalistische Chinezen zagen de zieltjeswervers, vaak niet ten onrechte, als pionnen van de imperialistische mogendheden die China steeds meer in hun greep kregen. Arrogant of misplaatst optreden van de westerse geestelijken, afkeer van de barbaren, misverstanden en vooral angst en bijgeloof leidden regelmatig tot moordpartijen onder missionarissen, zendelingen en hun Chinese bekeerlingen. In de provincie Shandong deden wilde geruchten de ronde dat westerse missionarissen de hongersnood en de choleraepidemie die het gebied troffen, op hun geweten zouden hebben. Boeren die niets meer te verliezen hadden, kwamen bijeen voor religieuze rituelen om zich op te laden met bovennatuurlijke kracht. Ze voerden boksachtige dansen uit om daardoor sterk te worden en zich onkwetsbaar te maken voor kogels of messen. De beweging groeide tegen de verdrukking in en richtte zich weldra rechtstreeks tegen missionarissen, zendelingen en hun Chinese bekeerlingen, en tegen buitenlanders in het algemeen. Een van de tienduizenden slachtoffers was de Nederlandse bisschop Ferdinand Hamer, die in Binnen-Mongolië werd gemarteld en levend verbrand. Aanvankelijk moest het keizerlijke hof niets van de Boksers hebben, maar dat veranderde toen bleek hoeveel patriottisme ze onder de bevolking lossloegen. Ze gingen de laatste hoop belichamen om de gehate barbaren mores te leren. In 1900 begonnen de Boksers een belegering van het symbool van de buitenlandse macht, de ambassadewijk in Peking. De eerste legatie die werd verwoest, was die van Nederland. Een expeditieleger van zeven westerse landen en Japan leed aanvankelijk zware verliezen, maar maakte uiteindelijk met een overdaad aan geweld een eind aan de opstand. Voor de tweede keer in veertig jaar werd Peking door de barbaren geplunderd en gebrandschat. Wat er van het Oude Zomerpaleis nog was overgebleven of was herbouwd, werd verwoest.

China moest een kolossale schadevergoeding betalen. De wond die die vernedering sloeg, is nog altijd niet geheeld en is door de Rooms-Katholieke Kerk weer opengereten. Op 1 oktober 2000 werden 121 priesters, nonnen en leken die in China de marteldood waren gestorven, door paus Johannes Paulus II heiligverklaard. Onder hen waren 34 buitenlandse missionarissen, bijna allen slachtoffers van de Boksers. Maar voor de Chinezen zijn de Boksers patriotten en hun slachtoffers handlangers van de gehate imperialisten. Peking vatte de heiligverklaring op als pure provocatie, ook vanwege de datum: uitgerekend de nationale feestdag, waarop de stichting van de Volksrepubliek op 1 oktober 1949 wordt gevierd. Als straf zag president Jiang Zemin af van het voorgenomen herstel van de diplomatieke betrekkingen met het Vaticaan. Dat was precies de bedoeling van de man die deze verzoening het meest vreesde, Chen Shui-bian, in die tijd president van Taiwan, tegenwoordig bajesklant vanwege corrupte praktijken. Als het Vaticaan relaties aanknoopte met China, zou het die met Taiwan automatisch moeten verbreken. China kan immers geen betrekkingen hebben met een staat die ook Taiwan erkent, en voor Taiwan geldt omgekeerd hetzelfde. Chen Shui-bian, voorstander van de onafhankelijkheid van Taiwan, wilde koste wat het kost een breuk met het Vaticaan voorkomen. De namen van de heilig te verklaren priesters had hij ingefluisterd aan invloedrijke Taiwanese prelaten. In 2012 is het Vaticaan de enige staat in Europa die nog diplomatieke relaties heeft met Taiwan.

De vernederingen waren nog niet afgelopen. In 1904 viel een Brits expeditieleger onder leiding van kolonel Francis Younghusband Tibet binnen en richtte een bloedbad onder Tibetaanse monniken en strijders aan. Tibet was een speelbal geworden in *The Great Game*, een langdurige krachtmeting tussen het Britse en Russische rijk met als inzet de macht over Centraal-Azië. China, formeel de machthebber in Tibet, kwam aan dat spel nauwelijks te pas. Een eeuw later is er opnieuw een strijd om de macht over Centraal-Azië aan de gang, waarin China ditmaal een zeer actieve rol speelt. In *The New Great Game*, zoals de huidige krachtmeting wordt genoemd, staat de NAVO tegenover Rusland en China. Het gaat nu niet meer om gebiedsuitbreiding, maar om de vestiging van invloedssferen, met als belangrijkste inzet de energiebronnen van de Midden-Aziatische landen.

Te midden van alle rampen, opstanden en nederlagen hield de Qing-dynastie zich vooral bezig met een interne machtsstrijd zonder door te hebben dat ze onafwendbaar afstevende op haar ondergang. Als reactie op het westerse en Japanse imperialisme, dat China's voortbestaan als natie bedreigde, ontstonden nationalistische bewegingen. Maar de hervormingen die ze voorstonden, mislukten of werden tegengehouden of teruggeschroefd. De zogeheten Zelfversterkingsbeweging had vooral ten doel een modern leger op te bouwen om sterker te staan tegenover de barbaren. De beweging wilde het land moderniseren maar wel met behoud van de oude Chinese normen en waarden. Met behulp van westerse methoden, westerse wapens en westerse technologie moest het wezen van China worden veiliggesteld. Lijkt dat niet sterk op de strategie die China voor zijn huidige modernisering volgt: de rest van de wereld gebruiken om de oude glorie te laten terugkeren? De Zelfversterkingsbeweging strandde op de nederlaag tegen Japan in 1895. In 1898 probeerde de jonge Guanxu-keizer een serie pro-westerse hervormingen door te voeren. 'Volg volledig het westerse model,' zo luidde zijn instructie, 'met kooplieden volop aan de leiding en regeringsfunctionarissen die de belangen van de kooplieden verdedigen.' Aan deze hervormingsperiode van de 'Honderd Dagen' maakte de tante van de keizer, keizerin-regentes Cixi, een bruusk einde. Bijna een halve eeuw (1861-1908) is dit symbool van blind conservatisme de macht achter de Drakentroon geweest. Ze bestond het om het geld dat bedoeld was voor de wederopbouw van de Chinese oorlogsvloot (die na de debacle in de oorlog tegen Frankrijk grotendeels was vernietigd) te besteden aan een andere wederopbouw: die van het verwoeste Nieuwe Zomerpaleis, inclusief de bizarre marmeren boot die bedoeld was voor Cixi's ontvangsten.

In de laatste tien jaren van het keizerrijk werden ten slotte hoognodige hervormingen doorgevoerd, zoals bestuurlijke en militaire modernisering, rechtshervorming en afschaffing van de keizerlijke examens, maar ze kwamen te laat om de troon te redden. In 1911 braken rellen, opstanden, muiterijen en moordpartijen uit. De toen nog weinig bekende revolutionaire leider Sun Yat-sen werd eind

1911 uitgeroepen tot president van de nieuwe Republiek China. Kort daarna, in februari 1912, werd de 243e keizer van het Hemelse Rijk afgezet. Daarmee kwam niet alleen een eind aan de Qing-dynastie, maar ook aan het keizerrijk China. De keizer in kwestie was het vijfjarige ventje Puyi, in het Westen vooral bekend dankzij Bertolucci's film *The last emperor*. Jaren later zou Puyi zijn comeback als keizer maken, ditmaal als marionet van de Japanners. Die veroverden in 1931 Mantsjoerije en stichtten daar het keizerrijk Manchukuo (Mantsjoeland) als een buffer tussen Rusland en Japan. Door Puyi op de troon te zetten in dit land van herkomst van de Qing-dynastie hoopten de Japanners hun koloniale regime een schijn van legitimiteit te geven.

Het einde van het keizerrijk was niet het einde van de vernederingen. Dat zou alleen mogelijk zijn geweest als er een krachtig en stabiel nieuw bewind was gekomen met een duidelijk project voor nationale emancipatie. Zo'n regime kwam er pas in 1949: dat van Mao. De Eeuw der Vernedering ging dus nog even door. De militaire leider Yuan Shikai werd in 1912 president. Hij probeerde een nieuwe keizersdynastie te stichten, maar stierf snel een natuurlijke dood. China werd opgedeeld tussen krijgsheren, die de bevolking terroriseerden en elkaar de macht betwistten. Voor hun wapenaankopen en politieke steun hingen ze stuk voor stuk af van een westerse mogendheid. Intussen werd onder schrijvers en intellectuelen heftig gedebatteerd over de toekomst van China. Sommigen verwierpen de Chinese traditie in haar geheel en ijverden voor een complete verwestersing, anderen wilden een drastische modernisering met Chinese karakteristieken – een ideaal dat jaren later zou worden gerealiseerd. Confucius werd ontmaskerd als een rasreactionair die China achterlijk had gehouden, een overtuiging waarop Mao later zijn ideologische campagne tegen de wijze zou baseren.

De Russische revolutie maakte in China grote indruk en werd vooral voor goed opgeleide jongeren een bron van revolutionair elan. Als het in Rusland mogelijk was een eind te maken aan het feodalisme, waarom dan ook niet in China? Het nationalisme van deze jongeren vlamde op toen de Vrede van Versailles in 1919 de Duitse gebieden in de provincie Shandong niet aan China maar aan Japan toewees en de Chinese regering zich bij de ontwerptekst van het vredesverdrag neerlegde. Onder de studenten van Peking brak een opstand uit tegen deze nationale uitverkoop. Op 4 mei 1919 hielden ze op het Tiananmenplein een grote betoging tegen deze nieuwe vernedering van China. Ook op veel andere plaatsen waren er demonstraties. De 4 Mei Beweging had een enorm politiserend effect. De communistische partij heeft haar uitgelegd als haar voorloopster. Nog elk jaar wordt 4 mei herdacht als de Dag van de Jeugd.

Tijdens de proclamatie van de Volksrepubliek in 1949 riep Mao uit: 'De Chinezen zijn opgestaan.' Nooit zouden ze zich meer door de barbaren laten ringeloren. Buitenlandse bezittingen werden genaast en de buitenlanders die niet uit zichzelf vertrokken werden vrijwel allemaal het land uitgegooid. Daarmee eindigde officieel de Eeuw der Vernedering. Voor sommigen liep dat tijdperk echter pas af in 1997, het jaar waarin Hongkong werd overgedragen aan China en krachtens de formule 'Eén land, twee systemen' een Speciale Bestuurlijke Regio werd binnen China. Anderen gaan nog verder: ze beweren dat de Eeuw pas echt voorbij zal zijn op het moment dat Taiwan met het moederland herenigd wordt. Historisch klopt die bewering niet: de scheiding tussen China en Taiwan is niet het werk van de barbaren, maar van de Chinezen zelf. In de Chinese collectieve herinnering is de Eeuw nog altijd springlevend. Daar zorgen het onderwijs, de media en de politieke leiders wel voor. Niet voor niets is het Oude Zomerpaleis nooit meer herbouwd: het puin moet de herinnering aan de vernederingen tastbaar houden. Weinig bezoekers weten dat de ruïnes tijdens de burgeroorlogen in de twintigste eeuw opnieuw geplunderd zijn, ditmaal door Chinezen die belust waren op kostbaar marmer. Het voorstel om het paleis in zijn oude glorie te herstellen, is in een opiniepeiling afgewezen. De ruïnes moeten blijven zoals ze zijn ter 'patriottische educatie' van de Chinezen. Ook het plan van een Chinees showbusinessbedrijf om elders een replica van het complex te bouwen, dat dan een prachtig decor zou vormen voor film- en tv-drama's, is neergesabeld. Maar er mocht wel vlak naast de ruïnes een kitscherig themapark worden gebouwd.

Het slachtoffergevoel zal blijven bestaan zolang de communistische partij de Eeuw der Vernedering blijft gebruiken als politiek wapen om de bevolking te harnassen tegen de boze buitenwereld die het op China begrepen zou hebben. Onder Mao was dat een constante in de buitenlandse politiek. Met de economische opkomst van China groeide het zelfvertrouwen en verflauwde het 'slachtofferisme', maar het is zeker niet verdwenen. Als vanuit het Westen kritiek komt op een Chinese (wan)toestand, wordt deze vaak nog altijd niet op haar merites beoordeeld, maar verongelijkt of verontwaardigd afgedaan als een nieuwe poging van westerse 'anti-Chinese krachten' om China te kleineren en zelfs het politieke systeem te ondermijnen. Een paar voorbeelden: het Amerikaanse initiatief om de Olympische Spelen van het jaar 2000 niet toe te wijzen aan China als protest tegen het bloedbad van Tiananmen; de brede westerse steun aan de Tibetanen na de onderdrukking van de opstand in Tibet in 2008; de bliksemacties in diverse westerse steden, als protest tegen het Chinese optreden in Tibet, tijdens het langskomen van de olympische fakkel in 2008; de toekenning van de Nobelprijs voor de vrede aan Liu Xiaobo in 2010. Zowel de Chinese autoriteiten als de vaak chauvinistische publieke opinie op internet zien de westerse kritiek als een frontale aanval op de Volksrepubliek zelf. De ondertoon van de Chinese reacties op die kritiek is: zie je wel, het Westen is niet wezenlijk veranderd, het is er nog altijd op uit ons land klein te krijgen, ditmaal met de bedoeling onze ontwikkeling tot grootmacht te fnuiken. Westerse landen en organisaties die te maken hebben met China, doen er goed aan met die Chinese gevoeligheid terdege rekening te houden. Overigens zouden de Chinezen zich best wat minder snel beledigd kunnen voelen, want zielig zijn ze allang niet meer. Maar ze klimmen nog altijd voor het minste of geringste in de gordijnen, bijvoorbeeld als ze vinden dat de advertentiecampagne van een buitenlands bedrijf getuigt van gebrek aan respect voor China. Deze krenking van de nationale trots wordt dan direct vertaald in agressieve boycotacties, waarna de betreffende bedrijven niet weten hoe snel ze hun excuses moeten aanbieden voor deze schoffering van de tere Chinese gevoelens.

China laat zich door het Westen niets meer gezeggen. Vroeger stelde Peking nog weleens een gebaar om de Verenigde Staten of Europa mild te stemmen, bijvoorbeeld de vrijlating van een belangrijke politieke gevangene aan de vooravond van hoog bezoek uit het Westen. Tegenwoordig is daar geen sprake meer van. Het Westen is immers de vragende partij geworden. Het stellen van eisen is bijna al een garantie van afwijzing. Hoe hoger de westerse toon, des te feller het Chinese nee. Scherpe beschuldigingen over schending van de mensenrechten wekken slechts verontwaardiging over wat Peking ontoelaatbare bemoeizucht vindt. Wordt China daarentegen vriendelijk verzocht de mensenrechten beter te respecteren, dan antwoordt het met de erkenning dat er op dat gebied inderdaad nog veel moet gebeuren, maar ook met de verzekering dat er al enorme vooruitgang is geboekt. Waarna alles blijft zoals het was.

China geeft alleen toe als het in zijn eigen belang is. Neem de kwestie van de koers van de yuan. Volgens de Verenigde Staten en Europa is de Chinese munt zwaar ondergewaardeerd, waardoor China goedkoop kan exporteren en in de importlanden banen en bedrijven zou vernietigen. Al jaren dringen vooral de vs aan op een forse revaluatie van de yuan. In werkelijkheid gaat het ze niet om het immense Amerikaanse handelstekort of het verlies van banen, maar om het terugdringen van de Amerikaanse buitenlandse schuld. In augustus 2011 was naar schatting 70 procent van China's buitenlandse deviezenreserve (verdiend aan de export en buitenlandse investeringen) belegd in dollars, waarvan 1,2 biljoen dollar in Amerikaans schatkistpapier. Nog nooit heeft een land zo zwaar bij een ander land in het krijt gestaan. Een forse revaluatie van de yuan zou betekenen dat dat geld voor een groot deel zou verdampen, precies zoals dat in de jaren tachtig is gebeurd met de Amerikaanse schulden aan Japan na de, door de vs afgedwongen, revaluatie van de yen. Peking wil dat Japanse voorbeeld niet volgen, nog afgezien van de onoverzienbare sociale en mogelijk ook politieke gevolgen in China van het inzakken van de Chinese export na een revaluatie van de yuan. Deze is de laatste jaren wel enigszins opgewaardeerd, maar wat voor het Westen veel te weinig is, is voor China zelf precies genoeg. Zelfs als ze zou willen, dan nog kan de regering zich geen concessies aan het buitenland meer veroorloven. Ze voelt immers de hete adem van miljoenen internetactivisten in de nek, en die virtuele publieke opinie komt onmiddellijk in actie zodra de indruk wordt gevestigd dat de leiders zich niet nationalistisch genoeg opstellen en daardoor de natie gezichtsverlies laten lijden.

De vernederingen aangedaan door het westerse imperialisme hebben onvermoede actuele toepassingen. China gebruikt ze graag om zijn solidariteit met het arme deel van de wereld te onderstrepen. 'Wij weten wat het betekent om gekoloniseerd en uitgebuit te worden', houdt Peking de ontwikkelingslanden voor, waarmee het tegelijk zijn aanspraken op het leiderschap van het 'Zuiden' kracht bijzet. Zelfs de schending van westers intellectueel eigendom wordt soms vergoelijkt met een beroep op de Eeuw der Vernedering. Diefstal? Kom nou, niet meer dan een kleine genoegdoening voor alle leed dat het Westen ons berokkend heeft. Overigens deden Japan in de jaren tachtig van de vorige eeuw en de Verenigde Staten in de negentiende eeuw als copyrightpiraten niet voor het huidige China onder. Amerika heeft zijn opkomst als industriële grootmacht voor een belangrijk deel te danken aan het stelen van andermans patenten. China ook.

Schril in contrast met de periodieke verongelijktheid staat de vaak triomfantelijke toon waarop China de wereld kond doet van zijn wedergeboorte als grootmacht. Het is een zoete wraak na zo veel koeionering, een historische genoegdoening waarin China het Westen de Eeuw der Vernedering alsnog betaald zet. In de Chinese visie is de renaissance uitsluitend de verdienste van China zelf, terwijl de neergang van het land uitsluitend de schuld was van de barbaren. In de officiële geschiedschrijving is geen ruimte voor de gedachte dat China de vernederingen ook wel een beetje aan zichzelf te wijten heeft. Sun Yat-sen, de vader van de Republiek China, verachtte de Mantsjoes van de Qing-dynastie meer dan de westerse,

Russische en Japanse barbaren. Toch kreeg een Chinese onderzoeker grote problemen toen hij suggereerde dat de verzwakking van de natie aan het einde van de Qing-dynastie niet alleen de schuld was van de gehate imperialisten uit het buitenland, maar ook van het falende beleid van de toenmalige Chinese leiders en hun weigering om de tekenen des tijds te verstaan.

Maoïstisch intermezzo

Een grondig gerestaureerd gebouw in Shanghai, aan de rand van de hippe uitgaanswijk Xintiandi, is een van de topbestemmingen van wat in China het 'rode toerisme' wordt genoemd: geheel verzorgde bedevaartsreizen naar de heilige plaatsen waar de geschiedenis van de communistische partij is geschreven. In dit pand vond in 1921 het oprichtingscongres plaats van de Chinese communistische partij. In een grote vitrine bevindt zich een groep levensechte beelden. Wassen poppen rond een tafel laten zich zichtbaar meeslepen door een jongeman die een vurig betoog houdt en duidelijk de scene beheerst. De spreker is de jonge Mao. Het is een mooie historische vervalsing. Mao's ster begon pas later te rijzen. De oprichter en eerste secretaris-generaal van de partij was de intellectueel Chen Duxiu, die later door de officiële partijgeschiedschrijvers verguisd zou worden. Een sleutelrol speelde ook de Nederlandse communist Henk Sneevliet, in China bekend onder zijn schuilnaam Maring. Hij vertegenwoordigde de Komintern, de internationale arm van de Sovjet-Russische communistische partij. In 1942 zou Sneevliet als leider van een Nederlandse verzetsgroep door de nazi's worden geëxecuteerd.

Hoe zouden de revolutionairen hun nieuwe partij noemen? In China zijn de namen over het algemeen veel preciezer dan bij ons. Ze moeten een zo volledig mogelijke aanduiding geven van wat de organisatie precies is. De partij werd genoemd Zhongguo gongchan dang. Dat betekent letterlijk Chinese (zhongguo) partij (dang) van de gemeenschappelijke (gong) productie (chan). Die naam is veel programmatischer dan ons woord 'communisme', waarin alleen het idee van gemeenschappelijkheid zit. De Chinese naam drukt een wezenlijk kenmerk van de communistische ideologie uit: het gemeenschappelijk bezit van de productiemiddelen, waarvan de opbrengst aan iedereen gelijkelijk ten goede moet komen.

Op last van Moskou dreef Sneevliet door dat de Chinese communisten zich aansloten bij de door Sun Yat-sen opgerichte Kwomintang (later gespeld als Guomindang, Nationalistische Partij). Het idee was om deze partij, die net als de communistische partij bolsjewistisch was geïnspireerd, van binnenuit naar links te duwen. Zo kwam het eerste Verenigd Front van nationalisten en communisten tot stand. Via de Komintern gaf Stalin de Kwomintang een militaire academie cadeau, waar een modelleger werd gevormd dat door de Sovjet-Unie bewapend werd. Chef van de academie en commandant van het leger werd de ambitieuze Chiang Kai-shek (in pinyin gespeld als Jiang Jieshi). Deze communistenvreter maakte zich na de dood van zijn schoonvader Sun Yat-sen in 1925 meester van de Kwomintang. In 1927 werd hij president van de Republiek China. Hij vestigde zijn hoofdstad in Nanjing. Peking, de 'Noordelijke Hoofdstad', werd herdoopt in Peiping, 'Noordelijke Vrede'. Chiang Kai-shek heeft China nooit weten te herenigen. Zelfs op het toppunt van zijn macht had hij slechts eentiende van het Chinese grondgebied en een kwart van de bevolking onder zijn controle. De rest was in handen van concurrerende of met hem geallieerde krijgsheren, en later steeds meer van de communisten.

Nog maar net aan de macht begon Chiang een uitroeiingscampagne tegen de communisten. Het Verenigd Front spatte uiteen in 1927. Er brak een burgeroorlog uit, waarin de communisten aanvankelijk klap na klap kregen. Het keerpunt kwam in 1934, toen een communistisch leger in de zuidelijke provincie Jiangxi wist te ontsnappen aan een vijandelijke omsingeling. Daarmee begon het mythische epos van de Lange Mars, een heroïsche tocht over een afstand die Mao schatte op 12.500 kilometer. Na een jaar kwam nog geen tiende deel van de 90.000 à 100.000 mensen die aan de tocht waren begonnen, aan in de noordelijke stad Yan'an. Daar namen Mao en de zijnen hun intrek in grotwoningen. Deze terugtocht maakte van de overlevenden glorieuze helden, van Mao de onbetwiste partijleider en van Yan'an later een drukbezocht communistisch bedevaartsoord.

De Japanse bezetting van China (1937-1945) dwong Chiang Kai-shek zijn hoofdstad over te brengen naar Chongqing in het verre binnenland. Om het oprukkende Japanse leger tegen te houden liet hij in 1938 in Zhengzhou de dijk van de Gele Rivier doorsteken. De bevolking was niet gewaarschuwd. Zeker een half miljoen mensen kwamen om in deze nutteloze man-made disaster. Chiang Kai-shek zag in Japan een minder belangrijke vijand dan in Mao. Hij was pas bereid tot een tweede Verenigd Front met de communisten nadat hij door een van zijn eigen generaals was ontvoerd en overgedragen aan de troepen van Mao. Die heeft nog even overwogen hem te laten doden. Samenwerking met de communisten was de voorwaarde voor Chiangs vrijlating. In de praktijk is er ook van dit tweede Verenigd Front weinig terechtgekomen. De motor in het verzet tegen de Japanners waren niet de nationalisten, die de bondgenoot werden van de Verenigde Staten, maar de communisten. Daardoor kreeg Mao de status van nationale held.

In deze Tweede Chinees-Japanse Oorlog hebben de Japanners de ergste wandaden begaan. In december 1937 en januari 1938 werden bij de 'verkrachting van Nanjing' volgens Chinese bronnen driehonderdduizend Chinese burgers, vooral vrouwen en meisjes, beestachtig omgebracht. John Rabe, een in Nanjing wonende Duitse industrieel die lid was van de NSDAP, en de Deen Bernhard Arp Sindberg wisten tienduizenden mensen van de dood te redden. Geheel in nazistijl voerden de Japanners medische experimenten uit op gevangenen voor de ontwikkeling van bacteriologische wapens. Daarbij vonden ruim tweehonderdduizend Chinezen de dood. Ten gerieve van de Japanse militairen werden 'troostmeisjes' geronseld, in werkelijkheid seksuele slavinnen in de bordelen die het Japanse leger voor zichzelf had ingericht in de bezette gebieden in Azië. Daarvoor werden tussen de 50.000 en 200.000 vrouwen ontvoerd uit China, de Filippijnen, Nederlands-Indië, de toenmalige Japanse kolonies Korea en Taiwan en uit Japan zelf.

De Japanse onwil om diepe spijt te betuigen voor deze wandaden

– vaak gebagatelliseerd of zelfs ontkend – legt nog altijd een zware hypotheek op de betrekkingen tussen China en Japan. Die relaties werden bijzonder gespannen onder de Japanse premier Koizumi, die tijdens zijn regering (2001-2006) jaarlijks in het Yasukuni-heiligdom de oorlogsdoden kwam eren. Ook de verschijning in Japan van revisionistische geschiedenisboekjes leidde tot soms gewelddadige Chinese protesten, die in 2005 gepaard gingen met aanvallen op Japanse vestigingen. De laatste jaren wordt de oude vijandschap niet alleen meer gevoed door het oorlogsverleden, maar ook door nieuwe spanningen op economisch, militair en geopolitiek gebied. De bevestiging in februari 2011 dat China in 2010 Japan had ingehaald als de op één na grootste economie van de wereld moet voor China een ontzaglijke historische genoegdoening en voor Japan een diepe vernedering zijn geweest. Japan, dat zich in de negentiende eeuw had afgekeerd van de Chinese wereld om een voorbeeld te nemen aan het Westen, ziet de economische, politieke en militaire expansie van China als een groeiende dreiging waarop het maar één antwoord heeft: nog dichter aanschurken tegen de Verenigde Staten.

Na de Japanse nederlaag laaide de burgeroorlog op. De communisten wonnen snel terrein. De grote steden bewaarden ze voor het laatst, een strategie die de maoïstische bewegingen in andere landen hebben overgenomen, zij het meestal zonder succes. De stad Changchun in Mantsjoerije werd in 1948 tijdens een beleg van vijf maanden uitgehongerd. Minstens 160.000 burgers stierven de hongerdood. Er waren 40.000 overlevenden. Hun menu had bestaan uit insecten, gras, bladeren, boomschors, leren riemen en lijken. De officiële geschiedschrijving vermeldt slechts dat Changchun 'zonder bloedvergieten' werd veroverd. Zonder slag of stoot namen de communisten Peiping in, dat weer Peking (of Beijing) ging heten. Twee maanden later vluchtte Chiang Kai-shek vlak voor de val van Chengdu, de laatste stad op het vasteland die hij nog onder controle had, naar Taiwan. Al eerder waren de belangrijkste kunstschatten uit de Verboden Stad naar Taiwan verscheept. Daar vestigde Chiang een rechts terreurbewind. Tot het eind van zijn leven bleef hij vasthouden aan de fictie dat hij de wettige president van heel China was.

Logischerwijs had de Chinese communistische partij allang zo dood moeten zijn als een pier. Onder Mao had ze het land van de ene megaramp in de andere gestort, van de Grote Sprong Voorwaarts tot de Culturele Revolutie, en toch overleefde ze haar op drift geraakte Grote Roerganger. Daarna werd het nog gekker: de communisten ontdekten de zegeningen van het kapitalisme, maar bleven zich communisten noemen, en later namen ze zelfs particuliere ondernemers, hun klassenvijand dus, in de partij op. De vreedzame nationale burgeropstand van 1989, die uitliep op de Tiananmen-slachting, stortte de partij in haar eerste, en vooralsnog laatste bestaanscrisis sinds ze aan de macht kwam, maar die is haar niet fataal geworden. In datzelfde jaar imploodeerden de Sovjetsatellietstaten dominogewijs en in 1991 hield ook de Sovjet-Unie zelf op te bestaan, maar in China versterkte de communistische partij haar macht. De massale privatisering in de tweede helft van de jaren negentig leidde wel tot een huizenhoge golf van ontslagen, maar niet tot een door velen voorspelde sociale turbulentie. China kwam zegevierend uit de Azië-crisis en was de kredietcrisis al te boven toen in het Westen het ergste nog moest komen. De partij wordt nog altijd bestookt door talloze binnenlandse problemen en zit barstensvol tegenstellingen, en toch maakt ze zich vol zelfvertrouwen op voor een toekomst van mondiale grandeur. Hoe kan dit allemaal?

Die paradox is minder scherp als we het huidige Chinese communisme zien als een breuk met het maoïsme en niet als een voortzetting ervan in aangepaste vorm. De oerparadox van het Chinese communisme is de opkomst van het maoïsme zelf. Van nature is de mens niet tot het communisme geneigd, en de Chinese mens al helemaal niet. Weliswaar moet hij zich sinds het begin van de keizertijd beschouwen als een onbeduidend onderdeel van de grote massa, maar in wezen is hij een individualist. De enige groep die voor Chinezen werkelijk telt, is de familie. Je familie zal je nooit in de steek laten en voor je familie ga je door het vuur, want het vertrouwen tussen familieleden is absoluut. Dan komen de groepen waarvan de leden elkaar (bijna) evenveel vertrouwen als hun familie: vrienden, oud-klasgenoten, oud-studiegenoten, aardige collega's, dorpsgenoten, beproefde zakenpartners, en buiten de vertrouwde omgeving mensen van hetzelfde dorp, dezelfde stad of dezelfde streek, en in den vreemde andere Chinezen. Maar in China zelf trekken de mensen zich weinig of niets aan van landgenoten die ze niet kennen, dat wil zeggen, van bijna niemand, of het nu slachtoffers zijn van verkeersongelukken, armoede of politieke vervolging. Loyaliteit blijft traditioneel beperkt tot je groep. Aan buitenstaanders ben je niets verplicht. Het door confucianisme, taoïsme en boeddhisme gepredikte mededogen is praktisch ten onder gegaan in de woelingen van China's moderne geschiedenis en in het materialisme van de economische revolutie.

Symptomen van de geringe maatschappelijke solidariteit zijn bijvoorbeeld het grote tekort aan bloed- en orgaandonors, de geringe bereidheid om te geven voor charitatieve doelen, de massale belastingontduiking. De Chinezen leefden intens mee met de spectaculaire redding van de ingesloten mijnwerkers in Chili in 2010, maar in eigen land trekken ze zich van een mijnramp meer of minder weinig of niets aan. China's eerste nationale inzamelingsactie vond pas plaats na de megatsunami van 2004. Direct na de grote aardbeving in de provincie Sichuan in 2008 trokken duizenden mensen uit het hele land naar het rampgebied om mee te doen aan de hulpverlening. De liefdadigheidsdonaties verdubbelden dat jaar tot omgerekend 15 miljard dollar, maar zakten daarna weer in. Voor de slachtoffers van de tsunami in maart 2011 in Japan werd in China slechts 4 miljoen dollar bijeengebracht, tegen 165 miljoen in het kleine Taiwan. Slechts 20 procent van de donaties wordt geschonken door particulieren, de rest komt van het private bedrijfsleven. Op de Wereld Liefdadigheids Index van 2010, een lijst van 153 landen gerangschikt naar geldelijke edelmoedigheid, staat China met 0,01 procent van het bruto binnenlands product op de 147e plaats, zelfs nog na landen als Rwanda en Bangladesh. Schandalen rond China's belangrijkste hulpverleningsorganisatie, de Chinese Rode Kruis Vereniging, staan een forse stijging op die lijst in de weg. Geld voor noodhulp bleek een Rode-Kruistopmanager te hebben besteed aan kostbare geschenken aan zijn 20-jarige vriendin, die er op haar blog nog mee te koop liep ook: een villa, twee Europese bolides en luxe merktassen. Het Chinese Rode Kruis bleek een corrupte bende van zelfverrijkers. Het aantal bloeddonors zakte prompt in.

Nog schokkender was het drama van de tweejarige Yue Yue in de zuidelijke stad Foshan. In oktober 2011 werd ze overreden door een vrachtauto. De auto reed door, en Yue Yue bleef buiten bewustzijn liggen. Achttien mensen kwamen voorbij en staken geen poot uit. De peuter werd opnieuw overreden voordat ze door een straatveegster werd opgeraapt. Kort daarop was er een soortgelijk incident. Een vijfjarig jongetje werd bij een bouwplaats geraakt door een neervallende balk. Geen enkele automobilist wilde hem naar het ziekenhuis brengen. Velen vroegen zich in de sociale media af hoe het mogelijk was dat de samenleving zo onmenselijk was geworden.

Hier en daar begint afwijzing of onverschilligheid plaats te maken voor begrip of solidariteit, maar dat gebeurt lang niet altijd onder applaus van de overheid. Steeds meer krijgen slachtoffers van criant onrecht solidariteitsbetuigingen op internet van wildvreemden. De overheid houdt niet van deze spontaneïteit, die immers in strijd is met de traditionele verticale structuur en haaks staat op het onuitgesproken principe 'alles voor het volk, niets door het volk'. Toch moet de partij steeds vaker toegeven aan de roep van het internetvolk om gerechtigheid, maar vaak ook grijpt de censuur in om de voor het gezag pijnlijke solidariteit te smoren. Het wantrouwen van de overheid in de civil society blijft onverminderd groot. De hulpverlening aan de slachtoffers van de aardbeving in Sichuan werd de toegesnelde vrijwilligers snel uit handen genomen om vervolgens te worden gemonopoliseerd door het leger. De aanvankelijk vrije berichtgeving over de ramp maakte plaats voor lofzangen op de patriottische heldenmoed van de militairen. Maar er zijn ook positieve ontwikkelingen. Zo begint de oude afkeer van mensen die anders zijn, zoals homo's, geesteszieken, aidspatiënten, prostituees, voorzichtig te wijken voor enig begrip en respect. In de media worden deze groepen niet meer automatisch gedemoniseerd.

Waarom kon Mao's communisme dan toch greep krijgen op de van nature weinig solidaire Chinezen? Misschien zonder er zich van bewust te zijn zat de antitraditionalist Mao vol traditionele ideeën, die bij zijn aanhang zeer bekend overkwamen. Zijn strategische denkbeelden waren zeker voor een deel gebaseerd op het oude spel *weiqi* en op het klassieke meesterwerk *De kunst van de oorlog*. Dit aan Sun Tzu (ook gespeld als Sunzi, Meester Sun) toegeschreven boek van 2500 jaar oud is nog altijd actueel als handboek niet alleen van generaals, maar ook van anderen die hun beroep zien als een vorm van oorlog, zoals economische strategen, zakenlieden en advocaten. Sun Tzu wordt ook steeds meer ingezet in de soft power-campagne die China in de wereld voert.

Sun Tzu's hoogste wijsheid luidt: 'De ultieme superioriteit ligt niet in het winnen van elk gevecht maar in het verslaan van de vijand zonder zelfs maar te vechten.' Mao's opvatting over gezagsuitoefening sloot uitstekend aan bij de millenniaoude gewoonte om de onderdanen niet als individu maar als massa te behandelen. Ook Mao's ideeën over de onderworpenheid van het individu aan het collectieve belang waren allesbehalve nieuw, terwijl zijn obsessie voor hiërarchische verhoudingen en maatschappelijke controle naadloos aansloot bij de keizertijd. Als 'rode keizer' had Mao veel imperiale trekjes en liet hij zich een keizerlijke verering welgevallen. Maar dat het communisme voet aan de grond heeft gekregen komt vooral omdat de prediking van Mao en de zijnen een antwoord gaf op de dringendste noden van de Chinese bevolking en een immense hoop wekte bij degenen die alle hoop hadden verloren. Mao's versie van het communisme was allesbehalve orthodox. Marx had gedecreteerd dat de arbeidersklasse de voorhoede was van de revolutie. Conform de leer had Stalin in Shanghai een opstand van communistische arbeiders aangemoedigd, maar in plaats van de revolutie volgde een door Chiang Kai-shek aangericht bloedbad. In die trant ging het nog even door. Mao begreep dat in een overwegend agrarisch land als China, waar de grote klassentegenstellingen niet in de stad maar op het platteland lagen, een sociale revolutie alleen maar een agrarische revolutie kon zijn.

China was van de ene crisis in de andere terechtgekomen, alles was geprobeerd, en alles was mislukt. De gewone mensen, dat wil vooral zeggen de arme boeren, waren door de politieke omwentelingen van de regen in de drup gekomen. De desperado's van de Lange Mars waren armzalige boeren. Ze volgden de communisten niet omdat het communisten waren, maar omdat die het verzet leidden tegen 'keizer' Chiang Kai-shek, die volgens hen zijn Hemels Mandaat had verloren. Communisme was voor hen geen geïmporteerde ideologie, maar heel concreet de strijd tegen uitbuiting, onderdrukking en willekeur en de verdediging van China tegen buitenlandse overheersers. Vanaf het begin is het maoïsme vooral een nationalistische beweging geweest, met een communistisch sausje erover.

Al tijdens de burgeroorlog voerden de communisten hervormingen door in de gebieden die ze op de Nationalisten hadden veroverd. Boeren die vaak nog in semi-feodale omstandigheden leefden op het land van hun heer, werden plotseling eigenaar van de grond die ze bewerkten. Eenmaal aan de macht voerden de communisten een copernicaanse sociale revolutie door. Boeren die nooit een school of een ziekenhuis van binnen hadden gezien, kregen gratis onderwijs en gezondheidszorg, er kwam een algemene leerplicht voor zowel jongens als meisjes, vrouwen werden voor het eerst behandeld als volwaardige menselijke wezens, arbeiders kregen een 'ijzeren rijstkom' van sociale zekerheden: eten, werk, huisvesting, kinderopvang, scholing, gezondheidszorg, ontspanning, pensioen. Onder Mao liep de kindersterfte met sprongen terug en nam het aantal levensjaren van de gemiddelde Chinees met sprongen toe, terwijl analfabetisme – als we dit woord mogen gebruiken voor een schrift zonder alfabet – van regel uitzondering werd.

Dit sociale aspect van het maoïsme is weinig bekend in het Westen. Mao wordt hier vooral gezien als een van de drie grote massamoordenaars van de twintigste eeuw. Dat idee is verder versterkt door het imposante maar zeer eenzijdige boek *Mao: Het onbekende verhaal* van Chang Jung en Jon Halliday, dat al in zijn eerste zin meldt dat Mao verantwoordelijk was voor meer dan zeventig miljoen doden in vredestijd. In Nederland waren het mensen als de cineast Joris Ivens, de socioloog W.F. Wertheim en de feministe Anja Meulenbelt die juist vanwege China's sociale revolutie in de ban kwamen van het maoïsme. Ook voor veel Chinezen is Mao in de eerste plaats een sociale hervormer, die hun of hun (groot)ouders voor het eerst menselijke waardigheid heeft gegeven. Mao was ook degene die China na de burgeroorlog heeft herenigd en daardoor een van de giganten van de Chinese geschiedenis werd. En hij was ook de grote nationalist die de Chinezen hun zelfrespect en hun geloof in zichzelf heeft teruggegeven, eerst als leider van het verzet tegen de Japanse bezetter, daarna als de man die de westerse mogendheden eindelijk een toontje lager liet zingen.

Op ideologisch, politiek, economisch, cultureel en zoveel andere gebieden was Mao een ramp. Maar toch. Miljoenen Chinezen zien hem vooral als een sociale weldoener, symbool van een tijd waarin men verzekerd was van tal van diensten die nu onbetaalbaar zijn geworden. Niet voor niets vereren veel Chinezen Voorzitter Mao als een boeddhistische god. Thuis hebben ze een beeldje of foto van hem of zelfs een huisaltaar met daarop vruchten en brandende wierookstokjes. In taxi's hangen plaatjes van Mao als talisman. Zijn mausoleum op het Tiananmenplein, precies op de magische noordzuidas die dwars door de Verboden Stad loopt, wordt nog altijd door drommen pelgrims bezocht. In veel steden in het binnenland staan nog altijd grote beelden van Mao en er zijn zelfs nieuwe bijgekomen. Veel variatie bieden die beelden niet. Gehuld in een lange jas, de blik op oneindig, de arm bezwerend geheven wijst de stenen of metalen Grote Roerganger zijn volk nog altijd de weg naar een stralende toekomst. Het is een zichtbaar bewijs van het feit dat in China nooit het equivalent van een destalinisering heeft plaatsgevonden. In Peking en Shanghai is Mao grotendeels uit het zicht verdwenen, behalve in de vorm van Mao-kitsch op rommelmarkten en als onuitputtelijke inspiratiebron van beeldende kunstenaars. Maar als symbool van de communistische macht is Mao nog altijd reusachtig aanwezig: als schilderij boven de ingang van het poortgebouw dat toegang geeft tot de Verboden Stad, vlak onder het balkon waar hij had uitgeroepen dat het Chinese volk was opgestaan.

Leven na de dood van Mao

Langzaam kwam China bij van de schok na de dood van de Grote Roerganger in 1976. De onafgebroken ideologische campagnes hadden niets constructiefs opgeleverd en slechts haat, vernietiging en verschrikking gezaaid. Economisch stelde China nauwelijks meer iets voor, en moreel was de partij bankroet. Ze dreigde haar aanhang en legitimiteit te verliezen als ze haar ongeschreven contract met het volk niet snel herzag. Het was duidelijk dat er ingrijpende veranderingen moesten komen, wilde de partij overleven en haar door Mao ingestelde centrale gezag behouden. Die radicale ommezwaai is het werk geweest van Deng Xiaoping, een oudgediende van de Lange Mars die eerst door Mao en vervolgens door de ultraradicale Bende van Vier wegens rechtse neigingen was weggezuiverd. Dit kwartet fanatiekelingen zat een maand na de dood van Mao achter slot en grendel. Ze werden aangevoerd door Mao's vierde vrouw Jiang Qing, maar geïnspireerd door Mao zelf. Tijdens haar proces zei Jiang Qing: 'Ik was Voorzitter Mao's hond. Iedereen die hij me beval te bijten, beet ik.' In 1991 hing ze zichzelf op toen ze voor een medische behandeling even de gevangenis mocht verlaten.

Twee jaar na Mao's dood had Deng zijn macht geconsolideerd. Hij zag in dat China na alle tragische beroeringen een immense behoefte had aan orde en rust, en dat er maar één alternatief was voor de extremistische economische experimenten in de maoïstische periode: gestage groei. Sociale stabiliteit en economische groei moesten de partij een nieuwe legitimiteit geven, zodat ze verzekerd kon zijn van waar het haar altijd om gegaan is: de voortzetting van het machtsmonopolie. Na een goed gesprek met Lee Kuan Yew, de autoritaire aartsvader van het moderne Singapore en informeel nog altijd een topadviseur van de Chinese regering, nam Deng een serie besluiten die beslissend zijn gebleken voor de toekomst van China en van de wereld. Hij zag af van Mao's streven naar zelfvoorziening, verruilde centrale economische planning voor de markt, stelde China open voor buitenlandse investeringen en handel en kondigde de 'Vier Moderniseringen' af. Deze betroffen de economie, de landbouw, wetenschappelijke en technologische ontwikkeling en defensie. Op het nieuwe prioriteitenlijstje verdwenen sociale rechtvaardigheid en gelijkheid. Economische ontwikkeling kwam ervoor in de plaats. De Chinezen hadden van Mao moeten geloven dat iedereen gelijk was, dat ze er waren voor de gemeenschap en dat ze met weinig tevreden moesten zijn. En nu kregen ze van hun nieuwe opperste leider ineens de raad om rijk te worden. Rijk willen worden, dat was volgens Mao's spartaanse leer een ideologische doodzonde, die getuigde van een decadent kapitalistisch individualisme. De pragmatist Deng had daar geen boodschap aan. Hij verkondigde dat het er niet toe deed of een kat zwart of wit is, als ze maar muizen vangt. Dat wil zeggen: als het doel een welvarend China is, dan maakt de manier waarop we dat doel trachten te bereiken niet uit. Wel, de manier van Mao had kennelijk niet gewerkt, dus moest er een andere manier gevonden worden.

De snelste methode om rijk te worden was de markt te omhelzen en China te integreren in de wereldeconomie. Wat had het Rijk van het Midden de wereld te bieden? Niet veel, behalve spotgoedkope arbeidskrachten uit het onuitputtelijk lijkend reservoir van (semi-)werkloze boeren. Die konden massaal worden ingezet om te produceren voor de export. China moest één grote exportmachine worden, die de wereld zou overspoelen met goedkope producten. De investeringen konden alleen komen van het buitenland, want China zelf was uitgemergeld. Vlak bij Hongkong en tegenover Taiwan, de vetpotten waaruit het meeste buitenlandse kapitaal moest komen, werden 'Speciale Economische Zones' ingericht, waar buitenlandse investeerders alle faciliteiten kregen aangeboden die ze zich maar wensen konden: goedkope arbeid, goedkope grond, weinig tot geen belastingen, en geen angst voor stakingen en militante vakbonden, want die waren verboden.

Dit alles betekende dat de communistische partij sommige van haar dogma's in de ijskast moest zetten of drastisch moest bijstellen. Voor de klassenstrijd en andere ideologische rimram was geen plaats meer, de belangen van boeren en arbeiders verloren elke prioriteit en de staat moest zijn economische monopolie opgeven. Naast staatsbedrijven en andere vormen van collectief bezit moesten particuliere ondernemingen worden toegestaan, ook al proclameert de Chinese naam van de partij het gemeenschappelijke eigendom van de productiemiddelen. De partij bleef echter haar naam behouden. Ze noemde de nieuwe lijn 'socialisme met Chinese karakteristieken' en de nieuwe economische aanpak 'socialistische markteconomie'.

Pas langzaam drong China's spectaculaire koerswijziging tot de buitenwereld door. En het duurde nog langer voordat men de wereldwijde draagwijdte doorkreeg van Dengs economische revolutie. China's 'hervormingen en openstelling', zoals de U-bocht van 1978 in het officiële Chinese jargon heet, heeft de machtsverhoudingen in de wereld ingrijpend veranderd. Als het mondiale zwaartepunt zich op dit moment in snel tempo aan het verplaatsen is naar het Verre Oosten, dan heeft dat alles te maken met de kat van Deng.

Het socialisme-nieuwe stijl ging zo ver dat in het jaar 2002 de communistische partij werd opengesteld voor particuliere ondernemers. Dat heeft in het buitenland hilarische reacties opgeroepen. Als de communisten hun klassenvijand aan de borst drukten, moesten ze het spoor wel erg bijster zijn. Niets was minder waar. De omhelzing van de kapitalisten was een daad van puur pragmatisme, om diverse redenen. De voorhoede van China's inheemse kapitalisten was afkomstig uit de partij zelf. Dat waren eigenaars van vroegere staatsbedrijven die ze zelf als manager namens de partij hadden gerund. Vlak voor de privatisering van niet-strategische of niet-renderende staatsbedrijven haalden deze managers hun bedrijf leeg, waarna ze het voor een schertsbedrag opkochten. Bovendien waren veel hoge militairen, die per definitie lid zijn van de partij, in zaken gegaan. Dat was hun toegestaan om hun onvrede te kalmeren over de krappe militaire budgetten sinds het begin van de economische hervormingen. Daardoor ontstond een militair-industrieel complex ter waarde van vele miljarden dollars, dat zich uitstrekte over alle mogelijke bedrijfstakken, tot de amusementsindustrie toe. Aan het eind van de jaren negentig gaf de partijtop de militaire zakenlieden bevel een van hun petten aan de wilgen te hangen. Het gros koos voor hun meest riante baan: het ondernemerschap.

Waarschijnlijk de belangrijkste reden om het ledenbestand van de communistische partij te verrijken met de voormalige klassenvijand was een simpel economisch feit. In korte tijd was de particuliere sector de motor van de economie geworden, die veel meer banen genereerde dan de sterk afgeslankte staatssector. Vanuit de partij gezien was het niet meer dan logisch om deze dynamische groep in te palmen, zodat de partij haar greep op de economie kon versterken. En vanuit de privéondernemers gezien was het minstens even logisch om zich te willen aansluiten bij een partij die niet meer de revolutie predikte maar de gevestigde macht was geworden. Welke ondernemer die zijn zaak een goed hart toedroeg, wilde geen goede vrienden worden met de Partij van de Macht? En hoe kon hij dat beter doen dan door zelf lid te worden van de partij van de gevestigde orde?

Het enige probleem was een manier te vinden om deze ideologische ommezwaai binnen de perken van het marxisme te houden. De verdienste van deze kwadratuur van een cirkel komt toe aan Jiang Zemin, partijleider van 1989 tot 2002. Onder zijn bewind nam de Chinese versie van het kapitalisme een enorme vlucht. Groeicijfers, daar ging het hem om, ongeacht de prijs die daarvoor moest worden betaald: milieubederf, ontmanteling van sociale voorzieningen, groeiende welvaartskloof, rechteloosheid van binnenlandse migranten en van de armen in het algemeen. Jiang verzon een doctrine die in het communistische jargon wordt aangeduid als de 'Belangrijke gedachte van de Drie Vertegenwoordigingen'. De communistische partij, aan de macht gekomen als de partij van boeren en arbeiders, zou voortaan de vertegenwoordiger zijn van de belangen van China's 'geavanceerde productieve krachten' (geheimtaal voor het particuliere bedrijfsleven), de 'geavanceerde cultuur' en de 'overgrote meerderheid van het volk'. Kortom, van ongeveer iedereen, maar vooral van de ondernemers. Ook in China is dit ideologische breinbrouwsel, dat naast het 'Denken van Mao Zedong' en de 'Theorie van Deng Xiaoping' een officieel leerstuk van de partij is geworden, nauwelijks begrepen. De huidige leiders verwijzen er alleen naar in rituele formules, maar dat doet er niet toe. De communistische partij is in de praktijk de partij geworden van het economische establishment. In 2007 werd het particuliere eigendom wettelijk erkend als even legitiem als het staatseigendom. Dat gebeurde pas na veertien jaar debatteren, een teken van fors verzet binnen de partij tegen deze verdere uitholling van het marxisme. En nu is er serieus sprake van dat de rijkste man van China, de bouwmagnaat Liang Wengen, in 2012 toetreedt tot het Centrale Comité van de communistische partij.

Formeel heeft de Chinese communistische partij de ideologische band met het verleden niet doorgesneden. In de *Ahnengalerie* van de partij staan de heroïsche koppen van de patriarchen nog steeds op een rij: Marx, Engels, Lenin, Stalin, Mao. Op moderne propagandaposters wordt dat rijtje van elkaar gedeeltelijk overlappende koppen voortgezet tot aan de topleiders van de 'vierde generatie' toe: Mao Zedong, Deng Xiaoping, Jiang Zemin, Hu Jintao. De continuïteit die die dynastieke rij van vier suggereert, is echter schijn. De ontwikkeling van het China van Mao naar het China van nu is, het officiële harmoniediscours ten spijt, met grote schokken verlopen. Hoewel de denkbeelden van de vier leiders zeer verschillend of zelfs tegenstrijdig zijn, zijn ze ter wille van de harmonie alle opgenomen in de partijstatuten of zelfs in de grondwet.

Wel heeft de partij kritiek geleverd op Voorzitter Mao, maar de 'vergissingen' die hij op latere leeftijd heeft begaan, zouden niet opwegen tegen zijn vele verdiensten. De partij maakte de balans op van Mao's politieke leven. Ze kwam, niemand weet op grond van welke criteria, tot de conclusie dat 70 procent van zijn daden goed en 30 procent slecht was geweest. Met die taoïstische uitspraak – goed en kwaad komen nooit in absolute vorm voor maar zijn als een mengsel van yin en yang – was de discussie over Mao gesloten. De archieven van de partij zijn stijf op slot gebleven. Nog altijd is er over Mao veel dat we niet weten, en de meeste leiders schijnen dat zo te willen houden. Het historische debat over de meest bewonderde en tegelijk meest verguisde Chinese leider van de twintigste eeuw moet praktisch nog beginnen.

De onder Deng begonnen reuzenzwaai heeft in China praktisch geen steen op de andere gelaten en de verhoudingen in de wereld grondig veranderd. Nieuwe omwentelingen dienen zich aan, en ook deze zullen vermoedelijk worden ingevoerd volgens de methode-Deng, die hijzelf omschreef als 'de rivier oversteken door de steentjes te voelen'. Daarmee bedoelde hij: verken eerst het terrein door experimenten op beperkte schaal, en voer de hervorming pas landelijk in als deze lokale tests succesvol zijn gebleken. Het uiteindelijke doel van alle hervormingen blijft hetzelfde als dat van Dengs economische omwenteling van 1978: de beste voorwaarden creëren om de macht van de communistische partij te bestendigen en te versterken. Dat betekent niet dat alle Chinese leiders per se dictators zijn, zoals vaak in het Westen voetstoots wordt aangenomen. Vaak zijn ze bezield van de beste bedoelingen, maar de collectieve wil van de partij om aan de macht te blijven gaat ver boven hun persoonlijke intenties uit.

Natuurlijk wil geen enkele politieke partij waar ook ter wereld de macht verliezen. Als dat toch gebeurt, heeft dat in een democratie aanzienlijk minder dramatische consequenties dan in een eenpartijstaat. In een goed functionerende democratie neemt een ten val gekomen regeringspartij plaats in de oppositiebanken om te proberen van daaruit de macht te heroveren. Intussen draait het politieke systeem rustig door zonder een spoortje chaos. In een eenpartijstaat daarentegen kan de enige partij de macht niet verliezen door verkiezingen of moties van wantrouwen. Zelfs heftige interne twisten hoeven haar niet fataal te worden zolang er een sterke man is –

Mao tijdens de Culturele Revolutie, Deng tijdens 'Tiananmen' – die zijn wil kan opleggen.

Een partij zonder rivalen kan de macht alleen maar kwijtraken wanneer er een chaos is uitgebroken die ze niet meer beheersen kan. Dat was al zo met de Chinese eenpartijstaat avant la lettre: het keizerrijk. De ene dynastie na de andere is in chaos ten onder gegaan. De huidige communistische 'dynastie' is tot alles bereid om dat lot te ontlopen. Daarvoor is het nodig het volk tevreden te houden, en individuen of groepen die toch ontevreden zijn tot de orde te roepen. Met zijn verbeten ideologische campagnes had Mao het land in een chaos gestort. Deng Xiaoping paste de leer aan de werkelijkheid aan, en dat is daarna diverse malen opnieuw gebeurd. En het zal blijven gebeuren steeds als het erom gaat de communistische partij aan de macht te houden.

Maar wat blijft er nog over van de leer als die voortdurend wordt bijgesteld? Tot hoever kan dit pragmatisme gaan? Dat lijkt eerder ons probleem te zijn dan dat van de Chinese communisten. Chen Yuan, een zoon van een partijheld van de Lange Mars die zelf topbestuurder van een staatsbank is, heeft gezegd: 'Wij zijn de communistische partij en wij bepalen wat het communisme betekent.' Het pragmatisme tot ideologie verheven. Het principe van het gebrek aan principes. Behalve dan het dynastieke principe dat de partij hoe dan ook aan de macht wil blijven, tot lang nadat niemand zich meer haar oorsprong zal herinneren.

De postmaoïstische leiders weten dat de legitimiteit van het regime niet meer berust op de zegevierende revolutie van 1949, die zij, áls ze toen al geboren waren, geen van allen bewust hebben meegemaakt. De legitimiteit berust evenmin op verkiezingen, want die zijn er nooit geweest, maar op prestaties. Hoe beter de regering erin slaagt de levensstandaard te verhogen, des te tevredener het volk, en die tevredenheid legitimeert de macht van de partij en de continuïteit van haar machtsmonopolie. Het is verstandig die overweging bij alle belangrijke Chinese beslissingen over binnen- en buitenlandse zaken goed in de gaten te houden. Waarom wil China zo graag internationale evenementen van faraonische allure organiseren? Omdat de glans daarvan afstraalt op de hoogste autoriteiten en de reputatie van de partij nog meer doet glimmen. Waarom is China in rap tempo zijn oorlogsvloot aan het versterken? Om het hoofd te bieden aan de dreiging dat de Verenigde Staten vitale Chinese zeeroutes gaan versperren. Dat zou in China leiden tot economische stagnatie, en die tot onvrede, en die mogelijk tot opstand, en die misschien tot de val van de communistische dynastie. Waarom struinen de Chinezen de continenten en (sinds 2011) ook de oceaanbodem af op zoek naar energie, grondstoffen, voedsel en afzetmarkten? Omdat de Chinese economie onstuimig moet blijven groeien, anders raken de mensen hun hoop om rijk te worden kwijt en daarmee hun geloof in het regime. Zelfs de poging, eind 2011, van een Chinese zakenman om in IJsland een natuurgebied van 300 km² te kopen moet waarschijnlijk in dit licht worden bezien. Dat oord zou immers een goed Chinees steunpunt kunnen worden voor de ontginning van de grondstoffen in het Noordpoolgebied en voor een alternatieve route van Chinese vrachtschepen door de smeltende Noordelijke IJszee.

Niet voor niets hamert de partij erop dat zij de enige garantie vormt voor sociale stabiliteit. Er is voor ons, zegt de partij, maar één alternatief: de catastrofe. Het is het bekende dilemma waarvoor generaal de Gaulle de Fransen in de jaren zestig stelde: *Moi ou le chaos* – een argument dat vele dictators hem in dank hebben afgenomen. Maar ook mét een bloeiende economie kan de sociale stabiliteit in gevaar komen wanneer wantoestanden onhoudbaar worden, bijvoorbeeld door golven van criminaliteit, door corruptie en machtsmisbruik in het groot, door een te criant inkomensverschil. Dit alles bevestigt een waarheid als een koe: ook een dictatuur kan op de langere duur niet overleven zonder steun van het volk. Om aan de macht te blijven, zal ze het het volk naar de zin moeten maken. Een taak waarvan de Chinese communistische partij zich na 'Tiananmen' kennelijk goed heeft gekweten.

De lessen van Tiananmen

Het is in het Westen jarenlang gebruikelijk geweest de aanstaande ondergang van communistische regimes te voorspellen. Als die voorspellingen waren uitgekomen, dan had de wereld er nu heel anders uitgezien. In het begin van de jaren vijftig zou dan het bewind van de Grote Leider Kim Il Sung van Noord-Korea zijn gevallen; de Koreaanse Oorlog (1950-1953) eindigde echter in een patstelling, en eind 2011 heeft een kleinzoon van de Grote Leider de macht van zijn vader overgenomen. In de jaren zestig zou in Cuba Fidel Castro aan zijn (politieke) einde zijn gekomen, en in Vietnam het bewind van Ho Chi Minh. Een halve eeuw later is in Cuba in de schaduw van Fidel zijn broer Raúl aan de macht, en in Vietnam nog altijd de communistische partij. De Chinese Volksrepubliek zou de dood van haar stichter niet hebben overleefd, en ook daar pakte het anders uit. De dood van Mao in 1976 was niet het begin van het einde van het communistische bewind, maar het signaal voor een nieuwe start in de vorm van een economische revolutie die de partij aan een nieuwe legitimiteit heeft geholpen.

Sindsdien is de ondergang van de Volksrepubliek meermalen voorspeld. In het late voorjaar van 1989 gaf niemand in het Westen nog een stuiver voor de toekomst van de Chinese communistische partij. Het was het jaar van de vallende communistische domino's in Midden- en Oost-Europa. In alle grote Chinese steden waren vreedzame protestacties aan de gang, al beperkte het nieuws dat de buitenwereld toen bereikte zich tot de bezetting van het Tiananmenplein in Peking. De beweging was ontketend door studenten en kreeg na enige tijd steun van mensen uit andere lagen van de bevolking, zoals arbeiders, regeringsambtenaren en zelfs journalisten van het *Volksdagblad*, de officiële spreekbuis van de communistische partij. In de voorafgaande jaren waren er al meer acties geweest tegen negatieve bijwerkingen van de economische omwenteling, zoals de sterk toegenomen inflatie en de corruptie van de overheid. De elektricien Wei Jinsheng ging het verst. Hij was een campagne begonnen om aan de 'Vier Moderniseringen' van Deng Xiaoping een vijfde toe te voegen: democratisering. Deze acties waren echter alle stukgelopen op de repressie.

Toch waren de hoogste autoriteiten niet unaniem in de houding die ze tegenover de protestbewegingen moesten aannemen. In 1986 kreeg een studentenactie de sympathie van niemand minder dan de secretaris-generaal van de partij, Hu Yaobang. Maar niet van partijpatriarch Deng Xiaoping, die Hu de laan uitstuurde. Het overlijden van Hu in april 1989 was het sein voor het begin van een nieuwe protestactie, ditmaal gericht tegen de inflatie en de corruptie van de partijbazen en de 'prinsjes'. In een latere fase kwam daar de strijd voor democratie bij. De studenten aarzelden geen moment over de plaats waar ze hun tenten zouden opslaan: op de politiek meest beladen plek van China, waar zeventig jaar eerder de studenten van de 4 Mei Beweging hadden betoogd tegen de regering: het Tiananmenplein. De 'Pekinese Lente' was begonnen, en daarmee de enige echte bedreiging die de Chinese communistische partij sinds haar machtsovername heeft gekend. Een paar weken lang heeft de wereld geloofd dat het Chinese communisme op het punt stond ten onder te gaan. Het bezoek van de Sovjetleider Gorbatsjov aan Peking, bedoeld om de vijandschap tussen de communistische broeders te begraven, viel in de wereldpers vrijwel weg tegenover de aandacht die de betogers op het Tiananmenplein kregen.

De partij aarzelde lang over de manier waarop ze de uitdaging van 'Tiananmen' moest beantwoorden. Hu Yaobangs opvolger als secretaris-generaal, Zhao Ziyang, vond de motieven van de demonstranten redelijk en wilde samen met hen naar een oplossing zoeken. Partijveteraan Xi Zhongzun, vader van China's gedoodverfde nieuwe leider Xi Jinping, was een van zijn supporters. De leider van de harde lijn, premier Li Peng, wist Deng Xiaoping ervan te overtuigen dat hijzelf, Deng, het uiteindelijke doelwit van de studenten was. Deng was bang dat China in dezelfde richting zou afglijden als de Sovjet-Unie, waar op dat moment de politieke hervormingen van Gorbatsjov het einde van de communistische heerschappij inluidden. Ten slotte hakten de Acht Ouden, een informele groep van oudgedienden rond Deng, de knoop door: ontslag en huisarrest voor partijleider Zhao Ziyang, uitroeping van de staat van beleg, en een optreden met harde hand tegen de protestbeweging. Heel even leek het beroemd geworden beeld van de 'tankman' – de jongeman die zich posteerde voor een colonne tanks en die in zijn eentje tot stilstand bracht – symbolisch te worden voor het naderende einde van het regime. De partij bleek echter geen last te hebben van scrupules als het op bloedvergieten aankwam. In de nacht van 3 op 4 juni 1989, toen de beweging al aan het verlopen was, werden tanks tegen de demonstranten ingezet. In de weken die volgden werden veel organisatoren en deelnemers opgepakt. Zo werd in de Volksrepubliek de bedreiging voor het regime geliquideerd op een manier die gebruikelijk is in gewone politiestaten. Het aantal doden en gewonden – honderden, sommigen zeggen zelfs duizenden – is nooit bekend geworden. Verantwoording voor de slachting is nimmer afgelegd. Het bloedbad herdenken is verboden.

De hoogst verantwoordelijke was Deng Xiaoping zelf, de economische hervormer die tot alles bereid bleek om politieke hervormingen tegen te houden. Dat had hij al eerder gedaan. In 1957 had hij namens Mao leidinggegeven aan de infame campagne tegen rechtse elementen. Die volgde direct op de verraderlijke campagne 'Laat Honderd Bloemen Bloeien', waarin de partij vroeg om kritiek op haar beleid te ventileren. Ruim een half miljoen intellectuelen hebben hun kritiek moeten bekopen met gevangenschap, dwangarbeid of binnenlandse ballingschap. Deng is er steeds van overtuigd geweest dat aan de leidende rol van de communistische partij in geen geval getornd mocht worden. Kritiek kon hij niet velen. Toegeven aan de eisen van de Tiananmen-demonstranten had volgens hem het begin van het einde van het communistische machts-monopolie kunnen zijn.

De man die politiek direct verantwoordelijk was voor het bloedbad was Li Peng, ook bekend als de 'slager van Tiananmen'. Zolang hij leeft en volgelingen heeft in de hoogste kringen lijkt een herziening van het officiële oordeel over de protestbeweging (een 'contrarevolutionair oproer') onmogelijk, gesteld al dat men zo'n herziening zou willen. Intussen doet men alles om het bloedbad uit het collectieve geheugen te bannen. De partij heeft een aantal besluiten genomen die toekomstige 'Tiananmens' onmogelijk moeten maken. Om niet meer het leger tegen het volk te hoeven inzetten heeft men een oproerpolitie gevormd, die met lichtere wapens dan tanks en minder bloedvergieten hetzelfde doel moet bereiken. Maar zover mag het nooit meer komen. Elke beweging die een politiek alternatief voorstaat of een bedreiging vormt voor orde en rust, moet onmiddellijk worden ontmanteld; aanvallen op de partij kunnen niet worden getolereerd; belangrijke maatschappelijke initiatieven die zich aan de controle van de partij onttrekken, moeten ongedaan worden gemaakt; iedere persoon wiens appèl voor meer vrijheid aanstekelijk zou kunnen werken, moet tot zwijgen worden gebracht; alle nieuws dat aan 'Tiananmen' herinnert – de volksopstanden in de Arabische wereld bijvoorbeeld – moet worden gefilterd.

En zo is het ook gebeurd. Alle democratiseringsinitiatieven na 'Tiananmen' zijn in de kiem gesmoord. In 1998 was er tijdens het bezoek aan China van de Amerikaanse president Clinton iets van een politieke ontspanning ontstaan. Bovendien had China net de vn-conventie over burgerlijke en politieke rechten ondertekend. Een groep liberale politici meende daarom dat het klimaat rijp was om hun Democratie Partij officieel te laten registreren. Een paar maanden later zaten alle leiders voor lange jaren achter slot en grendel. De Nieuwe Democratie Partij (2007) was praktisch al verdwenen voordat haar bestaan in kleine kring bekend werd. Meer aanhang, vooral onder intellectuelen, kreeg de beweging Charter 2008, dankzij een op internet gepubliceerd manifest waarin om meer politieke vrijheid werd gevraagd. De ondertekeningen stroomden binnen, totdat het manifest werd weggecensureerd en de eerste maatregelen tegen de initiatiefnemers en ondertekenaars werden genomen: ontslag, overplaatsing naar een universiteit in het verre binnenland, huisarrest, arrestatie.

Een van de arrestanten was Liu Xianbin, een oudgediende als democratie-activist en als gevangene. Zijn laatste veroordeling (tot tien jaar) dateert van maart 2011. Een van de initiatiefnemers van Charter 2008, de Tiananmen-veteraan Liu Xiaobo, werd eind 2009 veroordeeld tot elf jaar cel op grond van zijn vermeende pogingen tot 'opruiing tegen de staatsmacht'. Een klein jaar later kreeg hij de Nobelprijs voor de vrede. De Chinese leiders ontstaken in woede over het geleden gezichtsverlies, dat voor hen even pijnlijk was als de toekenning in 1989 van deze zelfde prijs aan de dalai lama.

Maatschappelijke protestbewegingen worden zo snel mogelijk aangepakt. In vijf jaar tijd is het aantal lokale 'massa-incidenten' verdubbeld tot ongeveer 180.000 in 2010. Dat komt neer op één actie elke drie minuten. 'Massa-incidenten' is het officiële eufemisme voor protestacties waarbij minstens honderd personen betrokken zijn. Het gaat om betogingen, stakingen, sit-ins, straat- of spoorwegblokkades, protestmarsen, bezetting van terreinen of bedrijven, bestorming van politiebureaus of overheidskantoren. De protesten richten zich tegen lokale leiders en projectontwikkelaars die bouwland in beslag nemen of mensen uit hun huizen jagen, fabriekseigenaars die de grond van de boeren vergiftigen, ondernemers die geen of te weinig loon of uitkeringen betalen of hun mensen op straat zetten, tegen erbarmelijke arbeidsomstandigheden, politiegeweld, machtsmisbruik en corruptie van partijbazen – maar nooit tegen de centrale leiders in Peking. Volgens een wijdverspreide overtuiging hebben de landelijke leiders immers, geheel in de keizerlijke traditie, het beste voor met hun volk, maar jammer genoeg worden hun nobele bedoelingen vaak door lokale mandarijnen gesaboteerd. Als de keizer weet zou hebben gehad van de wantoestanden hier, zo lijken de actievoerders te denken, dan zou het nooit zover gekomen zijn. Westerlingen die de vele sociale explosies afschilderen als het begin van een nationale opstand tegen het communistische bewind, slaan de plank dan ook behoorlijk mis.

De plaatselijke autoriteiten hebben opdracht de protesten met zo weinig mogelijk geweld in de kiem te smoren en hun oorzaken aan te pakken. In de regel worden de eisen van de demonstranten ingewilligd en de leiders van de protestbeweging opgepakt. De partij wil vooral voorkomen dat het protest uitdijt en er een coördinatie tussen verschillende protestbewegingen tot stand komt. Het ultieme schrikbeeld is de vorming van een Chinese versie van de Poolse vakbeweging Solidarność. Deze landelijk vertakte organisatie speelde een vitale rol in het verzet tegen en de uiteindelijke val in 1989 van het communistische bewind in Polen, met een domino-effect in de andere Midden- en Oost-Europese communistisch geregeerde landen. China heeft wel een landelijke vakbeweging, maar als onderafdeling van de communistische partij kan die hoogstens een gebalde vuist tegen zichzelf heffen.

Met niet-gouvernementele organisaties leeft de Chinese overheid vaak op gespannen voet. Ze worden getolereerd of zelfs aangemoedigd wanneer ze zich wijden aan activiteiten die de overheid laat liggen, zoals op het gebied van armoedebestrijding, milieu, vrouwenrechten, ziektepreventie, opvang van wezen of thuiszorg voor zieken en bejaarden. Maar ze worden verboden, ontmanteld of tandeloos gemaakt wanneer ze volgens de partij politiek gevoelige misstanden blootleggen, kritiek hebben op de regering of uit zijn op politieke veranderingen. Regelmatig krijgen binnen- en buitenlandse ngo's te verstaan dat ze zich te houden hebben aan de Chinese spelregels. Die behelzen dat een ngo officieel moet zijn goedgekeurd als een bedrijf dat winst maakt, zodat ze belasting moet betalen, en dat ze de politieke sponsoring moet hebben van een gouvernementele organisatie, bijvoorbeeld een lokale overheidsinstantie of een universiteit. Een verkapte gouvernementele organisatie dus. Geen enkele maatschappelijke organisatie mag immers buiten de partij om activiteiten ontplooien. De ngo's worden vaak gezien als geïnfiltreerde verlengstukken van westerse onruststokers. De partij wil vooral voorkomen dat ze worden gebruikt als instrumenten voor een *regi-*

me change, zoals dat gebeurd is in de 'kleurenrevoluties' in Georgië (2003), Oekraïne (2004) en Kirgizië (2005). Daarom is het de ngo's, ook die van religieuze aard, buitengewoon lastig gemaakt om donaties vanuit het buitenland te ontvangen, wat voor vele betekent dat ze hun activiteiten moeten staken. Dat is dan ook precies de bedoeling, want de communistische partij houdt niet van het maatschappelijk middenveld. Burgers mogen hun stem laten horen als hun iets gevraagd wordt, maar niet uit eigen beweging. De nieuwe sociale media hebben echter het uiten van ongevraagde opinies erg simpel gemaakt. De mobiliserende werking daarvan is volop gebleken bij de volksopstanden in Xinjiang, Iran en de Arabische wereld. Censuur en repressie moeten aan deze nieuwe uitdaging het hoofd bieden. De sleutelrol die de sociale media speelden in de protestbeweging in Iran in 2009 inspireerde de Chinese leiders om Facebook, YouTube, Twitter en Flickr te verbieden. Soortgelijke Chinese media kwamen daarvoor in de plaats. De censuurdiensten verwachtten dat die gemakkelijker te controleren zouden zijn.

Ook pleidooien voor grotere politieke vrijheid van individuele intellectuelen, journalisten, advocaten of activisten worden soms beschouwd als een poging om de staat omver te werpen, en navenant bestraft. Intellectuelen die blijk hebben gegeven van sympathie voor de democratie kunnen van de geheime dienst een uitnodiging krijgen om 'een kopje thee' te komen drinken. Tijdens de theesessie krijgen ze dan beleefd te horen dat ze er verstandig aan doen niet over de schreef te gaan. En de schreef, dat is de grens tussen niet-wezenlijke en wezenlijke kritiek op de partij. Iedereen mag tegenwoordig zeggen dat hij of zij het niet eens is met het heersende systeem, maar je mag het niet publiceren. Op internet wordt vaak stevige kritiek geleverd op functionarissen die zich misdragen hebben, en die kritiek wordt lang niet altijd weggehaald. Zelfs partijpublicaties kunnen heftig uitvaren tegen corrupte, oneerlijke, machtswellustige, decadente of anderszins infame ambtsdragers. Maar als je je pijlen richt op het systeem zelf, of op machtige lieden binnen dat systeem, hoed je dan. Dan word je niet getrakteerd op thee, maar op klappen, of erger.

Tal van activisten zijn mishandeld door politie in burger of ingehuurd tuig. Vaak wordt het grove werk opgeknapt door *chengguan* (stadswachten), die hun leden vooral betrekken uit de onderwereld. Het gewelddadige optreden van deze hulppolitie tegen straatverkopers en armen in het algemeen hebben al veel burgeropstanden uitgelokt. De beeldende kunstenaar Ai Weiwei, ontwerper van het spectaculaire Olympisch Stadion van Peking, bekend als het Vogelnest, was een van de weinige dissidenten die geen blad voor de mond nam. Ondanks zijn iconische status bleek ook hij niet veilig. Hij werd twee keer afgetuigd, kreeg een tijdje huisarrest, en zijn nieuwe studio in Shanghai werd op last van de overheid gesloopt. Hij kreeg een waarschuwing in de vorm van de arrestatie van een met hem bevriende kunstenaar, Wu Yuren, die op grond van een verzonnen aanklacht achter slot en grendel verdween. Ten slotte was het de beurt van Ai Weiwei zelf. In april 2011 werd hij op het vliegveld van Peking opgepakt. Bijna drie maanden lang was hij zoek. Toen hij weer opdook was hij sterk vermagerd en gemuilkorfd. Hij mag voorlopig Peking niet meer uit en is beschuldigd van pornografie en belastingontduiking voor 2,4 miljoen dollar. De helft van dat bedrag moest hij betalen om beroep te kunnen aantekenen. Hij noemde dat een losgeld voor zijn gijzeling. Zijn twitter- en spreekverbod heeft hij al herhaalde malen overtreden. Na anderhalve maand ging hij toch weer in de aanval met tweets over vier vrienden die met hem waren gearresteerd en gefolterd waren, en twee andere gevangen dissidenten die zware straffen riskeren. De vlijmende politieke parabels van Han Han – autocoureur, schrijver en met ruim 300 miljoen hits China's populairste blogger – worden door miljoenen aangeklikt en soms door de censuur weer weggehaald, maar een directe actie tegen hemzelf is tot nu toe uitgebleven. Die zou immers onder het internetvolk golven van protest teweegbrengen. De jeugdige blogger staat op de lijst van *Time Magazine* van de honderd invloedrijkste mensen van de wereld in 2010. Maar hij is wel gewaarschuwd: eind 2010 moest een eigenzinnig kunsttijdschrift dat hij had gelanceerd al na het eerste nummer dicht. In

2012 gaat hij het met een nieuw tijdschrift opnieuw proberen.

Van 'Tiananmen' heeft de partij geleerd dat ze haar interne meningsverschillen zo veel mogelijk binnenskamers moet houden. Politieke transparantie is daarom meer dan ooit uit den boze. Ze is tot nu toe beperkt gebleven tot de instructie van het Politbureau aan de lokale partijafdelingen om tegenover hun leden openheid te betrachten. In het onwaarschijnlijke geval dat die instructie wordt uitgevoerd, betekent dat op zijn hoogst enig inzicht in de lokale politiek. Landelijk blijft de besluitvorming volkomen buiten zicht. Beslissingen worden genomen achter gesloten deuren. Door wie ze genomen worden en hoe ze tot stand komen is vaak volkomen onduidelijk. Iedereen weet dat er binnen de partij stromingen en machtsblokken zijn, dat er gevochten wordt om macht en invloed, maar alles daarover blijft strikt geheim en kan alleen uit indirecte signalen worden afgeleid. In het openbaar zijn de leiders het altijd eens, en de mindere goden het altijd eens met de meerdere. Toespraken van topleiders worden eerbiedig en kritiekloos beluisterd. Autoriteiten kunnen altijd rekenen op applaus, ook al beweren ze nog zulke platitudes. Vragen worden niet gesteld, en als dat wel gebeurt zijn ze nooit kritisch maar hoogstens een beleefd verzoek om toelichting. Officiële speeches van lagergeplaatsten zijn traditiegetrouw ellenlang, er komen veel cijfers en weinig mensen in voor, ze zijn gelardeerd met citaten van leiders en improvisatie is taboe. De zeldzame keren dat deze confucianistische harmonie wordt verstoord, gebeurt dat op een omfloerste manier. Een partijbaas die onverwachts wordt overgeplaatst, besluiten die almaar worden uitgesteld, standpunten die nadrukkelijk worden verdedigd hoewel ze door niemand zijn aangevallen, althans niet in het openbaar: het wijst allemaal op onenigheid in de hoge regionen en pogingen ze op te lossen. Wie deze cryptische gebeurtenissen wil duiden, moet in staat zijn tussen de regels te lezen en elke komma te interpreteren, en dan loopt hij nóg het risico zich te vergissen. Nee, het is niet simpel waarnemer te zijn van systemen waarvan de functionering en besluitvorming zich aan de waarneming onttrekken. Vraag maar aan vroegere Kremlin-watchers of aan de ongelukkigen wier taak het is te weten te komen wat er zich afspeelt binnen de muren van het Vaticaan of aan het hof van Noord-Korea.

Een enkele keer komt er van binnen uit de partij kritiek, maar die is afkomstig van oudgedienden die weinig meer te vrezen hebben, al was het alleen maar omdat er niet meer naar hen wordt geluisterd. Zo vroegen 23 partijveteranen in 2007 en nogmaals in 2010 om afschaffing van de censuur. Onder hen waren een vroegere particulier secretaris van Mao zelf en enkele censuurexperts bij uitstek, namelijk voormalige topmannen van de drie belangrijkste partijspreekbuizen: het *Volksdagblad*, de Engelstalige *China Daily* en het persbureau Xinhua (Nieuw China), dat in praktisch alle 'gevoelige' onderwerpen het nieuwsmonopolie heeft. Het laatste appèl was binnen drie uur weggehaald van internet.

De aanleiding voor deze oproep was zeer pikant: de censuur die enkele uitspraken had getroffen van niemand minder dan premier Wen Jiabao. Die uitspraken gingen over de noodzaak tot democratische hervormingen, anders 'gaan de vruchten van de economische hervorming verloren en wordt het moderniseringsdoel niet bereikt'. Ook hekelde Wen de 'excessieve machtsconcentratie en het gebrek aan controle op de macht'. Ongehoord voor een partijman, en nog ongehoorder voor een topleider als Wen, nummer drie in de partijhiërarchie. Weliswaar bleef het bij algemene beweringen, zonder enige details over het hoe en wanneer, maar Wen kwam er diverse malen op terug. Zijn pleidooien vonden echter geen enkele weerklank bij de andere acht leden van het Vaste Comité van het Politbureau. De order om zijn woorden te censureren moet van Hu Jintao zelf zijn gekomen. Voor de duidelijkheid zei de tweede man van de partij, Wu Bangguo, dat een meerpartijensysteem voor China geen optie is: 'Als we wankelen zullen de vruchten van de ontwikkeling die we al hebben bereikt verloren gaan en kan het land zelfs in de afgrond vallen van een burgeroorlog.' Wu zei dat op de jaarzitting 2011 van het Nationale Volkscongres, China's niet-gekozen parlement waarvan hij voorzitter is. Aan het slot van die zitting herhaalde premier Wen zijn uitspraak over de noodzaak van politieke hervormingen.

Sommigen hebben de uitspraken van Wen opgevat als een formidabele politieke doorbraak, maar veel waarschijnlijker lijkt het dat Wen bezig is met het opstellen van een politiek testament, aan het eind van een carrière waarin hij zijn imago als man van het volk zorgvuldig heeft gekoesterd. Begin 2011 ging hij zelfs naar het centrale kantoor in Peking waar slachtoffers van onrecht een petitie kunnen indienen. Nog nooit eerder had een hoge gezagsdrager gesproken met deze rechtszoekers, die van de autoriteiten een andere behandeling gewend zijn: afwijzing, verjaging, mishandeling, arrestatie, opsluiting. Wen moedigde de klagers aan alles te zeggen wat ze op het hart hadden. 'Onze regering,' zei hij, 'is een regering van het volk, en onze macht is verleend door het volk.' Hij zei nog net niet dat het volk het verleende mandaat ook kon intrekken, zoals vroeger de hemel had gedaan wanneer de keizer zijn onderdanen slecht behandelde. Maar al eerder had hij iets gezegd wat daar veel op leek: als de regering geen paal en perk stelt aan machtsmisbruik, dan loopt ze gevaar dat er in plaats van groei 'terugval en stagnatie' komen. In 2013 moet Wen aftreden als premier en is zijn carrière voorbij. Het is nu te laat voor hem om zijn denkbeelden over democratisering vorm te geven, laat staan ze in praktijk te brengen, gesteld al dat daar politieke ruimte voor zou zijn. De meest waarschijnlijke verklaring voor Wens late democratische roeping is zijn wens om de geschiedenis in te gaan als China's eerste communistische democraat.

De ondergang die niet kwam

Het bloedbad van Tiananmen redde het regime, tot groot verdriet van veel westerlingen. De partij praat er niet meer over, behalve die ene keer dat een hoge partijman zich liet ontvallen dat China en de wereld het Volksbevrijdingsleger voor zijn ingreep dankbaar moesten zijn. Waarom? Omdat de demonstranten niets anders te bieden hadden dan chaos. Als ze niet tot de orde waren geroepen, zou er van China's fabuleuze economische ontwikkeling niets terecht zijn gekomen. In zijn boek *De eeuw van Azië* neemt Kishore Mahbubani dit dubieuze argument over: jammer van het bloed, maar er is veel geld aan verdiend.

'Tiananmen' verzwakte tijdelijk de positie van Deng. Ruim twee jaar lang kregen binnen de communistische partij de tegenstanders van zijn economische hervormingen de wind in de zeilen, waardoor het Westen nog verder van huis leek. Al eerder had 'kameraad Xiaoping' zijn laatste officiële functie opgegeven, maar van achter de schermen bleef hij aan de touwtjes trekken. In 1992 keerde het tij dankzij Dengs 'zuidelijke rondreis', die herinneringen opriep aan keizerlijke inspectiebezoeken aan de buitengewesten. In Shenzhen, Guangzhou en Zhuhai, steden in de delta van de Parelrivier die het meest hadden geprofiteerd van de economische revolutie, verkondigde de 87-jarige Deng dat de hervormingen met hernieuwd elan ter hand moesten worden genomen. Sindsdien beleeft China een continue hoogconjunctuur zoals de wereld nooit eerder heeft meegemaakt. In december 1992 vestigde de economische groei een nooit meer geëvenaard record van 14,2 procent, exact twee jaar na het laagterecord van 3,8 procent. Het gaat om officiële en daarom niet betrouwbare cijfers, maar in deze orde van grootte doet een procentje meer of minder er niet zoveel toe. De groei bleek echter te uitbundig. Er kwam een gierende inflatie, die in oktober 1994 een historisch record bereikte van 27,7 procent. In het Westen herleefde de hoop op een economische crisis die zou leiden tot de ondergang van de Chinese communistische partij. Overigens werd die hoop lang niet door iedere westerling gedeeld. China was immers hard op weg de werkplaats van de wereld te worden, waarvan veel westerse bedrijven en honderden miljoenen westerse consumenten hebben geprofiteerd. Hoe dan ook, de inflatie werd beteugeld. In de Azië-crisis van 1997 ging de ene munt na de andere onderuit. De instorting van de Chinese yuan en daarmee van de sociale en politieke stabiliteit leek aanstaande. China weigerde echter te devalueren, waarmee het de crisis tot staan bracht en de wereld zeer aan zich verplichtte.

Intussen was er voor de vijanden van de Volksrepubliek nieuwe hoop gegloord toen premier Zhu Rongji begon huis te houden in de publieke sector. Duizenden staatsbedrijven werden geprivatiseerd, gestroomlijnd of gesloten, waardoor miljoenen arbeiders hun werk verloren. De staatsbanken waren opgezadeld met biljoenen yuans aan leningen die ze op bevel van de overheid hadden toegekend aan insolvente staatsbedrijven en dan ook nooit meer zouden terugzien. In 2001 publiceerde de Chinese Amerikaan Gordon Chang een boek met de apodictische titel *The Coming Collapse of China*, waarin voor het gemak het vier, vijf millennia oude China wordt gelijkgesteld aan het toen 52 jaar oude regime van de communistische partij. Chang wist zeker dat de zestig miljoen werklozen het regime op straat ten val zouden brengen en dat de grote staatsbanken zouden bezwijken onder een ondraaglijke last van slechte leningen. Maar de werklozen vonden nieuw werk, de slechte leningen werden à raison van 650 miljard dollar weggewerkt, en niet het Chinese maar het westerse bankstelsel ging onderuit. Gordon Chang recidiveerde begin 2011 toen hij, ditmaal gelukkig slechts in een artikel, naar analogie van de volksopstanden in Tunesië en Egypte opnieuw het einde van de Chinese communistische partij in het verschiet zag. Dat de situatie in China totaal anders is dan in de Arabische wereld hinderde hem niet in zijn wensdenken. Hij schrijft immers wat zijn publiek van China-bashers graag wil lezen.

Na het uitbreken van de financiële wereldcrisis in 2008 rekenden de doemdenkers voor dat deze zeer ernstige gevolgen moest hebben voor een op de export gebaseerde economie als de Chinese. De uitvoer zou scherp terugvallen, wat zou leiden tot een groot aantal bedrijfssluitingen, massa-ontslagen en uitbarstingen van volkswoede. En deze zouden, zoals dat in het verleden in China zo vaak is gebeurd, het einde inluiden van de heersende dynastie. Alweer misgerekend. Tientallen miljoenen Chinese arbeiders, vooral migranten, verloren wel hun baan, er braken veel rellen uit, maar van een algemene opstand was geen sprake. Vaak gingen de migranten terug naar huis en zetten daar een bedrijfje op. Na een scherpe daling in 2009 trok de export weer aan, vooral doordat Chinese exporteurs hun buitenlandse concurrenten veel klanten wisten te ontfutselen. Er kwam zelfs een toenemend gebrek aan arbeidskrachten, waardoor de lonen beduidend omhooggingen. Dankzij een giga-injectie van vier biljoen yuan (een kleine 500 miljard euro, naar verhouding vijf keer zo veel als het Amerikaanse stimuleringsplan) werden legioenen arbeiders aan het werk gezet in kolossale openbare werken en krabbelde de wereldeconomie weer op.

De China-doemdenkers zien alweer nieuwe doemscenario's opdoemen. Ze zien de begin 2011 begonnen volksopstanden in de Arabische wereld overslaan naar China, ze zien de speculatiezeepbel van de torenhoge huizenprijzen spatten, ze zien de volkswoede over de inflatie en de corruptie tot uitbarsting komen, ze zien de staatsbanken alsnog instorten, en ze zien nog veel meer. Het zou onwijs zijn te beweren dat de doemdenkers onmogelijk gelijk kunnen krijgen. China kampt inderdaad met een groot aantal problemen van ongehoorde omvang. Niemand weet waarop die zullen uitlopen. Het is mogelijk dat een of meer van die problemen onbeheersbaar worden. En als daar nog een internationale crisis overheen komt, is er een kans dat het bewind van de communistische partij gaat wankelen. Maar de kans dat het regime zo'n crisis zal overleven, is waarschijnlijk groter. Sinds het eind van het Mao-tijdperk beschikt de partij immers over een ongekend grote dosis pragmatisme, dat alle voorspellingen over haar aanstaande ondergang heeft gelogenstraft. Een vergelijking tussen de communistische partijen van China en de voormalige Sovjet-Unie is op dat punt heel verhelderend.

Niets is bij de Chinese communisten zo hard aangekomen als de ondergang van het communisme, eerst in de Sovjetsatellieten, daarna in de Sovjet-Unie zelf. En minstens even schokkend moet voor Peking de ontbinding van de Sovjet-Unie zijn geweest, een spookbeeld voor een natie die zelf bestaat uit een lappendeken van volken en aan al die volken goedschiks of kwaadschiks haar nationale eenheid oplegt. Waarom is de communistische partij van de Sovjet-Unie ten val gekomen en die van China niet? De discussie daarover is nog lang niet afgelopen, maar de volgende elementen kunnen daarin niet ontbreken.

- De relatie tussen de beide partijen is vrijwel vanaf het begin gespannen geweest. Moskou steunde eerder de Kwomintang dan de Chinese communisten en schreef Mao een strategie voor die hij niet volgde. In de Chinese burgeroorlog mikte Stalin tot het laatst op een overwinning van Chiang Kai-shek.
- Na de dood van Stalin in 1953 verslechterde de relatie tussen het maoïstische China en de 'revisionistische' Sovjet-Unie snel. In 1969 waren er bloedige grensincidenten, die dreigden te escaleren tot een kernoorlog. Uit die spanning resulteerde een toenadering tussen China en de Verenigde Staten, die elkaar vonden in hun gedeelde vijandschap van Moskou. Amerika's Koude Oorlog tegen het communisme ging daarom aan China voorbij.
- De door Chroetsjov begonnen destalinisering kwam volgens de Chinese communisten niet alleen neer op nestbevuiling, maar vooral op zelfdestructie. Door Vadertje Stalin van zijn voetstuk te stoten, delegitimeerde de Sovjet-Russische com-

munistische partij zichzelf, vonden de Chinezen. Ze hebben sommige daden van Mao afgekeurd en over het algemeen identificeren ze zich niet meer met de Grote Roerganger, maar van een demaoïsering is nooit sprake geweest.

- In de Sovjet-Unie en zijn satellietlanden bevonden de partij en haar leiders zich in vergaande staat van aderverkalking, slechts in staat tot het herhalen van versleten ideologische frases en onmachtig het hoofd te bieden aan nieuwe uitdagingen. De Chinese communisten daarentegen rekenden na de dood van Mao af met verkalkte ideologische clichés. De Kleine Roerganger Deng Xiaoping bleek ondanks zijn hoge leeftijd een lucide hervormer. Na hem kwamen technocraten aan de macht, die meer geïnteresseerd waren in groei dan in ideologie.

- Door het uitblijven van hervormingen en gebrek aan efficiency was de economie van de Sovjet-Unie vastgelopen. De economische crisis liet van het prestige van de partij weinig meer heel. In China daarentegen gooide de partij tijdig het economische roer om en voorzag zich, dankzij een sterke verhoging van de welvaart, van een nieuwe legitimiteit. Volgens opiniepeilingen zijn verreweg de meeste Chinezen tevreden over de situatie waarin hun land zich bevindt.

- De Sovjet-Unie wilde de buitenwereld imponeren met spectaculaire prestaties. In 1957 lanceerde ze het eerste ruimteschip, de Spoetnik, maar ze was niet in staat de economische verloedering tot staan te brengen. China daarentegen onthield zich van spectaculaire, kostbare projecten en wijdde zich onopvallend aan de opbouw en groei van zijn economie. Het Chinese ruimtevaartprogramma begon pas serieus met de lancering in 2003 van een bemande ruimtecapsule, de Shenzou 5, en steekt tegenwoordig het Amerikaanse en Russische programma naar de kroon.

- Moskous obsessie om militair even sterk te zijn als de Verenigde Staten leidde tot een fatale financiële aderlating. Peking daarentegen stelde na Mao's dood de economische ontwikkeling centraal en was veel terughoudender met kernwapens.

Pas in de jaren negentig begon het zijn strijdkrachten te moderniseren. Anders dan destijds de Sovjet-Unie is China niet uit op een militair evenwicht dat gebaseerd is op angst voor wederzijdse vernietiging.

- De Sovjet-Unie voerde volgens China een veel te agressieve buitenlandse politiek en stelde zich daardoor onnodig bloot aan allerlei vormen van pressie en represailles. China daarentegen hield zich volgens een beroemde instructie van Deng Xiaoping internationaal gedeisd om zich ongestoord te kunnen wijden aan zijn economische ontwikkeling.

- De door Gorbatsjov, de laatste partijleider van de Sovjet-Unie, gepropageerde glasnost en perestrojka waren in Chinese ogen geen politieke hervormingen maar politieke zelfmoord. Gorbatsjov had volgens de Chinezen alleen economische hervormingen moeten uitvoeren en zeker geen politieke. Zelf pasten ze juist strenge politieke controle toe om de door de economische hervormingen losgeslagen krachten in bedwang te houden. De naam Gorbatsjov is in China haast een ander woord voor verrader.

Van de ondergang van het Sovjetcommunisme hebben de pragmatische Chinezen geleerd hoe ze het zeker níét moeten doen. Niemand kon in 1989 voorspellen dat de Chinese communistische partij niet alleen zou overleven maar met haar economische prestaties de wereld zou verbijsteren. En de Chinese leiders blijven leren van de ervaringen van andere landen. Ze hebben de 'kleurenrevoluties' en de Europese sociaal-democratische partijen die uit de communistische partijen zijn voortgekomen, grondig bestudeerd. Niet om in hun voetspoor te treden, maar juist om te weten wat ze moeten doen om in China een herhaling van de communistische teloorgang te voorkomen.

De grenzen van de vrijheid

De Chinese communistische partij heeft alle stormen overleefd door een mengsel van souplesse en keihard optreden. De soepelheid heeft afgerekend met veel van wat vroeger als essentieel voor het marxisme gold. Wat is er van het communisme in China overgebleven? In het Westen antwoordt men meestal: bar weinig. Op het eerste gezicht lijkt dat inderdaad zo. Waar is de dictatuur van het proletariaat gebleven? Waarschijnlijk beland op dezelfde historische vuilnisbelt als waar het ideaal van de klassenloze maatschappij is gedumpt. De strijd tegen de klassenvijand? De strijdbijl is begraven en de vijand is toegelaten tot de partij. Willen ze in Peking nog steeds alle arbeiders ter wereld verenigen? Nee, liever niet. Formeel streeft de partij nog altijd naar de vestiging van het communisme, maar dan niet in zijn spartaanse vorm. 'Armoede is geen socialisme', oordeelde Deng Xiaoping, maar hij voegde eraan toe dat sommige mensen eerder rijk zouden worden dan andere. Degenen die het eerst tot welstand kwamen, waren de stedelingen in de oostelijke en zuidelijke kustgebieden in en rond de Speciale Economische Zones en andere ontwikkelingspolen. China, zei Deng, een oud confucianistisch idee nieuw leven inblazend, moest een *xiaokang shehui* worden, een 'gematigd welvarende maatschappij' van kleine middenklassers. En als dan iedereen gematigd welvarend is, is op een onorthodoxe manier toch het communisme gevestigd.

Dit doel dreigde uit het zicht te raken in de jaren negentig, toen partijleider Jiang Zemin zich vooral inspande om de rijken rijker te maken, ten koste van boeren en arbeiders. Dat leidde tot een snelle verbreding van de welvaartskloof en groeiende sociale onrust. Die kloof moet kleiner, vonden Jiangs opvolger Hu Jintao en de nieuwe premier Wen Jiabao. Ze kwamen met het project van het 'nieuwe socialistische platteland', dat de levensstandaard van de boeren moet verhogen en hun sociale voorzieningen moet verbeteren. Ook haalden ze de xiaokang shehui weer van stal. In 2020, zo beloofden ze, zouden alle Chinezen deel hebben aan de gematigde welvaart. Niet toevallig past dit concept uitstekend in het Confucius-revival, waaraan Hu Jintao een politieke bijdrage heeft geleverd door de 'harmonieuze samenleving' tot ideaal uit te roepen. Dit ideaal moet bereikt worden door toepassing van het 'concept van de wetenschappelijke ontwikkeling'. In deze doctrine staan sociale rechtvaardigheid en duurzame ontwikkeling centraal, een grondige bijsturing dus na een periode waarin alleen de economische groei telde. Formeel vormt dit leerstuk ook een bijdrage aan de evolutie van het Chinese marxisme. Over Mao's versie van het marxisme wordt weinig meer gepraat, maar dood is ze niet. Integendeel, ze heeft aan populariteit gewonnen dankzij de desastreuze mislukking van het neoliberalisme in het Westen. Een groep intellectuelen op wie hun tegenstanders de westerse term 'Nieuw Links' hebben geplakt, moet niets hebben van het economisch liberalisme op z'n Chinees, dat immers geleid heeft tot grote maatschappelijke tegenstellingen. Met hun pleidooien voor sociale rechtvaardigheid vinden ze gehoor bij die leiders die bang zijn dat de kloof tussen rijk en arm zal leiden tot politieke instabiliteit.

Tegelijk is er een soort Mao-reveil aan de gang, dat niet zozeer ideologisch maar vooral emotioneel van aard is. Het slaat aan bij mensen die een voor ons moeilijk te vatten heimwee hebben naar een tijd dat er nog idealen waren waarvoor je warm kon lopen, een tijd waarin nog niet alles draaide om geld, een tijd waarin het leven geestelijk geen leegte was. Soms slaat Hu Jintao zelf maoïstische taal uit, maar de voorman van dit neomaoïsme is de charismatische populist Bo Xilai, partijbaas van de booming megalopolis Chongqing. Zijn reputatie vestigde hij met een spectaculaire actie tegen de lokale maffia, wat hem op internet een aantal heldendichten in maoïstische stijl opleverde. Hij vergrootte zijn populariteit met de bouw van volkswoningen voor de armen. Het gemeentelijke Vijfjaren-plan 2011-2015 geeft prioriteit aan het verkleinen van de kloof tussen rijk en arm. Bo is niet vies van de persoonsverering. Zijn flamboyante persoonlijkheid is in alles het tegendeel van de grijze muizen die in Peking aan de macht zijn. Mao beschouwt hij als zijn geestelijke mentor. Hij stuurt de bevolking van Chongqing sms'jes met citaten uit Mao's Rode Boekje, hij heeft standbeelden van de Grote Roerganger opgericht en hij heeft Chongqing-tv veranderd in een 'rood kanaal', waar de shows en quizzen plaats hebben gemaakt voor instructie in Mao's leer en propagandafilms uit Mao's tijd. Zelf zingt Bo Xilai op partijbijeenkomsten oude revolutionaire liederen en noemt hij de burgers kameraden.

Zou Bo zijn vergeten dat hij onder Mao vijf jaar gevangen heeft gezeten? Dat zijn vader, Mao's oude kameraad Bo Yibo, tijdens de Culturele Revolutie is gemarteld en dat zijn moeder is doodgeslagen? We mogen hopen van niet. Maar belangrijker is zijn ambitie. Het liefst zou hij in 2012 partijleider of in 2013 premier worden, maar die banen zijn al vergeven: Xi Jinping wordt partijleider, en premier wordt Li Keqiang of misschien de huidige economische tsaar Wang Qishan. Bo heeft daarom zijn zinnen gezet op een plaats in het Vaste Comité van het Politbureau. Hij is er, waarschijnlijk terecht, van overtuigd dat in het internettijdperk topfuncties niet meer vervuld kunnen worden door mensen die geen volkssteun hebben, tenzij ze zich niets zouden aantrekken van de proteststorm die op zou steken. Daarom gaat Bo op de populistische toer. Zijn maoïstische exercities hebben hem al de steun opgeleverd van Xi Jinping. Bo's campagne kan anachronistisch lijken, maar bij ouderen roept ze de herinnering op aan simpeler tijden met minder onzekerheden en meer lotsverbondenheid, en bij armen heimwee naar een rechtvaardiger maatschappij. De campagne verkondigt in stilte de geruststellende boodschap dat bij 'prinsjes' als Bo de communistische erfenis in goede handen is en de stabiliteit verzekerd. Zijn medeprinsje Xi Jinping is het van harte met hem eens. Bo Xilai's belangrijkste tegenspeler is Wang Yang, de partijleider van de provincie Guangdong. Ook hij vlast op een plaats in het Vaste Comité, waarbij hij kan rekenen op de steun van de aftredende partijleider-president Hu Jintao. Wang is de voorman van de liberale vleugel, die de economische hervormingen wil uitdiepen en de koek eerst wil laten groeien voordat hij beter verdeeld kan worden. Eind december 2011 liet Wang zich kennen als iemand die voor de oplossing van conflicten overleg prefereert boven geweld. Het betrof een van de markantste protestacties van 2011. Dertien dagen lang werd het vissersdorp Wukan bezet gehouden door zijn 13.000 inwoners, uit protest tegen de massale confiscatie van de grond door de plaatselijke machthebbers en de moord op de leider van de protestbeweging. Wang gaf toe aan de eisen van de actievoerders, waarna aan de bezetting een eind kwam. 'Wukan' markeert volgens sommigen het begin van een nieuwe fase van het volksverzet, anderen benadrukken dat ook in dit geval de acties niet gericht waren tegen het systeem zelf. Inderdaad werd de leider van het verzet binnen de kortste keren uitgeroepen tot de plaatselijke partijleider. De rivaliteit tussen de voorstanders van het 'Chongqing-model' en die van het 'Guangdong-model' beheerst de machtsstrijd die de Chinese politiek het grootste deel van het jaar 2012 zal beheersen.

Communisme en persoonlijke vrijheid zijn altijd onverzoenlijke vijanden geweest. Ondanks onmiskenbare verbeteringen is dat nog altijd zo, kijk maar naar de vaak grimmige vervolging van politieke en sociale dissidenten en de strenge inperkingen in vrijheden als die van vereniging, vergadering en vrije meningsuiting. Toch is de vrijheid die de Chinezen tegenwoordig genieten, eindeloos veel groter dan in Mao's tijd, toen de partij tot in de kleinste details je leven bepaalde, de intiemste aspecten inbegrepen. Uniformiteit en collectivisme waren de regel, zowel van buiten als van binnen. Van buiten: iedereen droeg dezelfde kleren, schreeuwde dezelfde revolutionaire leuzen, zong dezelfde revolutionaire liederen en waagde het niet z'n kop boven het maaiveld uit te steken. Van binnen: iedereen diende hetzelfde te denken, Voorzitter Mao te vereren en buitenstaanders te wantrouwen. Over je eigen leven had je niets te vertellen. De partij bepaalde je beroepskeuze, je werk, je woonplaats, vaak zelfs je levenspartner. Reizen naar het buitenland was voorbehouden aan de top, en reizen binnen China uitzonderlijk.

De economische revolutie heeft honderden miljoenen Chinezen een enorme bevrijding gebracht. Ze kunnen vormgeven aan hun leven zoals ze dat zelf willen. Kleding, wonen, studeren, beroepskeuze, reizen, uitgaan: je bepaalt het tegenwoordig zelf, mits je natuurlijk geld hebt om je die vrijheden te veroorloven. Je kunt doen wat je wilt, omgaan met wie je wilt, luisteren en kijken naar wat je wilt. Je mag tegenwoordig zelfs denken en zeggen wat je wilt, en je riskeert niet meer een strafkamp als je tegen iemand zegt dat je de regering niet ziet zitten. Maar je mag dat niet op internet, op een spandoek of in een artikel zetten. Want al zijn de spelregels versoepeld, er is een grens gebleven die je niet mag overschrijden: het blijft verboden in de media kritiek te leveren op de partij, de partijleiders en het politieke systeem, en van bepaalde gevoelige onderwerpen dien je in het openbaar in woord en daad af te blijven.

De terugtrekkende beweging van de partij is waarschijnlijk nog niet afgelopen. Diverse controle-instrumenten van het maoïstische verleden moeten nog worden geliquideerd, het *hukou*-systeem bijvoorbeeld. Het dateert van tweeduizend jaar geleden en werd in 1958 tot nieuw leven gewekt. Een hukou is een soort binnenlands paspoort, dat bedoeld is om de mensen beter te kunnen controleren en vooral om de boeren honkvast te houden. Alleen in de plaats waar ze geboren zijn, kunnen ze wettelijke handelingen verrichten, zoals trouwen en hun kinderen inschrijven in het geboorteregister, en alleen daar hebben ze recht op onderwijs en andere voorzieningen. Die beperkingen moesten voorkomen dat boeren massaal naar de steden zouden trekken, die zo'n invasie niet aan zouden kunnen. Dit systeem heeft gewerkt in de tijd van Mao, maar nu is het volkomen achterhaald. Het China dat onder Deng Xiaoping en zijn opvolgers is opgebouwd, is te danken aan de boeren die Mao in hun dorpen had opgesloten. Migranten uit de provincie hebben immers de moderne steden gebouwd, zij zijn het die de wegen, spoorlijnen en vliegvelden hebben aangelegd, zij houden als mijnwerker of fabrieksarbeider China's gigantische productiemachine draaiende en doen het werk waar de stadsbewoners hun neus voor ophalen. Ze krijgen er 40 procent minder voor betaald dan normale arbeiders. Vaak krijgen ze hun loon veel te laat, of helemaal niet.

Deze gastarbeiders in eigen land, aan wie het moderne China alles te danken heeft, wonen belabberd, worden met de nek aangekeken, en rechten hebben ze nauwelijks. Het hukou-systeem heeft in alle grote steden een Chinese versie van de apartheid gecreëerd, die van de 253 miljoen migranten van het platteland – het cijfer dateert van januari 2012 – tweederangsburgers heeft gemaakt. Minstens eenderde van de ruim 22 miljoen inwoners van Peking valt in die categorie. Het stadsbestuur wil dat ze allemaal vertrekken en heeft al maatregelen genomen om te voorkomen dat ze een auto of een huis kopen. Het gaat niet alleen om arbeiders maar ook professionals die uit het hele land naar de hoofdstad zijn getrokken. Ze krijgen hooguit een tijdelijke verblijfsvergunning, maar ze kunnen geen enkele handeling verrichten waarvoor een hukou is vereist. Ze kunnen dus geen vaste baan krijgen, geen huis huren, niet trouwen, ze kunnen zich niet aansluiten bij een ziekenfonds, hun kinderen kunnen niet naar een openbare school tenzij ze extra betalen, en recht op pensioen hebben ze niet. Officieel kunnen ze zelfs niet eens doodgaan. Tientallen miljoenen Chinezen leven daardoor in de semi-clandestiniteit, zonder recht op de sociale voorzieningen die reguliere stadsbewoners genieten. Dat alleen al zou reden genoeg moeten zijn om het hukou-systeem af te schaffen, dat niet strookt met de snelle urbanisering en de mobiliteit die in een moderne samenleving een vereiste is. Hoe langer het blijft bestaan, des te meer fraude het in de hand werkt. De partij heeft besloten dat de megasteden de migranten moeten weren maar dat ze welkom moeten zijn in de kleinere steden. Begin jaren tachtig woonde nog 80 procent van de bevolking op het platteland. In 2012 telt China volgens het Bureau voor de Statistiek voor het eerst meer stedelingen dan boeren (48,73 procent van de bevolking), maar nog altijd zijn alle pleidooien om de hukou af te schaffen vruchteloos. Vooralsnog is de overheid te huiverig voor sociale woelingen om de binnenlandse paspoorten in de prullenbak te gooien.

Communistischer dan je denkt

Nationalisme

Van het communisme is meer over dan men buiten China doorgaans denkt. Mao's revolutie was in de eerste plaats nationalistisch getint. Dengs economische revolutie heeft het nationalisme een enorme impuls gegeven en het oude superioriteitsgevoel laten herleven. De Chinezen zelf spreken liever van patriottisme, omdat het begrip 'nationalisme' een connotatie heeft die de etnische minderheden in de kaart kan spelen. De communistische partij is steeds meer een nationalistische partij geworden. Het nationalisme heeft in de praktijk het marxisme als ideologie vervangen en is samen met de economische groei de legitimatie van de partij geworden. De communistische partij houdt de bevolking voor dat alleen zij de materiële en immateriële waarden kan waarborgen die iedere Chinees het dierbaarst zijn: steeds meer welvaart en een zinderende vaderlandsliefde. Op dat laatste punt moet de partij voorzichtig zijn, want haar achterban is vaak nog ferventer nationalistisch dan zijzelf. Als de partij zich in internationale problemen naar de zin van die achterban niet nationalistisch genoeg opstelt, krijgt ze er op internet van langs. Dat dwingt de partij voorzichtig te laveren tussen verhit chauvinisme en de eisen van de internationale politiek.

Controle

Maar de continuïteit gaat verder dan het nationalisme. Uitvoerende, wetgevende en rechterlijke macht, leger en politie, het onderwijs, de media, de vakbonden, het bedrijfsleven, de economie, de ngo's, de sport, de cultuur: in alle instituties en organisaties is de partij nog altijd sturend en controlerend aanwezig. In dat opzicht is Lenin in China springlevend. Alle organisaties die onder de overheid vallen, van staatsbedrijven tot universiteiten, van uitgeverijen tot musea, van godsdienstige groepen tot filharmonieorkesten, ze hebben allemaal een door de partij benoemde leider, die zijn of haar organisatie niet leidt maar controleert. Over het algemeen treedt deze persoon alleen op hoogtijdagen naar buiten. Kennis van zaken is voor deze functie geen vereiste, trouw partijlidmaatschap des te meer. De dagelijkse leiding is in handen van een terzake kundige adjunct. Ook in alle regeringsinstanties heeft de vertegenwoordiger van de partij meer macht dan de formele chef. De hoogste leider van China is niet de president, maar de partijleider. Voor het gemak vallen die functies samen in dezelfde persoon. De baas van een provincie of stad is niet de gouverneur of de burgemeester, maar de provinciale of stedelijke partijleider, de belangrijkste figuur op een ministerie is niet de minister, maar de ministeriële partijchef. Deze structuur geeft de partij de absolute controle over het hele overheidssysteem.

Strikte controle van de burgers door de overheid dateert in China niet van de periode-Mao. Het is een essentieel onderdeel van de autoritaire confucianistische maatschappij-inrichting. De man controleert zijn vrouw en kinderen, de oudere broer zijn jongere broer, de leraar zijn leerlingen, de gezagsdrager zijn ondergeschikten, en de keizer iedereen. De gecontroleerden kennen hun plaats en rebelleren daarom niet, tenzij hun superieur zijn plichten jegens hen schromelijk verzaakt. In de strenge hiërarchische structuur van Mao's communisme werd, alle afkeer van het confucianisme ten spijt, het traditionele maatschappelijke controlesysteem in aangescherpte vorm voortgezet. Controle betekent al snel een inbreuk op de privacy, maar in een samenleving die vanouds het collectivisme predikt, is er voor privacy geen plaats. Het Chinees heeft er ook geen goed woord voor. In de tijd van Mao was elk gedrag dat naar privacy zweemde een ernstige bourgeois afwijking, waarop tijdens de Culturele Revolutie de doodstraf kon staan.

Mao's leninistische systeem van controle op de burgers is beduidend versoepeld, maar de essentie ervan bestaat nog steeds. De controle is grotendeels teruggebracht tot het domein dat de partij als haar exclusieve gebied beschouwt: de macht. Voorkomen moet worden dat de burgers dat terrein op eigen gezag betreden. De partij beseft dat het niet meer nodig en zelfs onwenselijk en vaak ook ondoenlijk is om al het doen en laten van de burgers te controleren. Tegenwoordig mag heel veel wat vroeger strikt verboden was. Zolang je je niet met politiek bemoeit, mag vrijwel alles. Nog maar één generatie geleden, toen iedereen levenslang in dienst was van de staat, mocht vrijwel niets. De controle op de burgers, die toen officieel nog 'kameraden' heetten, liep vooral via hun werkeenheden. Die controle ging zo ver dat zelfs de data waarop de vrouwelijke werknemers ongesteld waren, werden bijgehouden. Voor alles moest permissie worden gevraagd aan de politieke leiders van de werkeenheid. Zonder hun verlof kon je zelfs niet trouwen of een kind krijgen. Door de privatisering van een groot deel van de economie en de snelle sociale veranderingen heeft de werkeenheid echter sterk aan politiek belang ingeboet.

Ook een ander controle-instrument uit de maoïstische periode is eigenlijk achterhaald, maar het bestaat nog steeds: de *dang'an*, een persoonlijk dossier dat iedere Chinees zijn leven lang vergezelt maar dat hijzelf niet mag inzien. Alle persoonlijke gegevens staan erin, met inbegrip van rapport- en examencijfers, professionele activiteiten, beoordelingen door werkgevers en collega's, lidmaatschappen, eventueel strafblad, medische bijzonderheden (bijvoorbeeld een bezoek aan een psychiater) en vooral de graad van politieke betrouwbaarheid. De politie is bezig dit hele systeem te digitaliseren. Alleen de werkeenheid en het buurtcomité van de betrokkene hebben inzage in diens dang'an. Buurtcomités, meestal bestaande uit gepensioneerde vrouwen, hebben vooral tot taak de mensen in de straten en de wooncomplexen van hun wijk in de gaten te houden en verdacht gedrag te rapporteren. Zij voeren de instructies van de partij uit in zaken die op alle burgers betrekking hebben. Ze hebben bijvoorbeeld een sleutelrol gespeeld in de ontmanteling van de semi-religieuze massabeweging Falun Gong vanaf 1999. De SARS-epidemie van 2003 werd, nadat men eenmaal haar bestaan had moeten toegeven, snel bedwongen dankzij de buurtcomités, die mensen met koorts onmiddellijk in quarantaine namen.

Net als in de tijd van Mao beheerst de partij nog altijd de hele maatschappij en laat ze geen politieke concurrentie toe. Een krachtige, autoritaire regering is noodzakelijk om economische modernisering mogelijk te maken. Die overtuiging deelde Deng Xiaoping met autoritaire modernisatoren als Lee Kuan Yew van Singapore en Mahathir Mohamad van Maleisië. Nog altijd blijft het politieke debat beperkt tot de hoogste partijleiders en tot een aantal intellectuelen die de regering adviseren en hun stem laten horen in denktanks en gespecialiseerde tijdschriften. Ze mogen echter de door de partij gestelde grenzen niet overschrijden. Voor de rest van de Chinezen geldt nog altijd het bevel van Deng: geen politiek debat. Of, zoals de titel luidt van een boek van de China-veteraan Eric Meyer: *Sois riche et tais-toi*, rijk worden en je mond houden. Daardoor vindt uitgerekend in China geen publieke discussie plaats over thema's die niet alleen voor China maar ook voor de hele wereld van het grootste belang zijn. Fundamentele vragen als: waar gaat het met China naartoe, wat zijn de nationale prioriteiten, welke gevolgen kunnen de economische en sociale veranderingen hebben voor de politieke structuur, wat zal China's relatie met de wereld zijn – ze zijn in China geen onderwerp van een brede maatschappelijke discussie. Voor ons is het verbluffend, die afwezigheid van een debat over zulke essentiële kwesties. Maar ze sluit wel aan bij de Chinese traditie, waarin het politieke bedrijf is voorbehouden aan de vorst, zijn hofhouding, de mandarijnen en de intellectuelen.

Economie

Zelfs op economisch gebied is de breuk met het maoïstische verleden minder radicaal dan in het Westen algemeen wordt gedacht. Meestal horen we alleen over de immense verschillen tussen toen en nu, en die zijn natuurlijk onweerlegbaar. Maar wat veel minder is veranderd, is de ingeboren neiging van het systeem om alle activiteiten, dus ook de economische, te controleren en deze ondergeschikt te maken aan die van de staat. In dat opzicht sluiten zowel Mao als zijn opvolgers aan bij de traditie. De grond bijvoorbeeld is nog steeds in staatshanden. Direct nadat Mao de macht had gegrepen, werden honderdduizenden (groot)grondbezitters vermoord en werd de grond verdeeld onder arme boeren. Al snel werd echter het collectief eigendom ingevoerd, terwijl de boeren werden georganiseerd in coöperaties en later in gigantische volkscommunes. Dat waren van de Sovjet-Unie gekopieerde collectieve boerderijen. Deze collectivisering van de landbouw, bedoeld om de industrialisering te financieren, leidde gedurende de Grote Sprong Voorwaarts tot een ongekende catastrofe. Een van de eerste maatregelen van Deng Xiaoping was het ongedaan maken van de collectieve landbouw. De productie steeg met sprongen. Iedere boerenfamilie kreeg een langlopend contract dat haar het gratis gebruiksrecht gaf van een klein lapje grond. De boeren konden voortaan verbouwen wat ze wilden en de oogst verkopen aan wie ze wilden, maar het land zelf bleef in handen van de staat of van de gemeente. Een boer kon zijn grond pas verliezen als het niet meer bebouwd werd. Veel boeren die naar de steden trokken, verhuurden hun land daarom aan familieleden of buren.

De erkenning van de particuliere eigendom strekte zich niet uit tot de landbouw. Wel kregen kleine boeren in 2008 toestemming hun rechten op de grond te verkopen. Boeren die het slecht doen, moeten daardoor worden gestimuleerd om een andere baan te zoeken. Door de aaneenvoeging van kleine lapjes grond ontstaan grote agrarische bedrijven, die efficiënt en winstgevend kunnen produceren. Volgens critici kan dit een verkapte terugkeer inhouden naar het grootgrondbezit uit de feodale tijd. Het eigendomsrecht van de grond blijft echter in handen van de overheid, waardoor de confiscatie van boerenland en stedelijke grond door lokale machthebbers rustig kan doorgaan. Alleen wanneer de grond het eigendom wordt van degenen die hem bewerken of erop wonen, kan een eind komen aan deze misstand, die de belangrijkste oorzaak is van plaatselijke opstanden. De lokale autoriteiten zullen zich echter met hand en tand verzetten tegen de opdroging van hun belangrijkste inkomstenbron.

Het 'socialisme met Chinese karakteristieken' en de 'socialistische markteconomie' hebben we vaak weggelachen als semantische vondsten die de ommezwaai van de socialistische planeconomie naar de kapitalistische markteconomie ideologisch moesten verhullen. We dachten dat het postmaoïstische China zich snel ontwikkelde tot een economie met steeds minder staat en steeds meer markt. Daar is geen sprake van. De economische omwenteling van Deng Xiaoping heeft een bruisende mix van cowboykapitalisme, marktkapitalisme, staatskapitalisme en socialisme opgeleverd dat nu al een voorbeeld is voor andere landen, die jaloers zijn op China's ontwikkeling. Waarschijnlijk doen we er goed aan deze originele vorm van een geleide economie toch maar dezelfde naam te geven als de Chinezen zelf: socialistische markteconomie.

Het weglachen is ons vergaan sinds de mondiale financiële instorting van 2008, waarvoor China slechts indirect verantwoordelijk was als verstrekker van een deel van het kapitaal dat door westerse bankiers over de balk is gesmeten. Terwijl China spaarde, gaf het Westen uit alsof het niet op kon. De Chinese banken hielden zich ver van de ingenieuze financiële producten waarmee veel westerse bankiers hun klanten en uiteindelijk ook zichzelf belazerden. Met leedvermaak zag China hoe roemruchte westerse financiële instellingen over de kop gingen en de ene regering na de andere de in nood gekomen particuliere banken overnam en andere interventies uitvoerde in het economisch leven. Met deze 'socialistische' maatregelen werden banken en bedrijven van het failliet gered, maar werd het failliet van het neoliberalisme bezegeld. In China's 'socialistische markteconomie' zíjn de grote banken al van de staat en hééft de regering al een beslissende invloed op de economie. Die invloed is door de financieel-economische wereldcrisis nog veel sterker geworden. Terwijl in het Westen de kredietverlening praktisch stopte, werd China op last van de overheid overspoeld door een vloedgolf aan bankleningen: 1 biljoen euro in 2009 en 901 miljard in 2010. Aardig te bedenken dat er in 1974 zo weinig geld in kas was dat de reis van een Chinese delegatie naar de vs onder leiding van de toenmalige vicepremier Deng Xiaoping bijna niet was doorgegaan omdat de Centrale Bank – de enige bank die er toen in China bestond – de vliegtickets niet kon betalen.

Pas in 2007 werd na veertien jaar debatteren achter gesloten deuren een wet van kracht die de particuliere eigendom beschermt, onder protest van degenen die dat verraad vonden aan de socialistische idealen. Op dat moment leek de opmars van de particuliere sector niet te stuiten. Privébedrijven waren de motor van de economie geworden en genereerden veel meer banen dan de staatsbedrijven. Deze werden nog algemeen gezien als geldverslindende molochs die zwaar verlies leden en kunstmatig in leven werden gehouden met door de overheid bevolen leningen van de staatsbanken. Die praktijk dateerde uit de tijd dat de hele economie in staatshanden was en economische beslissingen werden gedicteerd door politieke overwegingen. Of een bedrijf winst of verlies maakte, was volkomen onbelangrijk. Eventuele winsten gingen naar de staat, en de staat zuiverde de verliezen aan. De staatsbedrijven zwommen in de schulden en de schandalen toen premier Zhu Rongji, de grootste hervormer na Deng Xiaoping, in de tweede helft van de jaren negentig de failliete boedel begon te saneren. Het aantal staatsbedrijven werd drastisch uitgedund, te beginnen met de verliesgevende en insolvente. Zonder dat de buitenwereld dat aanvankelijk in de gaten had, heeft de gerevitaliseerde staatssector een grandioze comeback gemaakt. Het aantal staatsbedrijven is weliswaar enorm teruggelopen tot minder dan 5 procent van de ongeveer 43 miljoen ondernemingen in China, maar een gemiddeld staatsbedrijf is veertien keer zo groot als een gemiddeld particulier bedrijf in dezelfde branche, en de hele staatssector heeft bijna eenderde deel van de activa van alle bedrijven.

Het gros van de staatsbedrijven valt onder provinciale, districts- of lokale overheden. De kroonjuwelen ressorteren rechtstreeks onder de centrale overheid. In 2011 waren dat 129 grote conglomeraten in vitaal geachte sectoren van de economie. Daardoor heeft de staat het monopolie over olie en gas, petrochemie, mijnbouw, energie, tabak, bank- en verzekeringswezen, posterijen, telecommunicatie met inbegrip van internet, radio en tv, vervoer over land, ter zee en in de lucht, defensie en ruimtevaart. Deze sectoren zijn voor binnen- en buitenlands privékapitaal verboden terrein. De kroonjuwelen, bijgenaamd de 'nationale kampioenen', waren in 2009 goed voor 61,7 procent van het bruto binnenlands product. 54 kampioenen stonden in 2010 op de lijst van *Fortune* van de vijfhonderd grootste bedrijven van de wereld, waaronder de drie nationale olie- en gasbedrijven, de vier grootste handelsbanken en het grootste telecombedrijf van de wereld, China Mobile. De regering wil dat deze reuzen uitgroeien tot grote multinationals.

Op papier staan deze mammoets onder strenge controle van een regeringsinstantie, de State-Owned Assets Supervision and Administration Commission, in de praktijk zijn het vaak de privédomeinen van hun topmanagers. In de regel zijn dat partijbonzen, soms zelfs leden van het Centrale Comité. In hun geledern wemelt het van de 'prinsjes', onder wie een dochter en tot voor kort ook een zoon van Deng Xiaoping zelf. De beste banen zijn in handen van familieleden van hooggeplaatste partij- en regeringsmensen. Deze bedrijven worden gerund als particuliere bedrijven en maken enorme winsten. In 2010 was de winst naar schatting 150 miljard dollar, 50 procent meer dan het jaar ervoor. Die winst houden ze bijna geheel voor zichzelf. Sommige bedrijven dragen 10 procent en andere slechts 5 procent af aan de belastingen. Sinds 2011 moeten ze 5 procent meer belasting betalen, waarmee programma's voor gezondheidszorg en onderwijs in de arme regio's moeten worden gefinancierd. Dit moet dan de eerste substantiële bijdrage van deze monopolies aan de sociale ontwikkeling worden. Vaak gaan ze hun corebusiness ver te buiten. Zo heeft een groot aantal bedrijven zich als leeuwen op onroerend goed gestort. Op grote aanbestedingen valt tegen hun bod niet op te bieden. Het zijn de grootste bouwspeculanten geworden en dus de hoofdverantwoordelijken voor het opdrijven van de huizenprijzen en de daaruit voortgekomen woningcrisis. Veel staatsbedrijven hebben een beursgang gemaakt en daardoor schatten geld opgehaald, maar in alle gevallen is de centrale regering de belangrijkste aandeelhouder. Met de verkoop van de minderheidsbelangen hebben de bedrijven hun modernisering gefinancierd.

De Chinese staatsbedrijven zijn niet zoals hun soortgenoten in andere landen. Ze onttrekken zich namelijk aan de regels van de vrije markt, en dat is een van de redenen die de Chinese economie voor het Westen zo onvoorspelbaar maken. Net als vroeger kunnen staatsbedrijven volop rekenen op staatssubsidies en zachte leningen van de staatsbanken. En net als vroeger kunnen ze niet failliet gaan, want één woord van een hoge partijman en hun verliezen worden aangezuiverd. Dat gebeurde bijvoorbeeld in 2008, toen de luchtvaartreuzen Air China en China Eastern door onvoorzichtig brandstofinkoopbeleid een verlies maakten van meer dan twee miljard dollar. In andere landen zouden deze maatschappijen onder curatele zijn gesteld, in China niet. Ze kregen geld toegestopt en zetten de zaken gewoon voort. Dankzij hun hoge politieke contacten krijgen staatsbedrijven veel gemakkelijker bankleningen dan particuliere ondernemingen. Driekwart van de kredieten sluist de partij via de staatsbanken naar staatsbedrijven, die veel veiliger en winstgevender worden gevonden dan privéondernemingen.

Die discriminatie nam pathetische vormen aan in de crisisjaren 2008 en 2009, toen de bankleningen en de gelden van het anticrisisstimuleringspakket bijna allemaal werden toegekend aan staatsbedrijven. Veel privéondernemingen kwamen in grote problemen. Sommige moesten sluiten, andere werden geheel of gedeeltelijk overgenomen door een concurrerende onderneming van de overheid. Staatsbedrijven hebben het manna dat ze in de schoot kregen geworpen vaak oneigenlijk gebruikt, bijvoorbeeld voor speculatie en corruptie. Provinciale en lokale overheden hebben dikwijls het dubbele, soms zelfs het drievoudige uitgegeven van de bedragen die ze uit het stimuleringspakket hadden gekregen, vooral voor de aanleg van infrastructurele werken en voor speculatie in de bouw en op de beurs. In 2011 stonden ze voor 10,7 biljoen yuan (1,15 biljoen euro) in het krijt bij de banken, dat is 27 procent van het bbp van 2010. Een groot deel van dat bedrag zal nooit meer kunnen worden terugbetaald.

Peking wil graag dat het Westen de Chinese economie erkent als een vrijemarkteconomie. De marktwerking wordt echter drastisch ingeperkt door een alom aanwezige macht: die van de partij. De economie mag dan sinds Mao drastisch zijn hervormd, de centrale planning mag zijn afgeschaft, de leidende rol van de partij is gebleven, de vijfjarenplannen ook, en van een liberalisering van de kapitaalrekening is nog nauwelijks sprake. De invloed van de partij beperkt zich niet tot de publieke sector. Ook particuliere bedrijven kunnen zonder haar niet gedijen. Goede (smeergeld)relaties met partijmensen die over investeringen gaan zijn onontbeerlijk, want niets lukt zonder hun medewerking. Vaak knijpen de partijbazen een oogje dicht en hoeven de bedrijven zich niets aan te trekken van wetten en regels. Maar de bazen kunnen op elk gewenst moment het oogje weer open doen, zodat de bedrijven aan hun willekeur zijn overgeleverd. De scheiding tussen staats- en privéondernemingen is overigens bijzonder vaag. Veel ondernemingen die zichzelf privébedrijven noemen, worden zo zwaar door de overheid gesubsidieerd dat ze in feite semi-staatsbedrijven zijn. Dat gebrek aan transparantie is een kenmerk van de hele economische structuur. Het geldt ook voor de effectenbeurzen van Shanghai en Shenzhen, waar voornamelijk staatsbedrijven zijn genoteerd, en die geven weinig of geen opening van zaken. De beurzen hebben daarom veel weg van een casino, waar de grote winsten worden gemaakt door valsspelers met voorkennis.

De westerse landen, vooral de Verenigde Staten, vinden dat China vals speelt. Het zou de spelregels van de markteconomie alleen maar volgen als het er voordeel bij heeft. In 2001 werd China na jaren onderhandelingen toegelaten tot de World Trade Organization (WTO). De rijke landen dachten dat dat vooral in hun eigen voordeel zou zijn omdat de belemmeringen voor hun handel met China geleidelijk zouden worden opgeheven, zodat ze China zouden kunnen overstromen met hun producten. Ontegenzeggelijk hebben westerse bedrijven veel baat gehad bij China's entree in de WTO, maar China zelf nog veel meer. Tussen 2001 en 2008, het jaar waarin de kredietcrisis uitbrak, werd de Chinese economie ruim drie keer zo groot. Niet China werd overstroomd met westerse producten, maar het Westen met Chinese. De Verenigde Staten en de Europese

Unie hebben China herhaaldelijk van dumping beschuldigd, terwijl China voor sommige buitenlandse producten en diensten hoge barrières opwerpt. Handelsoorlogjes volgen elkaar op, en als de conflicten niet kunnen worden opgelost, worden ze voorgelegd aan de wto. Het Westen is vooral bezorgd om twee Chinese handelsmaatregelen die geheel in zouden gaan tegen letter en geest van de wto: China heeft de export van negen grondstoffen, waarvan de meeste nodig zijn voor de productie van staal, aan banden gelegd, en ook strenge exportbeperkingen gesteld aan zeventien zeldzame aardelementen, die onmisbaar zijn voor de productie van veel hightechapparaten. Deze elementen worden voor 97 procent gedolven in China.

Het internationaal kapitaal blijft zijn weg naar China vinden. In 2010 was dat 10 miljard dollar, waardoor het totaal aan buitenlandse investeringen kwam op bijna 106 miljard dollar. Maar de vorstelijke behandeling van buitenlandse bedrijven is voorbij. Hun chefs klagen tegenwoordig over nieuwe bureaucratische hindernissen, grillige toepassing van de wetten en regels en regelrecht discriminerende maatregelen ten voordele van nationale bedrijven. Zo heeft China, in strijd met de afspraken gemaakt tijdens zijn toetreding tot de wto, zijn petroleum- en telefoonmarkt niet voor buitenlands kapitaal geopend. Het meest verbolgen zijn de buitenlandse investeerders over de nieuwe regel dat de overheid alleen nog maar hightechapparaten koopt met een in China zelf ontwikkelde technologie. Ze zien dat als een methode om hen te dwingen hun knowhow af te staan aan de Chinezen. Het zou een elegante variant zijn op de oude Chinese gewoonte om buitenlandse technologie te kopiëren en daarna de namaakproducten voor een lagere prijs te verkopen.

Speelt China inderdaad vals? Zeker, het werpt obstakels op voor buitenlandse bedrijven, steelt hun technologie en maakt alles na, tot hele winkels toe: Apple stores, Starbucks koffiehuizen, zelfs een hele vestiging van IKEA. China monopoliseert via de staatsbanken praktisch de kredietverlening en stelt de rente vast, de staatsbanken zijn slecht geïntegreerd in het internationale financiële systeem, ze geven goedkope kredieten aan Chinese bedrijven en aan buitenlandse kopers van Chinese producten, ze financieren op last van de overheid de Chinese megaprojecten in het buitenland, China houdt de waarde van zijn munt laag en schroeft zo zijn export op, en het denkt in de regel eerst aan zichzelf en dan pas aan de spelregels. Maar wie doet dat niet? Wel tekent zich een tendens af: naarmate China zich verder ontwikkelt zal het hogere eisen stellen aan buitenlandse bedrijven om de Chinese markt te betreden. Het zal vooral zaken willen doen met bedrijven die China aan de nieuwste technologieën kunnen helpen. Daarom ontbreekt bijvoorbeeld de klassieke auto-industrie op de jongste lijst van branches waarin buitenlandse investeringen worden aangemoedigd. In de automobielsector zijn alleen producenten van elektrische en hybride auto's nog welkom. Geen enkele buitenlandse investeerder moet de illusie hebben dat zijn bedrijf in China onmisbaar is. Het Rijk van het Midden gebruikt de barbaren ter meerdere eer en glorie van zichzelf, en als ze niet meer bruikbaar zijn, zijn ze overbodig geworden.

De gewoonte om de voeten van vrouwen af te binden begon ruim duizend jaar geleden in de hoogste kringen en raakte in zwang onder alle Han-Chinese vrouwen. Deze
praktijk, die de vrouw bond aan haar man en haar huis, werd verboden in 1912. Het
verbod werd algemeen doorgevoerd na de communistische machtsovername in 1949.

oor de elite is Mao een cultfiguur geworden, voor
e armen een heilige die heimwee oproept naar
e tijd waarin de staat voor iedereen zorgde: in
e steden was de werkgelegenheid gegarandeerd,
nderwijs en gezondheidszorg waren gratis, huis-
esting kostte bijna niets, iedereen had recht op
ensioen. Die verzorgingsstaat bestaat niet meer.

Jonge stedelingen hebben het vaak zo druk met geld verdienen en hun carrière dat ze geen tijd hebben om een huwelijkspartner te zoeken. Soms doen hun ouders dat voor hen, zoals hier op de zondagse huwelijksmarkt in het centrum van Shanghai. Afwezigheid van nakomelingen is een schande voor ouders en voorouders.

Strikt genomen past een tweeling niet in het eenkindbeleid. Een hormoonbehandeling of reageerbuisbevruchting is een beproefde methode om een meerling te krijgen. Andere manieren om de eenkindpolitiek te omzeilen zijn bevalling in het buitenland, inschakeling van een draagmoeder of concubine, nepscheiding, omkoping van een geboorteregelingsambtenaar of betaling van een boete.

De Oejgoeren waren vroeger verreweg de grootste etnische groep in de provincie Xinjiang. Deze Turkstalige moslims riepen in 1933 en 1944 de republiek Oost-Turkestan uit; beide keren was de onfhankelijkheid van korte duur. Door de komst van veel Han-Chinezen maken de Oejgoeren nog maar de helft uit van de provinciale bevolking. Alle minderheden in China wonen in grensgebieden, die voor de regering van strategisch belang zijn.

Tibet heeft sinds lang een touwtrekrelatie met Peking: was de centrale regering sterk, dan was Tibet zwak, en omgekeerd. Vanaf de val van het keizerrijk in 1911 tot de 'vreedzame bevrijding' door het Volksbevrijdingsleger in 1950 was Tibet de facto onafhankelijk. China's Tibet-politiek is een mengsel van economische ontwikkeling en politiek-culturele repressie.

Het boeddhisme kwam tweeduizend jaar geleden vanuit India naar China, waar het een eigen ontwikkeling heeft doorgemaakt. De partij wil de godsdiensten gebruiken voor haar campagne voor een harmonieuze samenleving. Haar voorkeur gaat uit naar het boeddhisme – maar niet de Tibetaanse variant –, dat tolerantie en vriendelijkheid predikt en apolitiek is.

Iedere Chinees is een mengeling van een confucianistische doener en een taoïstische dromer, die zich moeiteloos kan afzonderen van zijn omgeving. Elke plaats leent zich voor een taoïstisch tukje, zoals dit muurtje in de schaduw van het inmiddels voltooide gebouw van de staatstelevisie in Peking, een ontwerp van Rem Koolhaas.

Met zijn 23 miljoen inwoners is Shanghai de grootste stad van China. Het is ook China's financiële hoofdstad en de grootste havenstad van de wereld. Shanghai, stad van duizenden wolkenkrabbers, dankt zijn bloei aan zijn gigantische achterland: de dichtbevolkte vallei van de Jangtse, die tot diep in het binnenland bevaarbaar is.

Nanjing Lu in Shanghai is de langste winkelstraat ter wereld (6 kilometer) en ook een van de oudste en drukste. Veel gebouwen hebben een westerse architectuur. Ze herinneren aan de semikoloniale periode (1842-1943), toen Nanjing Lu de belangrijkste straat was van de *International Settlement* van Britten en Amerikanen. Ze is nu het domein van kooplustige Chinezen.

Bedelaars bestonden er in Mao's tijd niet. De economische revolutie is echter aan veel mensen voorbijgegaan. In de grote steden behoren bedelaars tegenwoordig tot het straatbeeld, zoals de man hier, die zich heeft geïnstalleerd op een loopbrug over de Tweede Ringweg van Peking. Achter hem het ministerie van Buitenlandse Zaken.

Het theeland China is de snelst groeiende koffiemarkt van de wereld geworden. Toch gebruikt een gemiddelde Chinees niet meer dan vijf kopjes koffie per jaar. Boeren drinken het nooit. In de stad is koffie een symbool van het moderne jachtige leven. Dé drank dus van yup, student en zakenman.

Chinese steden zijn al vaak op de schop genomen, maar dat is nog nooit zo radicaal gebeurd als de laatste decennia. Mao bezaaide de steden met woonkazernes, die miljoenen armen onderdak boden. Bij gebrek aan middelen waren ze van een belabberde kwaliteit. Op de voorgrond een nog niet afgebroken woonkazerne.

China is de snelst groeiende automarkt ter wereld. In 2010 werden 18 miljoen auto's verkocht, 32 procent meer dan het jaar ervoor. In 2020 zullen dat er naar schatting 40 miljoen zijn. Chinezen besturen hun auto vaak zoals vroeger hun fiets: zonder op of om te kijken, zonder richting aan te geven en met een groot vertrouwen in de reactiesnelheid van hun medeweggebruikers.

Veel boeren hebben niet of nauwelijks geprofiteerd van de vooruitgang. Ze bewerken het land vaak nog op dezelfde manier als duizenden jaren geleden. De houten ploeg, die meestal slechts uit twee stokken bestaat, wordt getrokken door een os. En als ook daar geen geld voor is, door een mens.

Honderden miljoenen boeren zijn onder het communisme uit de ergste armoede gehaald, maar nog altijd leven veel mensen op de rand van het bestaansminimum. Vooral jongeren trekken naar de steden. De achterblijvers proberen vaak wat bij te verdienen, zoals deze boerenvrouw die aan de kant van de weg maïskolven verkoopt.

China telt een miljoen dorpen (*cun* in het Chinees). In veel cun lijkt de tijd te hebben stilgestaan. Vaak zijn ze in de regentijd niet of nauwelijks bereikbaar. In elk dorp heeft de communistische partij een afdeling. De komst van een vreemdeling komt de plaatselijke partijleider vrijwel direct ter ore.

Openbare voorzieningen reiken niet tot in het diepe binnenland, op één uitzondering na: elektriciteit. De meeste boeren hebben huishoudelijke apparaten. Hun televisietoestel vormt hun contact met de buitenwereld. Schotelantennes die voor onbelemmerde ontvangst zorgen, zijn eigenlijk verboden omdat men er ook buitenlandse kanalen mee kan ontvangen, maar dat verbod blijft vaak een dode letter.

De veranderingen in China zijn heel snel gegaan. Vanuit het niets is een middenklasse ontstaan, die een Amerikaans consumptieniveau nastreeft. Hun levensstijl staat in fel contrast met die van de gewone man. Vandaar dat deze mannen in Mao-jasjes niet-begrijpend opkijken naar dit extravagante billboard voor het zoveelste luxueuze bouwproject.

Dankzij de toegenomen welvaart en d versoepeling van de reisbeperkinge heeft het binnenlandse toerisme ee enorme vlucht genomen. In 2010 ginge de Chinezen 1,6 miljard keer op reis eigen land. Het aantal buitenlandse to risten was 56 miljoen. In 2020 zal Chir het meest bezochte land ter wereld zij

Tegenwoordig zijn er in Peking veel minder kolenboeren dan vroeger, toen alle kachels werden gestookt op koolbriketten. Voor zijn energie is China nog altijd voor 70 procent afhankelijk van steenkool. China loopt voorop in de ontwikkeling van alternatieve energie, maar het zal nog heel lang op steenkool zijn aangewezen.

hinezen hebben een veel oudere traditie om buitenshuis te eten dan westerlingen. Buitenshuis' betekent vaak heel letterlijk: in de buitenlucht. Eetstalletjes zijn vooral te inden op plekken waar veel mensen buiten werken. De maaltijden – op de foto gebak- en tofu met peterselie – zijn spotgoedkoop. In principe is er hygiëne-inspectie.

Containers uit China reizen de hele wereld over. Het staatsbedrijf COSCO (China Ocean Shipping Company) is een van de grootste containervervoerders van de wereld. Acht van de twintig grootste containerhavens liggen in China. De explosieve expansie van de Chinese handel is vergezeld gegaan van de groei van de scheepsbouw.

De stad Yiwu, iets meer dan 300 kilometer ten zuiden van Shanghai, is de grootste markt van de wereld. Inkopers uit alle windstreken plaatsen hier hun bestellingen. Ze hebben de keus uit een miljoen producten, het ene nog goedkoper dan het andere, van paraplu's tot keukengerei, van sokken tot kerstboomversieringen.

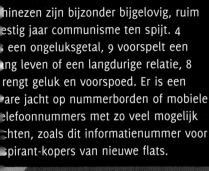

...hinezen zijn bijzonder bijgelovig, ruim ...estig jaar communisme ten spijt. 4 ...s een ongeluksgetal, 9 voorspelt een ...ng leven of een langdurige relatie, 8 ...rengt geluk en voorspoed. Er is een ...are jacht op nummerborden of mobiele ...elefoonnummers met zo veel mogelijk ...chten, zoals dit informatienummer voor ...spirant-kopers van nieuwe flats.

超越上海世茂皇家艾美酒店

8588 8888

Feng shui (letterlijk 'wind-water') is een oud systeem om de locatie en de structuur van gebouwen zodanig te bepalen dat de *qi* (positieve energie) er ongehinderd toegang toe heeft. Bij het ontwerpen van gebouwen worden vaak feng-shui-specialisten betrokken. Via het reuzengat in dit flatgebouw in Hongkong moet negatieve energie worden afgevoerd.

Geen land heeft zo veel internetgebruikers als China. Internet is vooral in trek bij de (zeer) jonge generaties. Miljoenen van hen zijn verwoede gamers. Ze hebben geen idee van de intensieve internetcensuur. Mensen die er wel van op de hoogte zijn stemmen er vaak mee in. Volgens hen heeft de regering het volste recht zedenbedervende en ondermijnende content te weren.

De Wereldtentoonstelling 2010 in Shanghai had als thema 'Betere stad, beter leven'. Deze Expo sloeg alle records: de duurste ooit (35 miljard euro), meeste deelnemers (250 landen en organisaties), grootste oppervlakte (5,28 km²), meeste bezoekers (73 miljoen). 94 procent van de bezoekers kwam uit China, zoals de kinderen van deze schoolklas.

Voor jongeren van nu is het communisme-oude stijl prehistorie. Het communisme-nieuwe stijl betekent voor hen consumeren en uitgaan, zoals hier op de Nanjing Lu, de drukste winkelstraat van Shanghai. Het enige wat aan de tijd van Mao herinnert zijn de Rode Boekjes die souvenirverkopers aan toeristen proberen te slijten.

Typerend voor het moderne China is de zakenman die energie en optimisme uitstraalt. Er zijn veel voorbeelden van steenrijke zakenlieden die zich vanuit het niets hebben opgewerkt. Zakenmensen zijn vaak lid van de communistische partij, niet uit ideologische gedrevenheid maar uit eigenbelang. Goede relaties met de partij zijn immers onontbeerlijk.

Wangfujing is de oudste en bekendste winkelstraat van Peking. Eens stonden er tie herenhuizen van prinsen en aristocraten. De belangrijkste gebouwen zijn twee eno me winkelcentra, de grootste boekhandel van Peking en een katholieke kathedra in romaanse stijl. Veel mensen komen er niet om te shoppen, maar om te kijken e bekeken te worden. Bovendien zijn Chinezen vanouds liever buiten dan binner

Voor de ruime beurs verrijst in China de ene *shopping mall* na de andere. Dure wester merken zijn in deze winkelcentra ruim vertegenwoordigd. Gewone Chinezen kopen gra goedkope namaakspullen. Rijke Chinezen daarentegen nemen alleen met het duurste sp genoegen. Zonder hen zouden veel Europese merken over de kop zijn gegaa

Deel 3
China nu en straks

Democratie: westerse illusies

Politieke partijen hebben in het Westen veel van hun prestige verloren. Maar als het goed is denken we bij het begrip 'politieke partij' nog altijd aan pluralistische fenomenen als democratie, verkiezingen, coalitievorming, volksvertegenwoordiging. Een partij vertegenwoordigt voor ons per definitie slechts een deel van de georganiseerde politieke wereld. Het begrip 'deel' ligt besloten in het woord 'partij' zelf. Een partij die het hele politieke spectrum dekt, lijkt een paradox, maar in eenpartijstaten als China wordt dat niet zo gevoeld. Daar zijn nog begrippen in zwang als 'democratische dictatuur van het volk' en 'democratisch centralisme', communistische termen die bij ons associaties oproepen met de tang en het varken.

Het begrip 'politieke partij' waaide aan het eind van de negentiende eeuw vanuit het Westen naar China over, maar de invulling van dat begrip was en is allesbehalve westers. Van een links-nationalistische emancipatiebeweging werd de Chinese communistische partij onder Mao een dictatuur die de bezittende klasse uitroeide, om zich daarna te ontwikkelen tot een autocratisch systeem dat de hele bevolking zegt te vertegenwoordigen. Formeel is de communistische partij niet de enige partij in China. Er zijn acht legale 'democratische partijen', piepkleine groepjes die allemaal het leiderschap van de communisten erkennen en dankbaar zijn voor de kruimels van de macht die ze af en toe krijgen toegeworpen. Voor de goede orde worden hun leiders aangewezen door de communistische partij, die ook hun begroting opstelt. Er zijn speculaties dat deze 'democratische partijen' achter de hand worden gehouden om een rol te spelen in een eventuele politieke hervorming.

Het begrip 'democratie' zelf heeft in een land zonder enige democratische traditie een heel andere betekenis dan bij ons. Formeel is China dankzij het communisme een volmaakte democratie. De grondwet zegt het zelf: alle macht behoort toe aan het volk. De partij beroept zich daarom graag op het volk, dat dan ook in tal van officiële namen figureert, zoals de Volksrepubliek, het Volksbevrijdingsleger (strijdkrachten), de Volkspolitie, de Gewapende Volkspolitie (de Chinese ME), het Volkscongres (wetgevend lichaam), het Volksgerechtshof, de Raadgevende Politieke Conferentie van het Chinese Volk (advieslichaam), de Chinese Volksbank (centrale bank), de volksmunt (renminbi = RMB = yuan), het *Volksdagblad* (partijkrant), de Grote Hal van het Volk (de megatempel voor de belangrijkste staats- en partijceremonies). Het volk zelf heeft over al deze volkse zaken niets te vertellen. Zoals het volk ook niet aanwezig is bij de grote vieringen van de Volksrepubliek. Een bizar voorbeeld daarvan was de militaire parade in 2009 ter viering van de zestigste verjaardag van het Nieuwe China. Langs de route was het op de tv-ploegen na volkomen uitgestorven, er stond niemand op de balkons, zelfs de ramen van de huizen waren aan de straatkant op hoog bevel geblindeerd.

Als zelfgeproclameerde vertegenwoordigster van het volk heeft de partij een zeer brede taakopvatting. Haar allerbelangrijkste taak betreft haarzelf: aan de macht blijven. Aan dat hoogste doel is al het andere ondergeschikt. Voor de partij is het, net als vroeger voor de keizers, ondenkbaar dat ze ooit de macht zal verliezen of zal moeten delen. Westerse democratie introduceren in zo'n wezenlijk antidemocratische structuur is, zoals president Hu Jintao heeft opgemerkt, het inslaan van een doodlopende weg. Wu Bangguo, na Hu Jintao de belangrijkste man in de partijhiërarchie, heeft het nog duidelijker gezegd: in China komen er 'geen meerpartijenverkiezingen, geen diversiteit in het leidende denken, geen scheiding van staatsmachten, geen federaal systeem en geen privatisering'. Dat gaat dwars in tegen de mening die in het Westen opgeld doet: pogingen om in de steeds individualistischer en gevarieerder wordende Chinese samenleving een autoritaire structuur te handhaven, zijn gedoemd te mislukken.

De partij heeft aan die mening geen boodschap. In de controle-maatschappij die China is, wordt pluralistische democratie prak-tisch gelijkgesteld aan chaos. En chaos moet koste wat het kost wor-den vermeden. China wil nooit meer de chaos van de Eeuw der Vernedering en van de Culturele Revolutie; het is panisch voor de chaos die de instorting van de Sovjet-Unie vergezelde; het moet niets hebben van de chaos waarin de democratie van Taiwan gedijt. China's reactie op de volksopstanden in de Arabische wereld in 2011 was heel leerzaam. De regering zag ze uitsluitend als ordeverstorin-gen en niet als een schreeuw om politieke en sociale gerechtigheid. Dat weerspiegelt haar binnenlandse prioriteiten: geen volkspartici-patie, en sociale stabiliteit vóór alles. Anders wordt het volgens de communistische partij een chaos, en daarvan heeft China zijn his-torische portie wel gehad. De enige manier om chaos te voorkomen is volgens de partij de handhaving van haar machtsmonopolie.

Toch hebben we jarenlang gedacht dat China onverbiddelijk een democratie zou worden. Economische ontwikkeling, dachten we, leidt automatisch tot politieke liberalisering. In China is de spagaat tussen economische vooruitgang en politieke inertie voortdurend groter geworden, maar tot nu toe is de door velen verwachte crisis uitgebleven. We moeten onderhand domweg erkennen dat moder-nisering niet vanzelfsprekend democratisering inhoudt, en dat 'de-mocratisering' niet in het Chinese woordenboek staat, althans niet in de betekenis die wij eraan geven.

Wij waren ervan overtuigd dat China tegen wil en dank wel móést democratiseren, onder dwang van onweerstaanbare krach-ten van zowel binnenuit als buitenaf. Dankzij de modernisering van de economie en het optrekken van het bamboegordijn, dat het China van Mao Zedong had geïsoleerd van de buitenwereld, zou er in het Rijk van het Midden een verfrissende westenwind gaan waai-en. In diverse moderniseringsverschijnselen ontwaarden we be-moedigende tekenen, en als China op het pad naar zijn veronder-stelde democratisering een stap terugzette, hielden wij de moed erin met de op niets gebaseerde overtuiging dat tegen die ene stap achteruit twee stappen vooruit stonden. Nog in 2005 verkondigde de toenmalige Britse premier Tony Blair in Peking dat er in China een 'onstuitbare beweging' richting democratie was. Voor die onstuitbaarheid droeg hij geen enkel bewijs aan, en dat was er dan ook niet.

Aanvankelijk leken de dorpsverkiezingen onze overtuiging te bevestigen dat de komst van de democratie slechts een kwestie van tijd was. Begin jaren tachtig begonnen in een paar dorpen de eerste verkiezingsexperimenten. Tegenwoordig wordt in alle dorpen van China, en dat zijn er ongeveer een miljoen, elke drie jaar in directe, geheime verkiezingen de plaatselijke leider gekozen. De algemene verwachting buiten China was dat deze democratisering aan de basis langzamerhand ook in de hogere bestuurlijke regionen zou worden doorgevoerd, totdat alle Chinezen hun hoogste leiders direct zouden mogen kiezen. De Amerikaanse oud-president Jimmy Carter, een groot ijveraar voor de democratisering van China, heeft heel lang in dit model geloofd. De werkelijkheid is anders gebleken dan dit mooie voorbeeld van wishful thinking. Zeker, veel gekozen dorpsleiders doen goed werk. Het zijn niet noodzakelijkerwijs leden van de partij, maar zonder steun van de partij kunnen ze niets klaarkrijgen. En als er iets misgaat, zijn zij de zondebok. De werkelijke macht blijft in handen van de niet-gekozen plaatselijke partijleider. Vaak is deze partijleider tegelijk ook dorpsleider. De partij moedigt deze combinatie van functies aan. Hoger dan het dorpsniveau is dit electorale systeem niet gekomen en dat zal ook niet gebeuren zolang de hoogste leiders hun opvattingen over democratie niet veranderen. Ook zijn er iedere vijf jaar verkiezingen voor de plaatselijke Volkscongressen, de laagste trede van een wetgevende piramide die bekroond wordt door het Nationale Volkscongres. Op papier mag iedereen zich daarvoor kandidaat stellen. In de Volkscongresverkiezingen van november 2011 in Peking waren er voor het eerst onafhankelijke kandidaten. Hun campagne is praktisch onmogelijk gemaakt door bedreigingen, mishandelingen of huisarrest.

Intussen dachten we de Chinese middenklasse als de drijvende binnenlandse democratiseringskracht te hebben ontdekt. Eenmaal boven een zeker inkomen uitgekomen – natje en droogje verzekerd, prettige flat, glanzende auto, enig kind op een particuliere school – zouden de Chinese middenklassers in het geweer komen tegen de dictatuur. Zodra het regime niet meer aan hun gestegen verwachtingen zou kunnen voldoen, zouden ze zich niet meer willen laten betuttelen over wat ze wel en niet zouden mogen lezen, zien of aanklikken. Ze zouden zich willen organiseren buiten de controle van de communistische partij om. Ze zouden een eigen politieke vertegenwoordiging eisen in het landsbestuur. De omhelzing van de democratie door de middenklasse zou onverbiddelijk gekoppeld zijn aan de modernisering. Wel, die wetmatigheid mag in andere landen zijn opgegaan, bijvoorbeeld in het Europa van de negentiende eeuw en in Zuid-Korea en Taiwan in de laatste decennia van de twintigste eeuw, maar niet in China, waar de modernisering verloopt volgens Chinese karakteristieken.

De middenklasse in het Rijk van het Midden heeft haar ontstaan en groei te danken aan de ommezwaai van de communistische partij na de dood van Mao. Op een plenaire vergadering van het Centrale Comité, eind 1978, werd tegelijk met het 'socialisme met Chinese karakteristieken' de middenklasse geboren. Dankzij de economische revolutie begon vanuit het niets een middenklasse te groeien die nu, afhankelijk van de definitie, bestaat uit minimaal 70 miljoen en maximaal 300 miljoen mensen. Op een totale bevolking van ruim 1,3 miljard is dat nog altijd een kleine minderheid, maar het is wel een spraakmakende en gezichtsbepalende groep: het zijn stedelingen, huizenkopers, automobilisten en internetgebruikers, het zijn de mensen met de beste banen, ze gaan op vakantie in het buitenland en zij zijn de kopers van luxegoederen van binnen- en buitenlandse makelij. 'We zijn nog nooit zo vrij geweest als nu,' zeggen ze, en ze hebben nog gelijk ook. Alles hebben ze aan de partij te danken. Ze zullen het wel uit hun hoofd laten de hand te bijten die hen voedt. Daarom houden ze zich aan het pact dat de partij stilzwijgend met hen gesloten heeft: jullie mogen rijk worden en doen en laten wat je wilt, mits jullie je niet bemoeien met de politiek en het regeren aan ons overlaten.

De afgelopen jaren verschenen in de westerse pers verhalen over een beginnende 'opstand van de Chinese middenklasse', zelfs over een embryonale 'volksmacht' van de middengroepen. Het ging om lokale protesten van gegoede burgers tegen plannen die hun materiële belangen zouden schaden. In Xiamen en Dalian werd fel, massaal en met succes geprotesteerd tegen vervuilende chemische fabrieken, in Shanghai ging het om het doortrekken van de maglev-lijn (de supersnelle magneetzweeftrein) vlak langs dure huizen, met schadelijke gevolgen voor de gezondheid van de bewoners en de waarde van hun panden. Die protesten waren uitsluitend gericht tegen lokale autoriteiten en niet tegen de landelijke overheid, laat staan tegen het politieke systeem. De inzet was de oplossing van een concreet probleem, niet de invoering van democratie.

Pas als een probleem brede groepen in de middenklasse treft, is er voor de partij reden om zich zorgen te maken. En sinds een paar jaar bestaat er zo'n probleem, dat steeds ernstiger vormen aanneemt: de speculatie in onroerend goed in de grote steden, waardoor de koopprijzen van appartementen de pan uit zijn gerezen. De regering doet heftige pogingen om te voorkomen dat de droom van miljoenen nieuwe middenklassers in duigen valt, maar hun gemor op internet wordt steeds luider. Voordat we daar vergaande politieke consequenties uit trekken, moeten we ons herinneren waar deze mensen op uit zijn. Ze willen geen democratie, ze willen een flat.

De westerse regel dat een rijk geworden middenklasse democratische hervormingen eist om haar bezittingen beter te beschermen, geldt vooralsnog niet in China. Voor haar economische groei en bloei is de middenklasse afhankelijk van de partij. Ze accepteert de repressie tegen andersdenkenden als een noodzakelijk geachte prijs voor het bewaren van het hoogste goed: de sociale stabiliteit. Zolang het de middenklassers voor de wind gaat, hebben ze niets te winnen bij een politieke koerswijziging, en bij democratie al helemaal niet, want dan dreigt de groep het voor het zeggen te krijgen die nog altijd de meerderheid van de bevolking vormt: de boeren. Bij chaos heeft de middenklasse, net als de communistische partij zelf, alles te verliezen: appartement, auto, nette school.

Het gros van de 80 miljoen partijleden behoort zelf tot de middenklasse. Vanuit klassiek marxistisch standpunt mag dat absurd zijn, maar niet volgens de leer van de Drie Vertegenwoordigingen, die in 2002 officiële partijdoctrine werd. Industriëlen, zakenlieden en andere kapitalisten worden de partij binnengehaald nog voordat ze eventueel ontevreden worden en eisen gaan stellen. Ze laten zich graag binnenhalen: de communistische partij is immers de Partij van de Macht geworden, en daar moet je dus zijn om dingen gedaan te krijgen en carrière te maken. 's Werelds grootste en succesrijkste politieke machine – de omschrijving is van de China-expert Isabel Hilton – oefent een speciale aantrekkingskracht uit op de toekomstige elite. Studenten vormen de naar verhouding snelst groeiende groep partijleden. Niemand van hen wordt partijlid uit ideologische gedrevenheid. De Tiananmen-studentengeneratie van 1989 lijkt tot de prehistorie te behoren.

En zo komen we vaker bedrogen uit. Wij waren er tamelijk zeker van dat China's toenemende contacten met de buitenwereld een democratiserend effect zouden hebben. De Amerikaanse oud-presidenten Clinton en Bush jr. zagen in globalisering het geheime wapen om China te democratiseren. Clinton gebruikte dat als argument tegen de tegenstanders van toelating van China tot de Wereldhandelsorganisatie. Mét de westerse producten zouden ook de westerse waarden zich over de hele wereld verspreiden. In het oude Amerikaanse China-dilemma tussen containment en engagement kozen Clinton en Bush voor engagement. Het loonde veel meer, vonden ze, nauwe relaties met China aan te gaan dan te trachten de Chinese expansie in te dammen. Dankzij de economische vrijheid zouden de Chinezen de smaak van de vrijheid in het algemeen te pakken krijgen, en dat zou vanzelf leiden tot democratisering.

Gretig omhelsden westerse economische en politieke leiders dat idee. Zo gretig dat het vermoeden begon te rijzen dat het een prima alibi was om zaken te kunnen doen met China zonder scrupules op het gebied van mensenrechten en democratie, want daarmee zou het immers vanzelf wel beter gaan. Die hypocrisie heeft men nog lang pogen vol te houden, ook toen het duidelijk werd dat meer buitenlandse handel China niet democratischer had gemaakt. En nu is het te laat. China is de bankier geworden van een in zijn schulden stikkend Amerika en voelt er minder voor dan ooit om naar Amerika's pijpen te dansen. Wat voorspelde de *New York Times*-columnist Thomas Friedman in 2000? 'China zal een vrije pers krijgen. De globalisering zal daarvoor zorgen.' Die veronderstelling is ontstellend naïef gebleken. Even onnozel zou het idee zijn geweest dat de Amerikanen zich vanzelf wel het Chinese gedachtegoed zouden eigen maken omdat ze zoveel consumptiegoederen uit China importeren. Maar dat kwam bij de Amerikanen niet op omdat ze er bij voorbaat van overtuigd waren dat de Chinezen veel van hen konden leren, en niet omgekeerd.

Soortgelijke misverstanden doen zich ook voor binnen andere relaties tussen het Westen en China. Zo dachten we dat de westerse cultuur, vooral muziek, film, beeldende kunst, mode en lifestyle, haar stempel zou gaan drukken op de Chinese samenleving. Ongetwijfeld heeft China veel van het Westen overgenomen, van de kleding tot het universitaire systeem, van het marxisme tot de fiets. En ongetwijfeld kom je in China tegenwoordig veel westerse cultuurproducten tegen, van piano's tot pizzeria's, van IKEA-vestigingen tot Hollywood-blockbusters. Maar daarmee zijn de Chinezen nog niet verwesterst. Ook wij maken ons het leven aangenamer met de voortbrengselen van andere culturen zonder dat we die culturen overnemen. Europa ondergaat al jaren een Amerikaans cultureel bombardement, en toch is Europa niet veramerikaniseerd. Het culturele verschil tussen Europa en de VS is vele malen kleiner dan tussen het Westen en China. Zou China zich dan laten verwestersen? Chinese maestro's zoals de cellist Yo-Yo Ma en de pianovirtuoos Lang Lang hebben op westerse instrumenten de wereldtop bereikt, Chinese cineasten zoals Zhang Yimou en Chen Kaige hebben films gemaakt van Hollywood-allure, Chinese beeldende kunstenaars zoals Yue Minyun en Ai Weiwei vieren triomfen in het Westen, waarschijnlijk omdat hun werken voor ons zo herkenbaar zijn. Maar dat betekent niet dat de Chinese kunstenaars de Chinese kunst vergeten zijn. Het betekent hoogstens dat voor enkele coryfeeën de nationale grenzen te eng zijn geworden.

De westerse naïviteit over China gaat heel ver. Het Internationaal Olympisch Comité had voor de toewijzing van de Spelen van 2008 aan Peking een doorslaggevend argument bedacht: het megafestijn zou China dwingen de mensenrechten beter te respecteren. De partij wees zelfs drie stadsparken in Peking aan waar tijdens de Spelen gedemonstreerd zou mogen worden, mits er toestemming voor was verleend. Niemand kreeg toestemming. Sommige aspirant-demonstranten bekochten hun aanvraag met arrestatie. Twee bejaarde dames die tijdens de Spelen hun hart wilden luchten over onrecht dat hun was aangedaan, werden gedreigd met een jaar strafkamp. De Spelen waren sportief en organisatorisch een enorm succes en de boodschap over China's oude beschaving en nieuwe grandeur kwam wereldwijd uitstekend over, maar met democratie hadden ze niets te maken. Integendeel, de obsessie voor veiligheid veranderde Peking in een vesting waar alle echte of vermeende dissidenten die niet waren opgepakt of de stad uitgestuurd, onder huisarrest waren geplaatst.

En dan de misser van architect Rem Koolhaas. Aan de uiterst gewaagde vorm van de door hem ontworpen CCTV-toren, het nieuwe hoofdkantoor van de Chinese staatstelevisie in Peking, kende hij een democratiseringsmissie toe: de architectonische transparantie van het gebouw zou preluderen op de politieke transparantie die China weldra zou kennen. Een mooie metafoor, die de communistische partij heeft gelaten voor wat ze was: gebakken lucht.

We dachten ook dat de Chinezen die het Westen bezoeken, vooral de ruim een miljoen studenten die er de laatste dertig jaar hebben gestudeerd, na hun terugkeer in het vaderland de westerse waarden zouden gaan uitdragen. Ze zouden de kritische zin die ze bij ons hadden geleerd, loslaten op het Chinese systeem. Onzin: wij dragen na een bezoek aan China ook niet de Chinese waarden uit, en Chinese studenten in het Westen hebben, net als westerse studenten in China, niet de gewoonte zich te integreren, integendeel. Vaak worden ze in het buitenland nog Chineser dan ze in China zelf al waren. Dat wil zeggen: nog gezagsgetrouwer, nog minder kritisch, nog confucianistischer.

Internet en democratie

Het zwaarste democratiseringsgeschut dat het Westen in China meende te hebben ingezet, was het internet. Internet, dat was immers de onbeperkte uitwisseling van informatie en ideeën! Daartegen zou de Chinese censuur toch niet bestand zijn? De Chinezen zouden op internet hun democratische hart kunnen luchten en op westerse nieuwssites lezen wat er werkelijk in hun land aan de gang was. Ze zouden de strijd van andere volken tegen autoritaire regimes kunnen volgen en daardoor geïnspireerd worden om ook zelf vrijheid en democratie te eisen. Er zou een burgerjournalistiek ontstaan die in China voor het eerst een publieke opinie zou vormen. En die zou voor het eerst de leiders ter verantwoording roepen en het klimaat rijp maken voor een democratische revolutie. Deze gedachtengang ging uit van drie verkeerde inschattingen:

- Het idee dat ook voor de Chinezen de democratie een universele waarde is en dus ook voor China de natuurlijke staatsvorm. In het Chinese denken is democratie altijd een fremdkörper geweest. Op z'n best was China onder sommige keizers een verlichte, haast goedertieren dictatuur. Het Rijk van het Midden was en is een verticaal gestructureerde samenleving, waarin controle over de burgers het uitbreken van chaos moet voorkomen en de verwezenlijking van Confucius' ideaal over een harmonieuze samenleving dichterbij moet brengen.
- Een grove overschatting van de bereidheid van de Chinezen om zich in te zetten voor politieke veranderingen. Met uitzondering van de algemene verkiezingen die direct na de val van

het keizerrijk werden gehouden, hebben de Chinezen zelfs nooit een aanzet tot democratie gekend. En wat je niet kent, dat mis je niet. De mensen komen in het geweer tegen concrete misstanden, heel fel zelfs, maar tot nader order niet tegen het systeem waaruit die misstanden voortkomen. Voor de doorsnee-Chinees is democratie een westers product waaraan China geen enkele behoefte heeft. Democratie wordt vaak geassocieerd met chaos, en van chaos hebben de Chinezen de buik meer dan vol. Slechts een kleine minderheid is bereid voor de democratie de nek uit te steken.

- Een grove onderschatting van de vastbeslotenheid van het regime om het internet te controleren op ongewenste inhoud. De communistische partij heeft vanaf het begin begrepen dat internet op een voor het bewind subversieve manier gebruikt kan worden. Het internetbeleid van de regering loopt over twee sporen: enthousiaste bevordering van de economische en educatieve mogelijkheden enerzijds, felle bestrijding van pornografie en vooral van de vrije meningsuiting op politiek en sociaal gebied anderzijds.

De communistische partij ziet internet Chinese stijl als een instrument om geld te maken, kennis op te doen en je te ontspannen, maar zeker niet om eigengereide meningen te ventileren. Miljoenen jonge mensen zal dat overigens een zorg zijn. Stap een willekeurig internetcafé binnen en je ziet voornamelijk jongeren die fanatiek aan het gamen zijn. Velen zijn zo verslaafd aan internetspelletjes dat ze naar een afkickcentrum worden gestuurd.

Nog voordat internet zijn eerste Chinese abonnee had, werd in het Westen al hoopvol gesproken over de democratiserende werking van informatie vanuit het buitenland via kortegolfradio, satelliettelevisie en fax. China nam zijn tegenmaatregelen: de radiouitzendingen werden gestoord, satelliet-tv werd verboden en voor een faxapparaat moest een vergunning worden aangevraagd. Geheel waterdicht was dat systeem niet: nog altijd wemelt het in China van de verboden satellietschotels, en voor de studenten van Tiananmen

1989 was de fax wat Twitter was voor de rebellerende jonge genera-ties in Tunesië, Egypte en Syrië in 2011. De opkomst van internet in de tweede helft van de jaren negentig stelde de censuur voor een ge-heel nieuwe uitdaging. Controleren van de traditionele media is makkelijk: zet bij radio en tv een censor aan de knoppen, verbied rechtstreekse uitzendingen, bel de media dagelijks op met instruc-ties over verboden en gevoelige onderwerpen, en versterk de zelf-censuur door af en toe een journalist die te ver is gegaan te straffen met ontslag of erger om een voorbeeld te stellen. Om haar ruim half miljard internetgebruikers onder controle te houden heeft de com-munistische partij een veelzijdig systeem laten ontwerpen waaraan nog altijd wordt geschaafd maar dat nu al het model is voor andere autoritaire regimes die de schadelijk geachte invloed van internet willen weren. Het systeem heeft een ideologische rechtvaardiging: het zou een bijdrage zijn aan de verwezenlijking van het ideaal van de harmonieuze samenleving. Daardoor is het levende taalgebruik verrijkt met een nieuwe betekenis van het werkwoord 'harmonise-ren': censureren. Zo is per 1 januari 2012 de tv 'geharmoniseerd'. Omdat in de realityshows, talkshows, datingshows en andere amu-sementsprogramma's veel onharmonieuze sociale toestanden aan de orde komen, is hun aantal teruggebracht van 126 tot 38.

De censuur werkt op drie niveaus: technische controle, politie-controle en zelfcensuur uit angst voor represailles. Het technische mechanisme is de zogeheten Great Firewall of China, een ingenieus elektronisch systeem dat alle ongewenste sites, nieuwsberichten en zelfs woorden blokkeert en op zoekmachines voor 'gevoelige' woorden geen resultaten oplevert, of slechts zeer selectieve. Voor de zoekmachines bestaan bijvoorbeeld de dalai lama en de verbo-den beweging Falun Gong niet, en als je 'Tiananmenplein' opzoekt, krijg je alleen een beschrijving van het plein en niet van wat zich daar in 1989 heeft afgespeeld. Het woord 'jasmijn' viel bij de censo-ren in ongenade na internetoproepen in februari 2011 om een Jas-mijnrevolutie te ontketenen, net als kort tevoren in Tunesië. Dat leidde tot een pijnlijk dilemma voor de censuur. Er is een populair volksliedje dat 'Jasmijnbloesem' heet, en op internet stonden filmpjes waarop niemand minder dan president Hu Jintao dat liedje zong tijdens een bezoek aan Kenia. Zodra dat bekend werd, verschenen die video's plotseling op sociale netwerksites. Al snel was Hu Jintao's 'Jasmijnbloesem' bij de internetcensoren in ongenade gevallen.

Wie een beetje handig is met internet, kan vaak toch wel vinden wat hij zoekt. De ontwikkelaars van anticensuursoftware zitten niet stil, maar de bouwers van de virtuele Chinese Muur evenmin. Dit kat-en-muisspel kan doorgaan tot sint-juttemis. Soms pakken de autoriteiten de internetcensuur minder subtiel aan. Na de grote opstand in Xinjiang in juli 2009 werden de internetverbindingen, het internationale telefoonverkeer en de verzending van sms'jes in de hele provincie, een gebied zo groot als West-Europa, gedurende een half jaar geblokkeerd. Het was de langste informatieblackout in de moderne geschiedenis. In 2009 bepaalde de regering dat alle nieuwe pc's voortaan voorzien moesten zijn van speciale software voor het uitfilteren van pornografie en andere 'ongezonde informatie'. Krachtige binnen- en buitenlandse protesten dwongen de regering ten slotte bakzeil te halen, een van de zeer zeldzame keren dat ze zichzelf gezichtsverlies heeft toegebracht. In 2011 nam ze revanche met de invoering van een zoekmachine met ingebouwde filters.

Anoniem het web op gaan wordt steeds lastiger. De autoriteiten doen wat ze kunnen om de identiteit van de internetgebruikers te achterhalen zodat personen met een ongewenst internetgedrag direct kunnen worden opgespoord. Tientallen mensen zitten vanwege internetmisdrijven in de gevangenis. Drie oude bekende dissidenten zijn de laatste slachtoffers. Voor het posten op internet van essays over de democratie kreeg Chen Wei negen jaar, en Chen Xi en Li Tie tien. Een belangrijke rol in het controlesysteem speelt de internetpolitie, een leger van tienduizenden professionals en vooral freelancers die wat bijklussen door internetforums, chatrooms, blogs en andere sociale netwerksites zo snel mogelijk te zuiveren van bijdragen die de partij onwelkom zijn. Een heidens karwei. Neem alleen al de microblogs. Eind 2011 hadden 250 miljoen Chinezen een account bij Weibo, de Chinese versie van het verboden Twitter. Er bestaat een lijst van taboe-onderwerpen, zoals ondermijning van de staat (dat wil in de praktijk doorgaans zeggen: kritiek op de communistische partij), zaaien van etnische haat, aanzetten tot separatisme, terrorisme en geweld, propageren van culten, pornografie en andere vulgariteiten. De interpretatie van wat deze 'illegale en schadelijke content' precies is, is echter tamelijk willekeurig. In geval van twijfel wordt de bijdrage verwijderd, voor de zekerheid. Internetproviders zijn aansprakelijk voor wat er op hun sites verschijnt. Ze kunnen hun licentie kwijtraken als ze iets laten passeren wat niet mag. Maar tal van controversiële onderwerpen komen de censuur voorbij, of zijn niet meer te deleten wanneer de reacties een lawine-achtige omvang hebben aangenomen. Soms bemoeien de autoriteiten zich direct met internetdiscussies. Ze laten dan ingehuurde tekstschrijvers reacties posten waarin de standpunten van de regering of de partij worden verdedigd.

Het Westen heeft inmiddels zijn illusies over het automatische democratiseringseffect van het internet laten varen. Het tegenovergestelde is eerder het geval, althans zeker op korte termijn. Ongetwijfeld is dankzij internet, alle beperkingen ten spijt, in China voor het eerst zoiets als een publieke opinie ontstaan. De verwachting die men daar in het Westen over had, is inderdaad uitgekomen. Veel schandalen die anders toegedekt zouden zijn gebleven, zijn in de blogosfeer in de openbaarheid gekomen, waardoor de autoriteiten gedwongen werden maatregelen te nemen of terug te komen op onrechtvaardige besluiten of vonnissen. Zo leidde de bloggerswoede over het ongeluk in november 2011 met een kleuterschoolbusje (21 van de 64 inzittenden kwamen daarbij om het leven, terwijl er slechts negen zitplaatsen waren) tot een nationale controle van alle schoolbussen. De partij kan die kritiek niet voorkomen, maar ze is er niet blij mee. Eind 2011 nam ze nieuwe maatregelen om te voorkomen dat door toedoen van internet sociale en politieke onrust uitbreekt: het posten van 'geruchten' is strafbaar gesteld, journalisten mogen op internet verschenen informatie slechts melden na verificatie. In steeds meer steden moeten Weibo-twitteraars hun ware naam gebruiken, maar de controle op de naleving van die verplichting gaat op z'n elfendertigst. De centrale rol die de sociale netwerksites de laatste jaren spelen in volksrebellieën in diverse landen heeft de Chinese regering zeer nerveus gemaakt. In februari 2011 werd een overkill aan politietroepen ingezet om een non-existente Chinese Jasmijnrevolutie in de kiem te smoren. Tevoren en kort erna werden ruim honderd nietsvermoedende activisten en mensenrechtenadvocaten opgepakt, ontvoerd of onder huisarrest geplaatst. Onder hen was de advocate Ni Yulan. Ze werd vooral bekend om haar bijstand van mensen die hun huis verloren aan de massale bouwwoede in Peking in de aanloop naar de Olympische Spelen. Sinds ze door de politie werd lamgeslagen zit ze in een rolstoel. Haar advocatenlicentie is ingetrokken en tijdens een van haar gevangenschappen werd ook haar eigen huis afgebroken. Eind december 2011 kregen zij en haar man opnieuw proces, dat opnieuw een aanfluiting was van alle rechtsregels. Aan Ni Yulan werd de Nederlandse Mensenrechtentulp 2011 toegekend.

De kans op een via internet georganiseerde opstand in China is vooralsnog niet groot. Het gros van de kritiek in discussieforums gaat over specifieke gevallen van machtsmisbruik, corruptie of ander wangedrag of onrecht. Vaak komt die kritiek de centrale regering niet eens slecht uit. Ze roept de gewraakte functionaris tot de orde, herstelt een gehekelde wantoestand, haalt daardoor gemakkelijk een wit voetje bij de bevolking en laat verder alles bij het oude. Het is dezelfde reactie als die op de lokale protestbewegingen: de klachten worden elk afzonderlijk bekeken en waar mogelijk opgelost, maar er volgt geen enkele hervorming van het politieke systeem waaruit het aan de kaak gestelde onrecht voortkomt. Internet kan als wapen veel effectiever zijn dan straatprotesten. Het op internet geplaatste protest van één enkele persoon kan immers een lawine van solidariteitsbetuigingen veroorzaken, terwijl een kleine protestbeweging gemakkelijk kan worden genegeerd of onderdrukt.

De vraag is natuurlijk of deze aanpak eindeloos kan worden voortgezet. Hoe meer mensen moed vatten om schandalen in de openbaarheid te brengen en verantwoording te eisen, des te duidelijker komt de malaise van het systeem zelf aan het licht. Het zou logisch zijn dat men dan van de regering steeds meer gaat eisen om niet alleen de symptomen te bestrijden maar ook de kwaal zelf. In juli 2011 botsten bij Wenzhou twee splinternieuwe hogesnelheidstreinen op elkaar, waardoor drie wagons van een viaduct naar beneden kwamen. Veertig passagiers werden gedood en bijna tweehonderd gewond. De overheid beval de media om de berichten van het officiële persbureau Xinhua klakkeloos over te nemen. Dat was helemaal volgens het officiële draaiboek over de afhandeling van rampen. Niet volgens het boekje was de reactie: voor het eerst werd de censuurmaatregel massaal genegeerd, zelfs door het *Volksdagblad* en de staatstelevisie. Miljoenen bloggers spuiden hun gal over de prioriteiten van de regering, die kostbare prestigeprojecten kennelijk belangrijker vond dan mensenlevens. De regering krabbelde terug, maar de beloofde transparantie rijmde niet met de censuur en ook niet met de pogingen om de nabestaanden met schadeloosstellingen het zwijgen op te leggen en advocaten te verbieden slachtoffers van het ongeluk te verdedigen. Steeds meer eisen de Chinezen dat hun leiders verantwoording afleggen, maar dat gebeurde maar half in het eind 2011 gepubliceerde regeringsrapport. De ramp was het gevolg van 'ernstige ontwerpfouten en slordig management'. Als hoofdschuldigen werden drie voormalige topfunctionarissen van de Spoorwegen aangewezen. Twee van hen zaten al gevangen, en de derde was inmiddels overleden. Tegen de overige 51 verantwoordelijken van lagere rang werden geen strafrechtelijke maatregelen genomen.

Sommigen zien de dag naderen dat er niet alleen meer wordt geprotesteerd tegen wantoestanden, maar ook tegen het politieke systeem zelf. Dat perspectief alleen al zou voor de regering reden moeten zijn met politieke hervormingen te komen voordat het voor een vreedzame overgang naar een minder repressief systeem te laat is. Een minstens even belangrijk argument dat daarvoor pleit is dat internet een onmisbaar instrument is geworden om China volgens de plannen van de regering om te vormen van de werkplaats van de wereld in een paradijs van innovatieve hightech. Censuur van ongewenst nieuws en ongewenste opinies is niet alleen in strijd met de openheid die noodzakelijk is voor de beoogde transformatie, ze kan ook economische belangen aantasten. Met de blokkering van zoekmachines en sms-diensten en het bemoeilijken van e-mailverkeer en van een site als LinkedIn, een platform voor professionals uit de hele wereld, treft de regering vooral zichzelf. Er gaan in het Westen al stemmen op om de Chinese internetcensuur niet alleen te beschouwen als mensenrechtenschending, maar ook van de wto-afspraken over vrije uitwisseling van economische informatie.

De grote westerse internetbedrijven, kampioenen van de vrijheid zolang het niets kost, hadden aanvankelijk geen enkele moeite met het accepteren van de censuur, want daarvoor was de Chinese markt te aantrekkelijk. Intel leverde de Chinese overheid filtersoftware. Microsoft blokkeerde woorden als 'democratie', 'vrijheid', 'demonstratie' en 'mensenrechten' in de blogs op zijn Chinese msn-site. Yahoo werkte mee aan de opsporing van een dissident, die tot een lange gevangenisstraf werd veroordeeld. Google rechtvaardigde in 2006 zijn aanvaarding van de Chinese censuur met het argument dat zijn aanwezigheid in China zou bijdragen aan meer openheid. Vier jaar later moest het erkennen dat de verwachtingen niet waren uitgekomen. Kort tevoren hadden Chinese hackers – volgens WikiLeaks op last van een van de hoogste partijleiders – de gmailadressen van enkele Chinese mensenrechtenactivisten gestolen. Het bedrijf kondigde aan dat het China zou verlaten als de censuur tegen zijn zoekmachine niet zou worden opgeheven. De Chinese regering was niet onder de indruk. Google ruimde het veld, tot groot genoegen van zijn Chinese concurrent Baidu.

De communistische partij is nog altijd vastbesloten om alle pogingen tot democratisering de kop in te drukken. Daarom moeten alle instrumenten die in de strijd voor democratisering gebruikt zouden kunnen worden, zoals de oude en nieuwe media, de vakbeweging, de ngo's en de religieuze groeperingen, streng onder controle worden gehouden. Om protestbewegingen de baas te kunnen, hebben een paar staatsbedrijven een indrukwekkend arsenaal van gesofistikeerde wapens en instrumenten voor *crowd-control*, bewaking en andere veiligheidstaken opgebouwd voor eigen gebruik en de export. Een systeem is in de maak om in Peking iedereen die een mobieltje bij zich heeft te kunnen lokaliseren, wat handig is om onverwachte massademonstraties de kop in te drukken. De 'stabiliteitsbescherming', zoals het repressieve apparaat eufemistisch heet, kost de staat steeds meer. In 2011 overtrof de begroting voor binnenlandse veiligheid voor het eerst die voor defensie. De binnenlandse vijanden worden dus gevaarlijker gevonden dan de buitenlandse. Deze veiligheidsobsessie maakt dat de geringste openbare protesten, of zelfs alleen de oproep daartoe, al beantwoord wordt met een overmacht aan mannen en materieel.

Toch kan de partij vooralsnog rekenen op een opmerkelijk breed maatschappelijk draagvlak. Zoals in de keizertijd de adel, de grootgrondbezitters, de religieuze organisaties en de gilden als zelfstandige macht werden uitgeschakeld en ondergeschikt gemaakt aan de almachtige keizer, zo is ook de communistische partij erin geslaagd de meest uiteenlopende sociaal-economische groepen aan zich te onderwerpen voordat ze een bedreiging konden worden. De maatschappelijke elite van ondernemers en leidende professionals, de middenklasse, de (aankomende) intellectuelen, de werknemers in de staats- en particuliere bedrijven, de mensen in de vrije beroepen en de boeren, allen aanvaarden ze in meerdere of mindere mate het gezag van de partij. Hun inlijving in het politieke systeem blijkt bijvoorbeeld uit de samenstelling van het Nationale Volkscongres, op papier het hoogste wetgevende orgaan. Zolang de partij erin slaagt die groepen min of meer tevreden te stellen, en zolang die groepen voelen dat ze erop vooruit zijn gegaan, al is het nog zo weinig, is er voor politieke hervormingen geen enkele reden. En als er een opstand dreigt, kan de partij alsnog haar toevlucht nemen tot hervormingen, of tot repressie of een combinatie van beide.

Is democratie in China uitgesloten? Aan die vraag gaat een andere vooraf: welke democratie bedoelen we? Als de leiders het over democratie hebben, dan gaat het hun om een betere functionering van het bestaande systeem, en niet om een ingrijpende hervorming. 'Partijdemocratie' betreft een stroomlijning binnen de partij, 'participatieve democratie' is het voorleggen van praktische kwesties aan de rechtstreeks betrokkenen en houdt theoretisch ook hun recht op controle in. Sommige westerse bewonderaars van China's economische prestaties noemen het staatsbestel een 'consultatieve democratie', waarbij het volk voortdurend zou worden geraadpleegd over zaken die het direct aangaan. Raadplegingen over praktische kwesties zijn er inderdaad, maar vaak zijn ze er ook niet, en de resultaten zijn sowieso niet bindend. De term 'consultatieve democratie' houdt natuurlijk voor westerse begrippen een tegenspraak in, want geraadpleegd worden is één ding en democratische macht bezitten iets heel anders.

Het is zelfbedrog er doekjes om te winden: volgens westerse criteria is China een dictatuur en een politiestaat met sterke totalitaire trekken – vaak wordt het eufemisme 'autoritaire staat' gebruikt – waar de macht in handen is van een klein collectief dat zichzelf via coöptatie aanvult. Maar China is geen klassieke dictatuur. Het regime heeft gezorgd voor grote economische vooruitgang, het heeft veel mensen welvaart gebracht en hun het gevoel van persoonlijke vrijheid gegeven. Deze mensen zijn zich echter ook bewuster geworden van hun rechten. Dat kan botsen met het confucianistische respect voor de nationale leiders. Als de inflatie en de sociale spanningen onder controle kunnen worden gehouden, is een volksopstand op korte termijn echter onwaarschijnlijk. China heeft ook geen gehate, niet weg te branden leider op wie de volkswoede zich kan richten. Veel westerse zakenlieden zijn blij dat China een dictatoriaal bewind heeft, want dat heeft het land de stabiliteit gebracht die volgens hen voor een snelle economische ontwikkeling onontbeerlijk is. Zij zijn het hartgrondig eens met wat de Consensus van Peking wordt genoemd: krachtige bevordering van de economische groei, maar zonder politieke vrijheid – een model dat bij veel dictaturen lijkt aan te slaan. Een land als India bewijst echter dat economische en politieke vrijheid wel degelijk samen kunnen gaan zonder dat de groei daar noemenswaardig onder lijdt.

Soms komen er uit hoge kringen dissidente geluiden. Premier Wen omhelsde in 2007 publiekelijk 'universele waarden' en hield in 2010 en 2011 verrassende pleidooien voor de democratie. Hij noemde de roep van het volk om democratie en vrijheid 'onweerstaanbaar' en pleitte voor een versoepeling van de 'excessieve politieke controle' omdat anders de economische hervormingen voor niets zouden zijn geweest. Waarschijnlijk bedoelde Wen hervormingen binnen de partij die het systeem beter moeten laten functioneren, of hij sprak alleen voor zichzelf, zoals is besproken in het hoofdstuk 'De lessen van Tiananmen'. Andere prominente figuren uit het politieke establishment hebben zich duidelijk uitgesproken voor democratisering en de opbouw van een rechtsstaat, zoals generaal Liu Yazhou, politiek commissaris van de trainingsschool voor generaals en zelf een 'prinsje', en Hu Xingdou, hoogleraar economie aan het Technologisch Instituut van Peking. Toenemende sociale conflicten, corruptie, onrecht en machtsmisbruik zullen volgens hen onvermijdelijk uitlopen op een 'instorting', tenzij er tijdig democratische hervormingen komen. Generaal Liu denkt dat die hervormingen er rond 2020 komen. Hu Xingdou ziet de oplossing in geleidelijke hervormingen voor de vestiging van een 'constitutioneel socialisme'. Dit systeem, dat niet hetzelfde is als de westerse democratie, zou gebaseerd moeten zijn op sociale rechtvaardigheid.

Het is goed denkbaar, waarschijnlijk zelfs, dat de snelle economische en sociale veranderingen de communistische partij, pragmatisch als ze is, overtuigen van de noodzaak tot politieke hervormingen. Maar wat voor hervormingen? Nog meer controle en repressie zouden de situatie alleen maar verergeren. Grotere politieke en individuele vrijheid, meer respect voor de mensenrechten en minder controle op de rechtspraak en de media lijkt op de langere duur de enige weg, maar het is onvoorstelbaar dat de partij alle politieke controle zal opgeven. Als er ooit democratie komt in China, dan zal het een 'democratie met Chinese karakteristieken' zijn. Als we ons lesje hebben geleerd, zullen we daar niet opnieuw schamper over doen. Maar voordat het zover is, zal er veel moeten gebeuren, om te beginnen op het gebied van de mensenrechten.

Mensenrechten

Vergeleken met de winnaar van de Nobelprijs voor de vrede van 1975, de Russische atoomgeleerde en dissident Andrej Sacharov, was de winnaar van 2010, de Chinese intellectueel Liu Xiaobo, een grote onbekende. Buiten China hadden alleen ingewijden in de Chinese politiek van deze Tiananmen-veteraan gehoord, en binnen China vrijwel niemand, want de censuur had hem monddood gemaakt. Het mede door hem opgestelde manifest Charter 2008, dat vraagt om democratisering en respect voor de mensenrechten, was snel van internet gehaald. Liu werd veroordeeld tot elf jaar wegens het 'verspreiden van geruchten of laster of elk ander middel om de staatsmacht te ondermijnen of het socialistische systeem omver te werpen.' Voor het Noorse Nobelcomité was die veroordeling de reden hem de prijs toe te kennen.

De Chinese regering voelde zich diep vernederd door dit 'onvriendschappelijke gebaar', dat in één klap veel geduldig internationaal publicrelationswerk ongedaan maakte. Peking sloeg woedend terug. Het diskwalificeerde het Noorse Nobelcomité, noemde de Nobelprijswinnaar een crimineel en kwam voor de toekenning van de prijs aan Liu woorden tekort: een belediging van de Chinese justitie, een aanmoediging van crimineel gedrag, een politieke klucht, een onduldbare inmenging in China's binnenlandse aangelegenheden, een westerse samenzwering tegen China. Het Nobelcomité stelde daartegenover dat de mensenrechten universeel zijn en dus boven de nationale soevereiniteit staan. 'Het is niet de taak van een regering om meningen en geruchten uit te roeien,' zo liet de voorzitter van het Nobelcomité weten. 'Regeringen zijn verplicht het recht van vrije meningsuiting te verzekeren, zelfs als de spreker een ander sociaal systeem voorstaat.'

Het zou verkeerd zijn de Chinese reactie alleen maar toe te schrijven aan kwaadwilligheid of woede om het geleden gezichtsverlies. Die reactie maakt een immense culturele kloof zichtbaar. Of beter gezegd twee kloven: een tussen China en het buitenland, en een binnen China zelf tussen de vorst en zijn onderdanen. De toekenning van de Nobelprijs aan een opposant ís voor China inderdaad een onduldbare inmenging. Niet-inmenging in de zaken van een ander land is het leidende beginsel van de Chinese buitenlandse politiek, om zowel historische als politieke redenen. De historische reden: onbeschaafde barbaren dienen zich principieel buiten de zaken van het Hemelse Rijk te houden, want daar regeert de keizer soeverein. De politieke reden: na de Eeuw der Vernedering mogen buitenlanders nooit meer in China de dienst uitmaken, en om hun daarvoor geen voorwendsel te geven wil China zich ook niet met hun binnenlandse zaken bemoeien, althans niet openlijk. Wel steunde China in de jaren zestig en zeventig maoïstische bewegingen in verschillende Afrikaanse en Latijns-Amerikaanse landen, maar aan die ideologisch bepaalde steun maakte de pragmaticus Deng Xiaoping een eind.

In het keizerlijk-confucianistische denken van de Chinese leiders is geen plaats voor de gedachte dat een onderdaan zich tegen hun gezag verzet, laat staan een nieuw politiek systeem propageert. Dat wordt gezien als een rebellie tegen de natuurlijke ordening der dingen. Zeker, verlichte geesten binnen de communistische partij zien in dat de economische hervormingen krachten in de maatschappij hebben losgemaakt die politieke hervormingen vroeg of laat noodzakelijk maken. Maar de traditionele opvatting is nog altijd heel sterk. De veroordeling van Liu Xiaobo, een voorstander van de verwestersing van China, was dan ook volkomen logisch, om zowel ideologische als machtspolitieke redenen. Elke beweging die ook maar een minimale dreiging vormt of zou kunnen vormen voor het machtsmonopolie van de partij, moet immers in de kiem worden gesmoord. Als de democratische prediking van Liu Xiaobo zou aanslaan, zo redeneert de partij, dan zou dat leiden tot een omverwerping van haar regering, en daardoor zou een chaos uitbreken die de tijden van de Culturele Revolutie zou laten terugkeren. En dan kunnen de armen alle hoop op een beter bestaan wel laten varen.

Ook in de afwikkeling van deze affaire was de communistische partij trouw aan zichzelf: huisarrest voor Liu's vrouw na de toekenning van de prijs, arrestatie of bestoking van mensenrechtenactivisten en hun advocaten, uitreisverbod voor iedereen die wellicht de prijsuitreiking in Oslo had willen bijwonen, internationale boycotactie van die ceremonie – een actie die bij negentien landen succes had. Bovendien werd de website van het Nobelcomité door Chinese hackers gekraakt en gingen besprekingen over het sluiten van een vrijhandelsverdrag met Noorwegen niet door. Sommigen hebben beweerd dat de toekenning van de Nobelprijs aan Liu Xiaobo de zaak van de mensenrechten in China eerder kwaad dan goed heeft gedaan. Zou zwijgen echt de beste manier zijn om het respect voor de mensenrechten te bevorderen?

'Mensenrechten' is een van de vele begrippen waaronder in West en Oost niet hetzelfde wordt verstaan. Vraag een westerling wat mensenrechten zijn, en hij zal ongetwijfeld met het bekende lijstje komen: vrijheid van meningsuiting, recht op vereniging en vergadering, garantie tegen willekeurige arrestatie, onpartijdige justitie. Vraag een Chinees wat mensenrechten zijn, en hij zal komen met het in China bekende lijstje: recht op voedsel, kleding, onderdak, onderwijs, gezondheidszorg, economische ontwikkeling. Het Westen beklemtoont de individuele mensenrechten, China de sociale. Westerse politici die in China op bezoek zijn, hebben meestal de situatie van de rechten van de mens op de agenda. Ze krijgen dan te horen dat die situatie onder de regering van de communistische partij ontzaglijk is verbeterd: niet minder dan 400 miljoen mensen zijn uit extreme armoede getild, iedereen heeft tegenwoordig te eten, ongeletterdheid is geen regel meer maar uitzondering, het hoger onderwijs heeft een enorme vlucht genomen, de volksgezondheid is sterk verbeterd en daardoor is ook de levensverwachting spectaculair gestegen. Dat zijn allemaal enorme prestaties, die de

China-bashers graag onder het tapijt vegen. Deze en andere sociale rechten maken deel uit van de zogeheten 'Aziatische waarden', een inmiddels wat belegen concept dat de collectieve rechten belangrijker vindt dan de individuele, stabiliteit belangrijker dan vrijheid en autoritaire regeringsvormen beter dan liberaal-democratische. Waarschijnlijk dienen de 'Aziatische waarden' slechts als een vijgenblad om de ware aard van autoritaire regimes te verhullen. Niet toevallig werden ze sterk gepropageerd door antidemocratische leiders als Lee Kuan Yew van Singapore en Mahathir Mohamad van Maleisië.

De Chinese leiders beweren dat ze voorlopig nog hun handen vol hebben aan het veiligstellen van de sociale rechten. Voor de individuele mensenrechten hebben ze nog weinig tijd, maar ze doen hun best. Ze hebben nooit goed kunnen uitleggen waarom die twee taken niet te combineren zijn. Toch is dat tamelijk duidelijk: geen enkel Chinees regime heeft zich ooit veel van individuen aangetrokken. Misschien was daarvoor het aantal onderdanen gewoon te groot. Individuen bestonden slechts voorzover ze samen een collectief vormden. De heerser had de taak goed te zorgen voor het collectief, en als hij dat niet deed, riskeerde hij een opstand. Het individu diende op te gaan in de massa en geen rechten voor zichzelf op te eisen. Schending van de individuele mensenrechten is in China zo oud als China zelf. Het martelen van verdachten is steeds routine geweest. Vrijheid van meningsuiting heeft altijd alleen bestaan voor degenen die de officiële mening uiten. De oude nadruk op de belangen van het collectief ten koste van die van het individu nam onder het bewind van Mao paranoïde vormen aan. Na hem mochten de individuen proberen de glorie van de rijkdom deelachtig te worden en kregen ze als uitvloeisel van de economische ontwikkeling allerlei persoonlijke vrijheden. Maar bij gebrek aan politieke hervormingen waren de in het Westen normale mensenrechten daar niet bij. Zelfs met het meest elementaire mensenrecht, het recht op leven, wordt vaak nog luchtig omgesprongen. Neem alleen maar het ontstellende aantal dodelijke ongelukken op de werkvloer en in de mijnen. De Chinese kolenmijnen, verreweg de gevaarlijkste van de wereld, kostten jaarlijks duizenden mensen het leven vanwege het uitblijven van veiligheidsmaatregelen en investeringen in de opleiding van mijnwerkers. Officieel zakte het aantal doden in de kolenmijnen tot 'slechts' 2400 in 2010, maar niemand weet hoeveel doden er níét gemeld zijn.

China vindt dat de Universele Verklaring van de Rechten van de Mens in feite een westerse uitvinding is. Voor niet-westerse culturen als de Chinese zouden andere waarden gelden die inherent zijn aan de culturele traditie. In de Raad voor de Mensenrechten van de Verenigde Naties propageert China een nieuw systeem waarin deze traditionele waarden veel zwaarder moeten tellen. Daarmee zouden de universele mensenrechten minder universeel worden en de schendingen met een beroep op de traditie geen schendingen meer zijn. China wil geen vn-mensenrechtenrapporteurs meer over de vloer sinds het bezoek in 2005, na dertien jaar onderhandelen, van de Oostenrijkse mensenrechtenadvocaat Manfred Nowak, die voor de vn een voor China pijnlijk rapport opstelde over zijn onderzoek naar marteling.

Deze volgens Nowak wijdverbreide praktijk lijkt sindsdien niet te zijn verflauwd. Martelen mag ook in China niet, maar de foltergewoonte zit er zo diep in dat verboden niet helpen, ook niet de in 2006 ingevoerde verplichting dat politieverhoren moeten worden gefilmd. Verdachten gelden bij voorbaat als schuldig, en als ze ontkennen worden ze aangepakt. Het komt herhaaldelijk voor dat mensen de martelsessies niet overleven. Als officiële doodsoorzaak wordt dan zelfmoord of een andere leugen opgegeven. Pas na een bekentenis worden verdachten formeel in staat van beschuldiging gesteld, en pas dan hebben ze het recht een advocaat in de arm te nemen. Wanneer tijdens het proces blijkt dat de bekentenis de verdachte door marteling is ontwrongen, hoeft de rechter met die omstandigheid geen rekening te houden. Soms komt na jaren de waarheid aan het licht. She Xianglin en Zhao Zuohai waren beiden tot lange gevangenisstraf veroordeeld wegens moord. Beiden hadden bekend. She kwam na elf jaar en Zhao na tien jaar vrij nadat hun 'slachtoffers' levend en wel waren opgedoken.

Elk jaar wordt een wereld van verschil schril zichtbaar wanneer de Amerikaanse regering een rapport publiceert over de mondiale toestand van de mensenrechten, waarin China er altijd krachtig van langs krijgt. Nu houdt Washington er vaak een dubbele moraal en een dubbele agenda op na en gebruikt het de schending van de mensenrechten als een politiek wapen tegen China. Het morele gezag van de vs om andere landen mensenrechtelijk de les te lezen is dubieus geworden sinds het bekend worden van schandalen als de uitbesteding van de marteling van vermeende terroristen, de mensonterende behandeling van gedetineerden in de Abu Ghraib-gevangenis in Irak, de zware folteringen in het gevangenenkamp in Guantánamo, dit alles nog afgezien van de jarenlange Amerikaanse steun aan de Arabische oliedictators en andere pro-westerse tirannieën waar ook ter wereld. Terecht laat China niet na dat uit te buiten. Na de publicatie van het Amerikaanse rapport over China volgt prompt een Chinees rapport over de treurige situatie van de mensenrechten in de Verenigde Staten. Het gaat dan over allerlei sociale misstanden zoals de geringe maatschappelijke kansen voor de zwarte bevolking, het massale wapenbezit, de werkloosheid en de vaak onbetaalbare gezondheidszorg.

Volgens Peking is 2011 'het beste jaar in de Chinese geschiedenis' geweest op het gebied van de mensenrechten. Critici vinden het juist het ergste jaar sinds Tiananmen 1989. Geregeld publiceert de Chinese regering ook een 'witboek' over de mensenrechten in eigen land. Het in 2010 verschenen witboek is getiteld *Vooruitgang in de mensenrechten in China in 2009*. Het is een gedetailleerd verslag, wemelend van getallen en percentages, van de toestand van de Chinese economie en de materiële vooruitgang die de bevolking dankzij de regering deelachtig is geworden: steeds meer mensen hebben internet en een auto, 97 procent heeft televisie, en de eisen waaraan gehandicapten moeten voldoen om een rijbewijs te krijgen zijn verlicht. Puur cynisme, zo'n witboek? Toch niet helemaal. Het weerspiegelt het aloude idee over de taak van de keizer. Hij moet zorgen voor de gemeenschap, en niet voor afzonderlijke individuen. Die tellen alleen voorzover ze allen samen de gemeenschap vormen.

Dankzij de modernisering zijn de mensen die daarvan hebben geprofiteerd mondiger geworden en meer bewust van hun rechten, maar dat houdt niet in dat ze massaal in opstand komen tegen het systeem. Weliswaar wordt er veel geprotesteerd, niet alleen in acties maar vooral ook online, maar daarbij gaat het vrijwel altijd om concrete misstanden en gevallen van schreeuwend onrecht en niet om het politieke systeem zelf.

De schending van de mensenrechten in China krijgt volgens sommige westerse waarnemers en vooral volgens zakenmensen buitensporig veel aandacht in de buitenlandse media, terwijl die kwestie in China zelf nauwelijks zou leven. Ze hebben gedeeltelijk gelijk. Voor verreweg de meeste Chinezen zijn de mensenrechten een abstractie waar ze zelf niets mee te maken hebben. Ze interesseren zich niet voor de politiek en laten het wel uit hun hoofd de autoriteiten tegen zich in het harnas te jagen. Gevallen die in het Westen veel aandacht krijgen zijn bij het grote publiek in China vaak volkomen onbekend. Dat komt niet alleen door gebrek aan belangstelling, maar ook door gebrek aan informatie. De censuur laat de meeste mensenrechtenzaken niet passeren, al is ze in gevallen van schrijnend onrecht vaak niet meer opgewassen tegen het bombardement van internetprotesten. Het is zeker waar dat van de ruim 1,3 miljard Chinezen maar een heel klein percentage te maken krijgt met de repressie, om de simpele reden dat het overgrote deel zich conformistisch gedraagt. Politieke en sociale dissidenten zijn er naar verhouding maar weinig, ze spelen bij lange na niet de politieke rol die de dissidenten in de voormalige Sovjet-Unie vervulden en ze zijn met naam en toenaam bekend bij de politie. Die neemt sinds de Olympische Spelen van 2008 routinematig maatregelen tegen hen wanneer er belangrijke gebeurtenissen zijn, bijvoorbeeld grote partijbijeenkomsten en andere topevenementen, 'gevoelige' data zoals 4 juni (de 'verjaardag' van het bloedbad van Tiananmen) of hoog bezoek uit het buitenland. De dissidenten worden dan opgesloten in hun eigen huis, of ze krijgen constant bewakers achter zich aan, of ze worden de stad uit gestuurd.

Mensenrechtenactivisten en hun advocaten, eigenzinnige journalisten, klokkenluiders en andere dwarsliggers moeten altijd rekening houden met arrestatie of verdwijning. Zelfs mensen die strijden tegen plagen die ook de overheid bestrijdt of zegt te bestrijden, zoals corruptie, fraude, milieubederf of aids, hebben zwaar moeten boeten als daardoor onwelkome waarheden aan het licht kwamen die de reputatie van machtige lieden aantastten. De repressie van politieke en sociale dissidenten ('sociaal management' in de Chinese *newspeak*) nam scherp toe na het partijcongres van 2007 in de aanloop naar de Olympische Spelen. Ze werd nog verder opgevoerd na de eerste oproepen begin 2011 tot stille demonstraties die zouden moeten leiden tot een Chinese Jasmijnrevolutie. De elementaire mensenrechten van honderdduizenden personen worden grof geschonden, maar ook die aantallen vallen op de totale bevolking vrijwel in het niet. We hebben het dan uitdrukkelijk niet over structurele schending van de mensenrechten, zoals die van Oejgoeren en Tibetanen, noch over het gebrek aan rechten voor de hele bevolking, zoals vakbondsvrijheid, vrijheid van meningsuiting, vereniging en vergadering, internetvrijheid, godsdienstvrijheid en in het algemeen de rechten en vrijheden die een rechtsstaat garandeert.

Het gaat echter niet zozeer om de aantallen slachtoffers als wel om het systeem dat de mensenrechtenschendingen mogelijk maakt en daarbij methodes gebruikt die een beschaafde staat onwaardig zijn. Buiten China wordt meestal de centrale overheid daarvoor verantwoordelijk gesteld. Dat is terecht als het acties betreft tegen mensen of organisaties die als een nationale bedreiging worden gezien. Maar vaak is grove schending van de mensenrechten het werk van lokale bestuurders, op wie de centrale overheid geen vat heeft, zoals uiteengezet in het hoofdstuk 'Hoge bergen, verre keizer'. In alle gevallen gaat het om illegale acties of onrechtvaardige processen, of beide. Bij het aantreden van het tandem Hu Jintao-Wen Jiabao in 2002 dachten velen dat er een verbetering zou komen. Het tegendeel bleek waar. Naarmate China machtiger wordt, treedt het steeds harder op tegen andersdenkenden en -doenden. Met de machtswisseling in 2012 in het verschiet werd de repressie verder opgevoerd. Hoewel de partij aan respect en legitimiteit zou winnen als ze definitief afstand zou nemen van haar gewelddadig verleden, lijkt ze vooralsnog geobsedeerd te zijn door de angst dat wanneer ze aan de dissidenten één vinger geeft, ze weldra de hele hand kwijt is. Grove schendingen van de individuele mensenrechten zullen dus waarschijnlijk blijven doorgaan. Enkele ernstige recente gevallen, bijgehouden tot begin 2012, kunnen een idee geven van het hoe en waarom van die schendingen. Deze en vele andere voorbeelden illustreren de diepe overtuiging van de partij dat zij de enige garantie tegen chaos is en dat daarom iedereen die buiten de partij om opereert, een potentiële verwekker van chaos is en derhalve dient te worden uitgeschakeld.

Chen Guangcheng is een blinde selfmade-advocaat uit de provincie Shandong. In het begin van zijn carrière werd hij gevierd als een held. In 2006 ging de held de gevangenis in nadat hij een aantal provinciale geboorteregelingsfunctionarissen ervan had beschuldigd dat ze zevenduizend vrouwen vanwege overtreding van het eenkindbeleid hadden gedwongen tot sterilisatie of abortus, zelfs tegen het eind van de zwangerschap. Sommige slachtoffers had hij rechtsbijstand gegeven, want ook in China is abortus in de negende maand een misdaad. Niettemin kwamen de geboorteregelaars er met een berisping vanaf en werd Chen veroordeeld tot vier jaar en drie maanden gevangenisstraf. De grond van de veroordeling was onzinnig: tijdens het huisarrest dat aan zijn proces voorafging was er een solidariteitsdemonstratie geweest waarbij het verkeer was gehinderd en eigendom was vernield. Zijn advocaten waren vlak voor het proces gearresteerd of in elkaar geslagen. Nadat Chen in 2010 was vrijgekomen, werden hij, zijn vrouw en hun dochtertje opgesloten in hun huis. Deze illegale vorm van hechtenis wordt steeds vaker gebruikt voor 'vrijgelaten' politieke gevangenen. Rond het huis van Chen en bij de toegang tot zijn dorp zijn camera's aangebracht. Buitenlandse journalisten en sympathisanten die hem willen opzoeken, worden teruggejaagd en vaak afgetuigd door ingehuurde boeren. Chen Guangcheng slaagde erin een video naar buiten te smokkelen die laat zien hoe hij een gevangene is in zijn eigen huis. Als represaille voor deze onthulling werden hij en zijn vrouw zwaar afgetuigd. In december 2011 kwam Chen in het wereldnieuws dankzij de bewakers die de Amerikaanse filmster Christian Bale hadden teruggejaagd. Bale, hoofdrolspeler in de jongste blockbuster van Zhang Yimou, had de blinde activist zijn solidariteit willen betuigen.

Opkomen voor een nobele zaak vormt geen enkele garantie om met rust te worden gelaten. Wu Lihong voerde campagne tegen de vervuiling van het Tai Hu (Grote Meer) in de Jangtse-delta, het op twee na grootste meer van China op drie uur rijden ten westen van Shanghai. Het meer en zijn omgeving vormden een schitterend natuurgebied totdat er een kleine drieduizend chemische fabrieken omheen werden gebouwd die hun afval in het meer begonnen te lozen. Na jaren bij de provinciale en nationale autoriteiten te hebben gelobbyd werd Wu in 2007 gearresteerd en op grond van fictieve vergrijpen, die hij na marteling bekende, tot drie jaar veroordeeld. Twee jaar tevoren nog was hij door het Nationale Volkscongres (het hoogste wetgevende orgaan, in feite een onderafdeling van de communistische partij) onderscheiden als 'milieustrijder'. Hij had zich verzekerd van de haat van de plaatselijke industriëlen en partijleiders, die voor hun inkomsten afhankelijk waren van de fabrieken en bang waren voor massaontslagen en de daaruit voortvloeiende sociale beroeringen. Kort voor Wu's veroordeling kreeg het meer een fluorescerende groene kleur. De stank als van rotte eieren en mest was niet te harden. Algen en blauwzuurbacteriën vergiftigden het drinkwater van twee miljoen mensen, maar volgens de lokale autoriteiten was het een natuurramp. Premier Wen Jiabao riep de reiniging van het meer uit tot nationale prioriteit. De centrale regering liet het meer schoonspoelen met omgeleid water uit de Jangtse en beloofde de ergste vervuilers aan te pakken. Het heeft weinig geholpen. Het meer is opnieuw zwaar vervuild, het water blijft ondrinkbaar en onbruikbaar voor de landbouw en zelfs voor recreatie, en veel fabrieken die in 2007 waren gesloten, zijn onder een andere naam weer opengegaan. Wu Lihong heeft zijn straf tot de laatste dag moeten uitzitten en zit nu werkloos thuis. Hij wordt constant door camera's in de gaten gehouden. Zijn vrouw, die eveneens haar baan was kwijtgeraakt, heeft werk gevonden in een chemische fabriek.

Hu Jia, een aanhanger van het Tibetaanse boeddhisme, voerde actie voor vele nobele zaken: de mensenrechten, het milieu, de voorkoming van aids, de zorg voor aidspatiënten en aidswezen, de vrijlating van politieke gevangenen en een onderzoek naar het bloedbad van Tiananmen. Zijn zoveelste arrestatie, eind 2007, leidde tot een veroordeling tot drieënhalf jaar wegens 'het aanzetten tot ondermijning van de staatsmacht en het socialistische systeem'. Daarom kon hij niet aanwezig zijn bij de plechtigheid waarop hij samen met de dalai lama werd benoemd tot ereburger van Parijs en kon hij evenmin de Sacharov-prijs voor de vrijheid van meningsuiting, die het Europese Parlement hem in 2008 toekende, in ontvangst nemen. In juli 2011 kwam Hu Jia vrij. Vanwege zijn internetactivisme is hij opnieuw met arrestatie bedreigd.

De hoogbejaarde arts Gao Yaojie weigerde te zwijgen over het bloedtransfusieschandaal in de jaren negentig in de provincie Henan. Honderdduizenden arme boeren die bloed hadden afgestaan om aan geld te komen, werden besmet met het hiv-virus. De lokale autoriteiten die daarvoor verantwoordelijk waren, hebben jarenlang geprobeerd het schandaal verborgen te houden, terwijl ze een vervolging ontketenden tegen het handjevol mensen dat zich inzette voor de aidsslachtoffers en hun kinderen. In 2007 kreeg dokter Gao in de Verenigde Staten een prijs voor haar inzet voor de aidspatiënten. Op dat moment bevond ze zich onder huisarrest. De partijleider van Henan wilde haar niet naar de vs laten reizen, uit angst dat zijn reputatie een knauw zou krijgen. Volgens een onthulling van WikiLeaks kon Gao dankzij geheime Amerikaanse diplomatie toch naar Amerika, waar ze uit veiligheidsoverwegingen gebleven is. Tegenwoordig is de strijd tegen hiv en aids een zaak van de overheid en hebben patiënten recht op gratis aidsremmers. Desondanks zijn aidsorganisaties op bevel van hogerhand ontmanteld en zijn aidsactivisten lastiggevallen of opgepakt. Een boze activist, die als kind in Henan een transfusie van besmet bloed had gekregen, werd begin 2011 veroordeeld tot een jaar gevangenisstraf.

De gemakkelijkste aanklacht tegen hinderlijke klokkenluiders is dat ze onrust zaaien en daarmee de sociale stabiliteit in gevaar brengen. Ook de onthulling van staatsgeheimen, het aanzetten tot staatsondermijnende activiteiten of pogingen om de regering ten val te brengen zijn snel geuite beschuldigingen, die geen toelichting nodig hebben, laat staan een bewijs, en vrijwel automatisch tot een veroordeling leiden. De voormalige voedselinspecteur Zhao Lianhai kreeg tweeënhalf jaar wegens het 'aanzetten tot sociale wanorde'. Hij had een website opgezet voor de ouders van kinderen die net als zijn eigen zoontje het slachtoffer waren geworden van het grote melkschandaal van 2008. Aan poedermelk was de giftige stof melamine toegevoegd om met zijn hoge proteïnegehalte te verhullen dat de melk was aangelengd met water. Het schandaal is maandenlang geheimgehouden opdat vóór en tijdens de Olympische Spelen de sociale harmonie niet zou worden verstoord. Intussen waren zes baby's overleden en driehonderdduizend andere kinderen ziek geworden. Twee mensen kregen vanwege hun rol in het schandaal de kogel, maar de politiek verantwoordelijken bleven buiten schot. Eind 2010 werd Zhao na een waarschijnlijk afgedwongen schuldbekentenis vrijgelaten. Kort daarna kwam opnieuw een melaminemelkschandaal aan het licht. Vergiftigd voedsel en andere inferieure Chinese producten zorgen geregeld voor schandalen in binnen- en buitenland, zoals rond vergiftigd varkensvlees, giftige azijn (elf doden) en hergebruik van afgewerkte bakolie. De journalist die dit laatste schandaal onthulde werd prompt vermoord. Eind 2011 werd een kanker verwekkende stof gevonden in melk, bakolie en pinda's. Massale woede-uitbarstingen op internet leidden in april 2011 ten slotte tot een nationale politiecampagne tegen de voedselvergiftigers. Resultaat na vier maanden campagne: bijna de helft van de 1176 zuivelfabrieken en ruim vijfduizend voedselbedrijven gesloten, onbekend aantal clandestiene voedselproductiebedrijven gesloopt en tweeduizend vergiftigers achter de tralies gestopt. Er zijn strenge regels gemaakt om nieuwe voedselschandalen te voorkomen. Maar met de hoge voedselprijzen en de notoir slechte controle wordt de verleiding om goedkope nepproducten op de markt te brengen wel erg groot.

Een ander berucht geval houdt verband met de grote aardbeving in de provincie Sichuan in 2008. Duizenden scholen stortten in terwijl aanpalende gebouwen overeind bleven. Officieel kwamen er 5335 scholieren om het leven, in werkelijkheid vermoedelijk veel meer. De oorzaak van die selectieve vernieling – gesjoemel met bouwmateriaal en gebrek aan onderhoud – mocht niet aan de kaak worden gesteld. De protesten van ouders van de duizenden kinderen die onder het puin van hun school om het leven waren gekomen werden gesmoord. Sommige ouders die zich niet wilden laten afkopen, werden gearresteerd. De activist Tan Zuoren stelde een onderzoek in naar de manier waarop de ingestorte scholen waren gebouwd. Hij kreeg vijf jaar cel in een proces waarvan zijn medestanders, onder wie de kunstenaar Ai Weiwei, met geweld werden geweerd. Een dringend verzoek van de EU om Tan Zuoren vrij te laten, werd nadrukkelijk afgewezen.

Gao Zhisheng, een van China's topadvocaten, leidde tot 2005 een advocatenkantoor dat gespecialiseerd was in het verdedigen van slachtoffers van politiegeweld en van religieuze vervolging, zoals leden van 'ondergrondse' protestantse gemeenten en aanhangers van de verboden sekte Falun Gong. Zelf is hij een gelovig protestant. Sinds 2006 heeft hij geen rust meer: geschaduwd, gearresteerd, veroordeeld, voorwaardelijk vrijgelaten, weer opgepakt, bewerkt met een elektrische knuppel en brandende sigaretten, vermist, dood gewaand, weer even opgedoken en sinds april 2010 verdwenen. Zijn vrouw en twee kinderen zijn inmiddels naar de Verenigde Staten gevlucht. Westerse regeringen hebben herhaaldelijk om zijn vrijlating gevraagd. Gao is kandidaat gesteld voor de Nobelprijs voor de vrede. In december 2011 lieten de autoriteiten weten dat hij de regels die hij tijdens zijn 'proeftijd' had moeten naleven, herhaaldelijk had overtreden. Hoe hij daartoe als ontvoerde in staat is geweest, weet niemand. Hij moest weer voor drie jaar de gevangenis in, ditmaal ergens in China's Verre Westen, dat al in de keizertijd een verbanningsoord was.

En dan is er de zaak van de Qian Yunhui, een dorpsleider in de zuidoostelijke provincie Zhejiang. Eind 2010 werd hij overreden door een vrachtwagen. Een dodelijk verkeersongeluk, stelde de politie vast. De chauffeur werd haastig veroordeeld tot drieënhalf jaar omdat hij geen rijbewijs had en zijn truck te zwaar was beladen. Getuigen hadden echter gezien dat Qian door vier mannen in uniform tegen de grond werd geslagen en dat ze hem vasthielden terwijl een voorwiel van de vrachtwagen langzaam over zijn nek en borst reed. De getuigen werden gearresteerd of geïntimideerd om hun verklaring in te trekken. Maar enkele gruwelijke foto's, die op internet werden gezet, bewezen dat het geen ongeluk maar moord was geweest. In 2004 had de lokale overheid landbouwgrond in beslag genomen voor de bouw van een elektriciteitscentrale. Qian leidde een beweging die schadeloosstelling eiste van de overheid en was daarom al drie keer gearresteerd. Hij werd de held van zijn dorp. De dagen voorafgaand aan de moord hadden de dorpelingen de vrachtwagens geblokkeerd die bouwmaterialen naar de fabriek brachten. Onder een van die trucks vond Qian de dood. Zijn familie werd opgepakt, kreeg schadeloosstelling en werd onder zware druk gezet om er het zwijgen toe te doen. Deze zaak schokte het internetvolk diep en leidde tot bittere commentaren over de misdaad zelf, de leugenachtige versie van de autoriteiten en hun verlies van alle geloofwaardigheid.

Gedwongen verdwijning is een courante praktijk, die in augustus 2011 werd gelegaliseerd met een nieuwe bepaling in het Wetboek van Strafrecht dat personen zes maanden lang op een geheime plaats mogen worden vastgehouden. Familie of advocaten hoeven niet te worden ingelicht. De politie kan mensen die verdacht worden van kleinere vergrijpen voor maximaal drie jaar naar een heropvoedingskamp sturen zonder dat daar een rechter aan te pas komt. Officieel heten deze kampen Centra van Heropvoeding door Arbeid. Deze Chinese goelagarchipel, waar sinds de jaren vijftig 40 tot 50 miljoen mensen zijn vastgehouden, bestaat volgens mensenrechtengroepen tegenwoordig uit 310 kampen. Het aantal geïnterneerden wordt geschat op 200.000 à 400.000: zakkenrollers en andere kleine criminelen, drugsgebruikers, prostituees, leden van de verboden sekte Falun Gong, eigenzinnige mensen die bijvoorbeeld bij de overheid een petitie hebben ingediend of een politiek niet-correcte tekst op internet hebben gezet. Onthullingen over mishandelingen, martelingen en de dood van twee gevangenen leidden in 2010 tot pleidooien om de kampen af te schaffen, maar dat ketste af op een veto van het ministerie van Openbare Veiligheid. De kampen blijven volgens het ministerie heel nuttig voor de bestraffing van kleine criminaliteit en van misdrijven waartegen de bestaande wetgeving tekortschiet.

Komt het met de individuele mensenrechten in China ooit nog goed? Welwillende westerse China-watchers hebben jarenlang beweerd dat de situatie langzaam aan het verbeteren was, maar dat is niet meer vol te houden. Wat kan het Westen nog doen als China de westerse normen ten aanzien van mensenrechten niet aanvaardt? Boycotacties, handelsembargo's en andere economische sancties, zoals het Westen die afkondigde na het bloedbad van Tiananmen, hebben tegen een economie met de omvang van de Chinese geen zin en kunnen gemakkelijk een boemerangeffect hebben. Westerse politici of actievoerders die maatregelen tegen China eisen, kunnen daarmee goedkoop applaus oogsten bij hun eigen achterban, maar ze bewijzen er hun zaak geen dienst mee. Peking accepteert geen buitenlandse eisen meer, want de Eeuw der Vernedering is voorbij. Sommige westerse commentatoren roepen dat China wel zal moeten bijsturen, wil het een volwaardig lid van de internationale gemeenschap worden. Maar misschien is China al zo machtig geworden dat de rollen zijn omgekeerd: niet China zal zich moeten aanpassen aan de wereld, maar de wereld zal zich moeten schikken naar China.

De inzet van de vs en de landen van de EU voor de mensenrechten in China is niet bijzonder consequent. De jongste economische wereldcrisis heeft het Westen economisch en financieel afhankelijk gemaakt van China. Uit angst de Chinezen tegen zich in het harnas te jagen, hebben veel westerse leiders de zaak van de mensenrechten op een laag pitje gezet. De Amerikaanse president Obama en zijn minister van Buitenlandse Zaken Clinton roerden tijdens hun eerste bezoek aan China in 2009 de mensenrechten slechts zijdelings aan en concentreerden zich op economische en internationale samenwerking. Ook de Franse president Sarkozy en de Britse premier Cameron deden in Peking het mensenrechtendossier nauwelijks open, want daarvoor waren de megacontracten die hun wachtten te belangrijk.

De vs, Canada en de EU voeren elk apart met China een dialoog over de mensenrechten (daar lopen bilaterale dialogen met veel Europese landen doorheen), maar die gesprekken van één dag per twee jaar, per jaar of per half jaar zijn onderhevig aan het politieke tij en kunnen als zoethoudertje of als politiek wapen worden gebruikt. Zo schortte China in 2002 zijn jaarlijkse mensenrechtendialoog met de Verenigde Staten op na Amerikaanse kritiek op China in de Mensenrechtencommissie van de vn. In mei 2008, kort voor de Olympische Spelen van Peking, stemde China in met hervatting van de dialoog, maar nadat de Spelen voorbij waren zag het ervan af. Begin 2010 zou de draad weer worden opgenomen, maar de aankondiging van Amerikaanse wapenleveranties aan Taiwan en de ontmoeting van president Obama met de dalai lama staken daar een stokje voor. In mei 2010 vond dan eindelijk weer een gesprek plaats. Het was 'openhartig', en het leidde tot niets, zelfs niet tot de vrijlating van een of meer politieke gevangenen. En zo sukkelen we maar door.

Internationaal kan China kennelijk niet meer worden afgerekend op de schending van de mensenrechten. Is er dan geen enkele mogelijkheid om van buitenaf de mensenrechtensituatie in het Rijk van het Midden substantieel te verbeteren? Zeker, de dialoog met de EU heeft op enkele terreinen verbetering gebracht, zoals de arbeidsrechten en de rechten van vrouwen en kinderen, maar dat was ook in het belang van de Chinese regering. Op het gebied van de politieke rechten geeft China echter geen krimp. De tot nu toe door het Westen gehanteerde middelen hebben duidelijk gefaald. Wat overblijft is het uitoefenen van 'constructieve pressie', zowel voor als achter de schermen, die duidelijk moet maken dat het in China's eigen belang is de individuele mensenrechten te respecteren. Dat zal immers niet alleen de internationale reputatie van het land opvijzelen, maar ook de verhoudingen tussen de politieke elite en het volk verbeteren en daardoor wezenlijk bijdragen aan de sociale stabiliteit en een harmonieuze samenleving. En dat is toch precies wat de Chinese leiders willen?

Binnenlandse valkuilen

Als de westerse historische regels zouden opgaan, is China nog helemaal niet klaar voor de status van supermacht. Hoe kan immers een land dat met zo veel zware binnenlandse problemen kampt nu al een mondiale hoofdrol gaan spelen? Voor ons is dat een paradox, voor China niet. Want het kolossale land is ontwikkeld en onderontwikkeld tegelijk. Het ontwikkelde China is een wereldmacht geworden, het onderontwikkelde China kan met zijn megaproblemen een streep door de rekening zetten. 'Onderontwikkeling' slaat niet alleen op armoede en achterstand, maar ook op allerlei structuren die een meer harmonieuze ontwikkeling in de weg staan. De mogelijkheid dat het regime in een van de valkuilen belandt die het met zijn onevenwichtige ontwikkelingsmodel zelf gegraven heeft, is niet denkbeeldig. Maar het is evengoed mogelijk dat eens te meer de partij dankzij haar uitzonderlijke pragmatisme overeind zal blijven.

Arm en rijk

Volgens Deng Xiaoping zou het nieuwe ontwikkelingsmodel eerst een minderheid van de bevolking in Oost-China rijk maken en daarna alle andere Chinezen. Wel, de eerste fase is goed gelukt. Zo goed dat de Chinese nouveaux riches de redding zijn geworden van de westerse luxe-industrie. De tweede fase daarentegen moet nog beginnen. Weliswaar is de meest schunnige vorm van armoede daadkrachtig bestreden en zijn de meeste armen iets minder arm dan vroeger, maar nog altijd telt China bijna vijfhonderd miljoen have-nots. En de afstand tussen arm en rijk wordt voortdurend groter. Volgens officiële cijfers verdient de gemiddelde stedeling ruim drie keer zo veel als de gemiddelde boer, en de rijkste 10 procent van de bevolking zelfs 23 keer zo veel als de armste 10 procent. In werkelijkheid is het verschil nog veel groter vanwege de neveninkomsten van de rijksten uit corruptie en andere niet-officiële bronnen. Daardoor zou de bovenlaag wellicht 65 keer meer verdienen dan de onderlaag.

De Gini-coëfficiënt, die de inkomensverdeling aangeeft op een schaal van 0 (volkomen gelijkheid) tot 1 (absolute ongelijkheid) is gestegen van 0,3 in 1985 tot iets meer dan 0,5 procent in 2011. Vanaf 0,4 begint de sociale stabiliteit gevaar te lopen. Teken aan de wand is de scherpe toename van zowel het aantal als de verbetenheid van de 'massa-incidenten'. Reden genoeg om bij de regering alle alarmbellen te laten rinkelen. Inderdaad hebben Hu Jintao en Wen Jiabao sinds hun aantreden in 2002 enkele maatregelen genomen om de sociale kloof te versmallen: afschaffing van de millenniaoude boerenbelasting, betere toegang tot gezondheidszorg en onderwijs die voor de armen onbetaalbaar waren geworden, garantieprijzen voor de landbouwproducten, betere infrastructuur op het 'nieuwe socialistische platteland'.

Het heeft weinig geholpen. De kloof tussen arm en rijk, samen met de milieuverwoesting het belangrijkste bijproduct van het door Deng Xiaoping uitgevonden groeimodel, is zo breed geworden dat de hele economie op de klippen dreigt te lopen. Tegen die dreiging is er maar één remedie mogelijk: een drastische verandering in het patroon van de economische ontwikkeling. Al een paar jaar roepen de leiders dat de economie niet meer eenzijdig gebaseerd kan zijn op export en overheidsinvesteringen in de infrastructuur. Het oude groei-om-de-groei-model heeft immers naast veel groei ook veel scheefgroei opgeleverd, niet alleen op sociaal en ecologisch maar ook op economisch gebied: structurele overcapaciteit van het productieapparaat, financiële indigestie, kolossale speculatie in de bouw en op de beurs. Alles roept het beeld op van een gigantische zeepbel. Tegelijk heeft de economische wereldcrisis de kwetsbaarheid van een exporteconomie aangetoond. Nog nooit is de noodzaak van een ingrijpende economische koerswijziging zo dringend geweest als nu. Dringend voor de Chinezen, dringend ook voor hun leiders, die bang zijn dat een verdere economische scheefgroei voor hen dramatische sociale en politieke gevolgen kan hebben.

De herstructurering van de economie werd officieel aangekondigd bij het presenteren van de hoofdlijnen van het Vijfjarenplan 2011-2015. Premier Wen erkende dat de mensen 'veel wrok' voelen door de slechte inkomensverdeling, de inflatie, de exorbitante huizenprijzen en de duurte van het onderwijs en de gezondheidszorg, en dat ze schoon genoeg hebben van corruptie en machtsmisbruik zoals de illegale onteigening van grond en de geforceerde afbraak van huizen. Hij beloofde een betere inkomensspreiding en allerlei concrete maatregelen: grote investeringen in onderwijs en gezondheidszorg, de bouw van tien miljoen subsidiewoningen in 2011, subsidies aan de armen, regelmatige loonsverhogingen en een verhoging van het basispensioen, het minimumloon en de drempel voor de inkomstenbelasting. De groei zou worden teruggebracht tot 7 procent over de hele periode van het Vijfjarenplan, na dertig jaar explosieve groei van gemiddeld bijna 10 procent per jaar. Het zal voortaan moeten gaan om duurzame groei en de ontwikkeling van de binnenlandse markt, de dienstensector en innovatieve hightechindustrie. Plaatselijke leiders zullen niet meer worden afgerekend op groeicijfers maar op de kwaliteit van het bestaan van hun burgers. Ze zullen minder marmeren paleizen en meer scholen, minder fly-overs en meer waterzuiveringsinstallaties moeten bouwen. Hun score op de 'geluksindex' zal voortaan bepalend zijn voor hun carrière.

Hoeveel is er in dit verhaal oprecht gemeend en hoeveel is er voor de bühne? Aangenomen dat het oprecht is, wat is dan de kans op succes? Sommige analisten denken dat de Chinese economische problemen zo complex zijn geworden dat ze zich niet meer laten bijsturen. Neem de hardnekkige inflatie, waardoor het voedsel zo duur is geworden dat arme huishoudens er soms de helft van hun inkomen aan kwijt zijn. Het aanhouden van de inflatie is slecht nieuws, niet alleen voor de Chinese bevolking maar ook voor de Chinese regering (het zou niet de eerste keer zijn dat inflatie leidt tot massale protesten) en voor de wereld: als de Chinese motor van de wereldeconomie begint te haperen, zal dat overal gevoeld worden. Maar hoe kan dat als alles samenspant om de prijzen op te drijven? Brandstof, water, huur van grond, kunstmest, leningen in het niet-officiële circuit, de lonen: als alle ingrediënten voor de voedselproductie duurder worden, hoe kan dan de voedselprijs zelf niet stijgen? De golf aan bankkredieten en overheidsinvesteringen na het uitbreken van de economische wereldcrisis móést wel tot inflatie leiden. Ook de massale injectie van vers gedrukte dollars in de noodlijdende Amerikaanse economie zou in China inflatoire effecten hebben gehad. Hoe kan men de inflatie de kop indrukken zonder ook de groei te nekken? Hoe kan men de geldontwaarding bestrijden en tegelijk de binnenlandse vraag stimuleren als men weigert de munt substantieel te revalueren? Zou dat laatste gebeuren – iets waarop Washington als sinds jaren aandringt – dan valt het ergste te vrezen voor de Chinese exportindustrie, de werkgelegenheid en de sociale stabiliteit, dus dat is ook geen optie.

Willen de Chinezen meer kunnen kopen, dan moeten ze meer verdienen en aanzienlijk minder sparen dan nu (liefst 30 procent van het huishoudgeld). Vandaar de loons- en pensioensverhogingen, de subsidies, de hogere sociale uitgaven. Steeds meer binnen- en buitenlandse bedrijven vestigen zich in het onderontwikkelde en daarom goedkopere binnenland, waar ze voor werkgelegenheid en stijgende gezinsinkomsten zorgen. Dat is een belangrijke bijdrage aan het in 2000 gestarte programma voor de ontwikkeling van West-China, dat aanvankelijk weinig enthousiasme wekte. Veel bedrijven die voor de export produceerden, hebben zich op de binnenlandse markt gericht. Toch wil het met de economische omschakeling niet echt lukken. De financieel-economische inzinking van het Westen heeft de crisis van het oude model verdiept, en het nieuwe wil (nog) niet van de grond komen. De export neemt steeds verder af, de inkomensongelijkheid toe. De inflatie was in 2011 iedere maand hoger dan het officiële streefpercentage van 4 procent. De stratosferische huizenprijzen gingen vanaf september

2011 eindelijk naar beneden. Mensen die net een appartement hadden gekocht werden woedend. De bouw, de belangrijkste aanjager van de economische groei, zakte in. Als antwoord zette de regering in allerijl een programma op voor de bouw tot 2015 van 36 miljoen gesubsidieerde volkswoningen, een aantal dat genoeg zou zijn voor de huisvesting van de hele bevolking van Duitsland. De buitenlandse investeringen begonnen in november 2011 terug te lopen, en veel midden- en kleinbedrijven gingen over de kop. De groei liep terug van 10,4 procent in 2010 naar 9,2 procent in 2011. De regering voelt er weinig voor een nieuw stimuleringspakket op de economie los te laten, temeer omdat de schulden waarin de lokale overheden zich bij de uitvoering van het vorige plan hebben gestoken de spuigaten uitlopen. Waarschijnlijk zal de nationale overheid ervoor moeten opdraaien. Sommigen voorzien een financiële chaos. Machtige belangengroepen in lokale gezagsorganen en op de export gerichte staatsbedrijven verzetten zich echter tegen een grondige economische reoriëntatie. Ze hebben meer belang bij het oude wildgroeimodel. Of, zoals vice-premier Wang Qishan het eind 2011 uitdrukte: 'Een onevenwichtig herstel is beter dan een evenwichtige recessie.' Door dit alles is de gemiddelde Chinees nog altijd de grootste spaarder van de wereld en bezoekt hij de consumptietempels hooguit als windowshopper. De mensen vinden het nog te riskant om het geld aan te spreken dat ze achter de hand houden voor de school van hun (klein)kind, voor hun oude dag, de aankoop van een flat of voor medische kosten. 40 procent van die kosten betreffen (meestal veel te dure) geneesmiddelen, waarvan de verkoop de belangrijkste bron van inkomsten van de ziekenhuizen vormt.

Er is een andere reden om de hand op de knip te houden. De mensen zijn nog altijd niet ingedekt tegen autoriteiten die hun hun grond willen afpakken omdat ze geen eigenaar zijn van het land dat ze bewerken of bewonen. Veel lokale overheden staan niet te juichen over hervormingen die misschien wel bevorderlijk zijn voor het geluk van hun burgers maar niet voor hun eigen inkomsten. Wil een inkomensverdeling echt hout snijden, dan kan die niet beperkt blijven tot faciliteiten voor de armen, zoals een verhoging van de belasting-drempel. Wat veel meer zoden aan de dijk zou zetten, zou een bank-hervorming zijn. Spaarders krijgen van de staatsbanken een belache-lijk lage rente, veel lager dan de inflatie. Dat betekent dat mensen die hun spaargeld op de bank zetten, van hun loon minstens 5, misschien wel 7 procent van het bruto binnenlands product overhevelen naar de banken. En die stoppen het geld vaak in projecten die de speculatie voeden. Ook een forse belastingverhoging voor de rijken zou de con-sumptie van de armen substantieel kunnen bevorderen, en ook daar is geen sprake van. De rijken hebben volop geprofiteerd van de eco-nomische groei en ze zien geen reden voor een vermindering van de investeringen. Ze weigeren in te zien dat de groei in feite is gefinan-cierd doordat de huishoudens steeds minder consumeerden en steeds minder rente kregen voor hun spaargeld. Ze denken dat admi-nistratieve maatregelen voldoende zijn om de consumptie te laten stijgen. Volgens de Italiaanse China-kenner Francesco Sisci mogen de rijken van de regering rijker worden en zelfs de belasting ontdui-ken zolang ze zich maar niet bemoeien met politiek, tenzij om de par-tij te steunen. Belastingverhoging zou de rijken zo kunnen irriteren dat ze de partij de rug toekeren, en dat wil de partij natuurlijk niet. Maar een sociale destabilisering wil ze nog minder.

Eenkindpolitiek

In 1979 begon in China het meest rigoureuze geboortebeperkings-programma dat de wereld ooit gekend heeft. De barbaarse metho-des waarmee de naleving van het eenkindbeleid werd afgedwongen en de strenge straffen tegen overtreders hebben de verontwaardi-ging van de wereld gewekt. Maar ontegenzeggelijk is de eenkindpo-litiek in economisch opzicht een groot succes geworden: volgens de communistische partij zijn er 400 miljoen kinderen níét geboren – volgens critici zijn het er 'slechts' 200 miljoen – waardoor de econo-mie voor veel minder mensen hoefde te zorgen. Mede daaraan heeft China zijn komeetachtige opkomst te danken. In andere opzichten is het eenkindbeleid minder succesvol. De traditionele voorkeur voor jongens heeft in combinatie met de eenkindpolitiek geleid tot massale abortus van meisjesbaby's. Veel zwangere vrouwen laten abortus uitvoeren wanneer uit een echo blijkt dat er een meisje op komst is. Deze praktijk is weliswaar verboden – volgens de geboorteregelingsfunctionarissen dient een meisje even welkom te zijn als een jongen – maar dat verbod wordt op grote schaal ontdoken. Daardoor zijn tot nu toe naar schatting honderd miljoen meisjes níét geboren.

China is een mannenoverschot aan het opbouwen van gevaarlijke proporties. Een halve eeuw geleden was de verhouding jongensmeisjes nog 106 op 100. In de leeftijdsgroep 0 tot 4 jaar zijn er tegenwoordig 123 jongens op iedere honderd meisjes, en die wanverhouding groeit nog steeds. Binnenkort zal van iedere vijf jongemannen er één niet aan een vrouw kunnen komen. De voorspelbare gevolgen zijn meer criminaliteit, meer prostitutie, meer aids, meer vrouwenhandel. Te hopen valt dat een oude methode om het mannenoverschot terug te brengen niet zal herleven: oorlog. In sommige streken worden op iedere honderd meisjes al 150 jongens geboren. Dat roept afgrijselijke herinneringen op aan de zogeheten Nian-opstanden in de negentiende eeuw. Een leger van doodarme boeren, voornamelijk vrijgezellen, richtte in de provincie Shandong van 1851 tot 1868 ravages aan in een gebied zo groot als Duitsland. De etnische groep waaruit ze afkomstig waren, was vele jaren geteisterd door hongersnood als gevolg van voortdurende overstromingen. Het weinige eten was alleen bestemd voor jongens. De meisjes werden direct na hun geboorte omgebracht. Dat leidde tot een acuut tekort aan bruiden, en uiteindelijk tot de Nian-opstanden. Als de regering sociale woelingen wil, dan is de handhaving van de eenkindpolitiek een beproefd recept.

Ook psychologisch is het geboortebeleid geen succes. Veel enigst kinderen worden door hun ouders en grootouders schandalig verwend – wat vaak aan hun buikomvang is af te lezen – en groeien op tot egocentrische wezens, die tegen geen enkel stootje kunnen en alles doen wat Confucius heeft verboden. Het eenkindbeleid heeft de traditionele gezinsstructuur ontwricht. Vroeger was het voor alle mannelijke nakomelingen een dure plicht te zorgen voor hun ouders en (over)grootouders. Dat was de tijd dat drie, vier generaties onder één dak woonden. Die oudedagsverzekering is vaak weggevallen: de enige zoon is naar de stad getrokken, of hij heeft geen tijd, geen geld, geen ruimte of geen zin om zijn (groot)ouders in huis te nemen of te verzorgen. Er is, teken des tijds, een wet in de maak die kinderen verplicht hun bejaarde ouders 'veelvuldig' te bezoeken.

De Chinezen krijgen steeds meer te maken met het '4:2:1-probleem', waarbij één enkele jonge volwassene de zorg heeft voor ouders en grootouders, en soms ook nog voor de (groot)ouders van de partner. Volgens de confucianistische leer verdienen oude mensen een maximum aan respect. Ze hebben een eigen Dag van de Senior, die valt op de negende dag van de negende maand van het maanjaar. Het Chinese woord voor 'negen', *jiu*, klinkt hetzelfde als het woord voor 'langdurig'. Hoe meer negens, des te langer je leeft. Maar nog altijd praten veel mensen nooit over ziekte en dood en maken ze geen testament, want dat is de goden verzoeken. Confucius zei het al: 'We zijn nog lang niet klaar met de studie van het leven, dus waarom zouden we gaan wroeten in de kwestie van de dood?' Bejaardenhuizen bestonden er vroeger nauwelijks. Er zaten alleen kinderloze en daarom beklagenswaardige oudjes in of mensen met ontaarde kinderen, die hun confucianistische plicht jegens hun ouders verzaakten. Tegenwoordig schieten de bejaardenverblijven als paddestoelen uit de Chinese grond, maar ze voorzien nog maar in 2 procent van de vraag.

Scholen worden omgebouwd tot verzorgingshuizen, want er zijn steeds minder jongeren en steeds meer ouderen. De eenkindpolitiek en de stijging van de levensverwachting vervormen de klassieke bevolkingspiramide. Hoewel de gemiddelde Chinees ver onder het welvaartspeil van de gemiddelde westerling leeft, vertoont het land nu al hetzelfde fenomeen als het Westen en Japan: vergrijzing. Zo'n 178 miljoen Chinezen zijn ouder dan 60, dat is 13,2 procent van de bevolking. In 2020 zullen dat er al 260 miljoen zijn, en 450 miljoen in 2050, onder wie 90 miljoen hulpbehoevenden. Tegelijk loopt de bevolkingsaanwas steeds verder terug. Vanaf 2040 zullen er meer mensen doodgaan dan er geboren worden. De ziektekosten in dit land van grijsaards, waar de meeste boeren geen verzekering en geen pensioen hebben, zullen de pan uit rijzen. Er zijn eenvoudigweg niet genoeg werkende jongeren om het geld voor zo veel ouderen te verdienen. Als bij ons al het pensioenstelsel onder druk staat, hoe moet dat dan in een land als China?

En zelfs op economisch gebied kan het eenkindbeleid negatief gaan werken. Rond 2015 begint het aantal jonge mensen dat jaarlijks voor het eerst de arbeidsmarkt opgaat te verminderen. Het aanbod van arbeidskrachten wordt dus kleiner dan de vraag, wat automatisch moet leiden tot loonsverhogingen en daarmee tot een uitholling van het groeimodel van Deng Xiaoping. China's razende modernisering zou immers onmogelijk zijn geweest zonder lage lonen en vaak miserabele arbeidsomstandigheden. Vooral dankzij de minimale loonkosten kon China's exportmachine jarenlang op volle toeren draaien. Men ging er stilzwijgend van uit dat dat nog vele jaren zou kunnen doorgaan omdat er immers op het platteland een onuitputtelijk reservoir van goedkope arbeidskrachten leek te zijn. Die zouden de lage lonen blijven accepteren omdat iets nog altijd meer is dan niets.

Dat is anders uitgepakt. Vooral in de werkplaatsen en fabrieken van de delta van de Parelrivier, waar eenderde van China's export vandaan komt, werden de arbeiders zich langzamerhand bewust van hun rechten. In 2009 begonnen er stakingen en vonden er dramatische acties plaats, zoals een serie zelfmoorden onder werknemers van de Foxconn-fabrieken, de grootste fabrikant van elektronische onderdelen ter wereld. De regering, die normaal gesproken met stakingen korte metten maakt, trad opvallend lankmoedig op. Er kwamen diverse verhogingen van het minimumloon, met gemiddeld 23 procent in zowel 2010 als 2011. Dat paste uitstekend in de nieuwe economische oriëntatie: meer binnenlandse markt, minder afhankelijkheid van de export. Tegelijk wordt hard gewerkt aan productiviteitsverhoging, terwijl de ontwikkeling van het binnenland de migrantenstroom naar de industriële zones aan de kust zal afremmen. Daar is een structureel tekort aan het ontstaan van lopendebandarbeiders, terwijl de hele economie wordt getroffen door een schreeuwend tekort aan goed geschoold personeel, voor wie salarisverhogingen van 40 à 50 procent heel normaal zijn geworden. Foxconn, waarmee alles begon, heeft zijn eigen conclusies getrokken: in 2013 zullen een miljoen lopendebandarbeiders zijn vervangen door een miljoen robots. Die hebben drie grote voordelen: op den duur zijn ze goedkoper, ze protesteren niet en plegen geen zelfmoord.

In de nieuwe economie moet de nadruk komen te liggen op duurzaamheid en op innovatieve en dienstverlenende bedrijven. Maar stevige groei blijft noodzakelijk om de bevolking tevreden en de partij aan de macht te houden. Daarvoor zijn niet minder maar juist meer en beter geschoolde arbeidskrachten nodig. Het zou een van de redenen moeten zijn om de eenkindpolitiek te verlaten. Deze betreft overigens alleen de stedelijke bevolking. Han-Chinese boeren mogen twee kinderen hebben als het eerste een meisje is, etnische minderheden mogen er meer. Twee enigst kinderen die met elkaar trouwen mogen tegenwoordig zelf twee kinderen nemen. In een paar provincies komt die mogelijkheid er waarschijnlijk ook voor echtelieden van wie er maar één enigst kind is. Demografen en economen pleiten voor een tweekindpolitiek, maar de kosten voor het grootbrengen van kinderen zijn inmiddels zo hoog geworden dat de meeste ouders het waarschijnlijk bij één kind zullen laten. De angst voor werkloosheid en een tekort aan middelen zit er bij de leiders diep in. Ook de komende vijf jaar, zo liet de nationale chef gezinsplanning eind 2010 weten, komen er geen wezenlijke veranderingen in de bevolkingspolitiek. Misschien gaat voor stedelingen in 2015 dezelfde regeling gelden als voor Han-Chinese boeren, maar voordat het vanaf dan te verwachten geboortegolfje de arbeidsmarkt bereikt, zijn we twintig jaar verder. Het is niet zeker of de sociale en economische problemen tot die tijd kunnen wachten.

Milieu

Industriële revoluties zijn altijd smerig geweest, en die van China vormt geen uitzondering. Allicht: een arm agrarisch land moest zo snel mogelijk worden omgebouwd tot een rijke industriële natie, en dan is er geen geld of aandacht voor iets anders dan onmiddellijke economische groei. Maar er is meer. Terwijl het taoïsme de harmonie tussen mens en natuur predikt, verkondigt het confucianisme dat de natuur er is voor de mens en op zichzelf geen waarde heeft. Mao deed daar nog een schepje bovenop: de mens is krachtiger dan de natuur en moet haar onderwerpen en exploiteren. Milieuvervuiling? Dat was een probleem van het decadente kapitalisme, waar de socialistische Nieuwe Mens ver boven stond. Inmiddels is men erachter gekomen dat de Chinese Nieuwe Mens zijn land tot de grootste vervuiler op aarde heeft gemaakt, maar dat heeft de houding tegenover de natuur nog niet wezenlijk veranderd.

Lucht, grond en water zijn verziekt door uitstoot, lozing of lekkage van giftige stoffen. Zestien van de twintig meest vervuilde steden van de wereld liggen in China. In Lanzhou, de smerigste stad van allemaal, kan de zon het vaak niet meer bolwerken en verandert de dag in nacht. In Peking werden bij het meten van de luchtvervuiling tot begin 2012 de venijnigste gifdeeltjes niet meegerekend, zodat het vastgestelde aantal 'blauwe dagen' kon worden gehaald. Drinkwater is ondrinkbaar geworden. Rivieren en meren drogen op. Uit veel wateren, ook het zeewater aan de kust, is alle leven verdwenen. Het landbouwareaal is aangetast of verkleind door verwoestijning, ontbossing, bodemerosie, roofbouw, zure regen, overmatig gebruik van kunstmest en pesticiden, en niet in de laatste plaats door urbanisering. Watergebieden, grasland en biodiversiteit slinken zichtbaar. En daar komen al dan niet door de mens uitgelokte natuurrampen bovenop: overstromingen, droogtes, aardbevingen, aardverschuivingen, grondverzakkingen. De kosten van de milieuschade zijn immens. In 2008 beliepen ze volgens de regering ruim 160 miljard euro, dat was 3,9 procent van het bruto binnenlands product. Maar volgens de Wereldbank was dat percentage het jaar tevoren al 5,8 procent. Ander onderzoek komt uit op 8, zelfs 12 procent. In dat laatste geval zou China's werkelijke economische groei dus negatief zijn. En het is nog maar een begin, want er staan nog een paar honderd miljoen Chinezen te trappelen om consument te worden. Intussen is het Rijk van het Midden al begonnen ook de natuur van andere landen aan te tasten als gevolg van zijn CO_2-uitstoot in de atmosfeer, zijn economische activiteiten in het buitenland en de onvoorstelbare hoeveelheden stof, zand en giftige partikels die door de wind vanuit China over de aardbol worden gejaagd. De vraag of China erin zal slagen zijn milieu van de vernietiging te redden, is niet alleen beslissend voor zijn eigen toekomst maar ook voor die van de hele wereld.

In 2000 werd China geteisterd door drie rampen die voor een groot deel door de mens waren veroorzaakt: droogte, overstromingen en een sprinkhanenplaag. Dat bleef niet zonder politiek effect. De strijd tegen de vervuiling werd uitgeroepen tot nationale prioriteit. Maar die strijd stuitte op machtige belangen, en van de beloofde prioriteit kwam niet veel terecht. In 2010 moest de regering erkennen dat de situatie van het milieu verder was verslechterd en dat China de vs had ingehaald als de grootste veroorzaker van het broeikaseffect. Het aantal dodelijke slachtoffers is inmiddels snel opgelopen. Tegenwoordig sterven naar schatting elk jaar 1,5 miljoen mensen, vooral de meest kwetsbare, aan vergiftigde lucht. Chinese boeren hebben vier keer zo veel leverkanker en twee keer zo veel maagkanker als het mondiale gemiddelde. In de buurt van sommige chemische fabrieken en mijnen begint kanker de belangrijkste doodsoorzaak te worden. Jaarlijks worden er als gevolg van de milieuvergiftiging duizenden kinderen met afwijkingen geboren.

De officiële ommezwaai van blinde naar duurzame ontwikkeling houdt vooral in: minder gebruik van steenkool en olie, versnelde ontwikkeling van schone energiebronnen, grotere energie-efficiency. China verslindt energie. Nog altijd levert steenkool 70 procent van de energiebehoeften (het wereldgemiddelde is 40 procent) en het leeuwendeel van China's aandeel in het broeikaseffect. Elke week komt er een nieuwe steenkoolgestookte elektriciteitscentrale bij. Het gebruik van petroleum en aardgas neemt explosief toe. In korte tijd is China op het gebied van alternatieve energie toonaangevend geworden: het is de grootste investeerder in schone energie en de grootste producent van zonnepanelen, en het heeft het grootste windmolenpark ter wereld. Toch is het aandeel van niet-fossiele energiebronnen in het totale energieverbruik nog altijd bescheiden: slechts 8 procent, 2 procent minder dan het vorige Vijfjarenplan had gewild. Kernenergie is met nog geen 2 procent van het totale energiegebruik nog marginaal, maar er zijn plannen om in 2020 twintig keer zo veel kernenergie te produceren als in 2010. Direct na de nucleaire ramp die Japan trof in maart 2011, werden de dertien bestaande reactoren onderworpen aan inspectie en de plannen voor nieuwe centrales opgeschort. Volgens Wikileaks zijn er gegronde redenen om te twijfelen aan de veiligheid van de bestaande reactoren. De directeur van het Chinese nuclaire programma kreeg in 2010 levenslang wegens corruptie en vermoedelijk ook wegens spionage. Eind 2011 werd de hervatting verwacht van het ambitieuze nucleaire programma (28 centrales in aanbouw, 50 gepland en voorstellen voor nog eens 100) op basis van aangescherpte veiligheidsmaatregelen. De 87.000 waterkrachtcentrales – China heeft meer stuwdammen dan alle andere landen van de wereld bij elkaar – zijn goed voor ruim de helft van de energie uit niet-fossiele bronnen, maar ruim 40.000 stuwdammen zijn onveilig. De kolossen onder hen, zoals de Drieklovendam, zijn uitgesproken milieuvijandig, zoals de regering in 2011 moest toegeven. Waterkracht kan zelfs vuiler zijn dan energie uit kolen. Nog altijd wordt veel energie verspild. Voor elk procentpunt van zijn bruto binnenlands product gebruikt China minstens vijf keer meer energie dan Japan.

Drastische veranderingen in het energiebeleid en andere milieumaatregelen zijn niet alleen noodzakelijk om China en de wereld te redden van een milieucatastrofe, maar ook omwille van de nationale veiligheid en de sociale stabiliteit. Na de vs is China de grootste olie-importeur van de wereld. Het Midden-Oosten is China's grootste leverancier. Politieke troebelen daar kunnen China's nationale veiligheid in het geding brengen. Vervuiling is ook een groot politiek probleem geworden. Mensen die het slachtoffer zijn van ecologische misdaden gaan steeds vaker de straat op. Dagelijks zijn er tientallen demonstraties tegen de lozing van giftig fabrieksafval, waaraan de lokale autoriteiten vaak medeplichtig zijn.

Als grootvervuiler kan China het Westen recht in de ogen kijken.

China doet hetzelfde als het Westen heeft gedaan en vaak nog doet, alleen gebeurt het in een veel sneller tempo en op een veel grotere schaal. In de internationale conferenties over klimaatverandering beweert China dat het Westen het milieu veel langduriger heeft verontreinigd dan China en dat de vervuiling per hoofd van de bevolking in China een fractie is van die in de Verenigde Staten of Europa. Als ontwikkelingsland weigert China zichzelf vast te leggen op een bepaald reductiepercentage voor de uitstoot van CO_2 omdat dat ten koste zou gaan van zijn ontwikkeling. Peking saboteerde de klimaatconferentie van Kopenhagen in 2009, maar stelde zich het jaar daarop in Cancún constructiever op. Tijdens de conferentie in Durban in 2011 zei China bereid te zijn om na 2020 bindende afspraken over klimaatdoelstellingen te maken. Alles hangt echter af van de uitvoering van de milieumaatregelen. Daarvoor is een formidabele cultuuromslag nodig in de relatie tussen mens en natuur: minder confucianisme, meer taoïsme. Het idee dat de natuur er is om geplunderd te worden is echter diepgeworteld. Men gaat bijvoorbeeld rustig door met de aanleg van ontzaglijke waterwerken, ondanks hun evidente aanslag op het milieu, zoals het zuid-noordwateromleidingsproject en nieuwe gigastuwdammen. In 2011 werd besloten dat de aanleg van dertien stuwdammen in de Nu Jiang (Boze Rivier) in de provincie Yunnan, die vanwege een vloed van protesten was uitgesteld, toch doorgaat. De Boze Rivier was de laatste van China's grote waterwegen die nog niet door de confucianistische, maoïstische of neocommunistische mens was getemd.

Corruptie

Leden van de communistische partij moeten voorbeeldige burgers zijn, die bereid zijn hun leven in dienst te stellen van natie en volk. De maoïstische slogan 'Dien het volk' geldt officieel nog altijd, en de uitverkiezing tot partijlid geldt nog steeds als een grote eer. 80 miljoen mensen, een kleine 6 procent van de bevolking, is die eer na een zorgvuldige screening te beurt gevallen. Dat er van het vereiste exemplarische gedrag in de praktijk vaak weinig terechtkomt, is vers twee. Dat is altijd zo geweest. Sinds China China is, heeft de op gezagsdragers rustende verplichting om een moreel voorbeeld te zijn voor het volk het vaak moeten afleggen tegen de neiging tot machtsmisbruik en zelfverrijking. Die neiging is vergemakkelijkt door een systeem dat geacht wordt, bij gebrek aan een scheiding van staatsmachten, zichzelf te controleren. Een systeem ook waarin connecties die verplichtingen scheppen (*guanxi*) belangrijker zijn dan wetten en rechten, en het geven van cadeaus vaak meer weg- heeft van omkoping dan het uitdelen van relatiegeschenken. Macht corrumpeert altijd, en absolute macht corrumpeert absoluut. Nog nooit is er in de Chinese corruptiewereld zo veel geld omgegaan als nu, want er is nog nooit zo veel te halen geweest. Een van de voor- naamste drijfveren van de studenten die de protestbeweging van 1989 ontketenden, was hun woede over de zich uitdijende omkoop- praktijken. Sindsdien zijn de autoriteiten zich er goed van bewust hoe gevaarlijk corruptie voor hen kan zijn. Voor een regeringspar- tij, heeft premier Wen Jiabao gezegd, is corruptie het grootste ge- vaar in vredestijd. En volgens partijleider Hu Jintao vreet corruptie de partij aan van binnenuit. Ze ondermijnt immers het vertrouwen van het volk en daarmee de legitimiteit van de partij. Wanneer de economische groei afneemt en de inflatie toeneemt, kan boosheid over de corruptie de stoot geven tot een volksrebellie.

Alleen in de beginperiode van het maoïsme, toen de ideologie en niet het geld de dienst uitmaakte, was er van corruptie nauwelijks sprake, al was het alleen maar omdat er weinig méér te halen viel dan privileges als het gebruik van een auto, een buitenlandse reis, een net- te woning of een fatsoenlijk maal. Mao had het liefst het geld willen afschaffen. Na hem werd geld het hoogste goed. Veel partijkaderle- den grepen hun kans en bouwden bloeiende smeergeldrelaties op met de meest biedende ondernemer. Voor hen kon de economische omwenteling niet ver genoeg gaan: hoe meer hervormingen, des te meer projecten, en des te meer er aan de strijkstok bleef hangen.

Smeergeld is de olie die het systeem soepel doet lopen. De belang- rijkste smeergeldbetalers zijn zakenlieden. De zakenman betaalt, de politicus int. Soms grijpen de corruptiebestrijders van de partij in en komen fameuze tycoons ten val. Bekende voorbeelden zijn Huang

Guangyu (stichter van China's grootste keten van elektronicawinkels, de rijkste man van het land tot zijn veroordeling in 2010 tot veertien jaar), de jeugdige vastgoedmagnaat Wu Ying (een van China's rijkste vrouwen, die begin 2012 wegens megafraude in hoger beroep de doodstraf kreeg) en de Chinees-Nederlandse zakenman Yang Bin (de op één na rijkste Chinees in 2002 op de lijst van Forbes en vervolgens goed voor achttien jaar cel). Geen wonder dat een plaatsing op de jaarlijkse lijst van de rijkste Chinezen menige geplaatste doet sidderen en beven voor deze kus des doods. Ook buitenlandse bedrijven doen soms aan de corruptiegewoonte mee. Vier bestuurders van de Chinese vestiging van de Australische mijnreus Rio Tinto werden in 2010 tot zware gevangenisstraffen veroordeeld. Ze bekenden dat ze met smeergeld hadden gewerkt. Het hoofdkantoor in Australië wist nergens van. Buitenlandse bedrijven moeten zich nooit ofte nimmer met illegale activiteiten inlaten, hoe gemeengoed die praktijk ook is. Als de autoriteiten een voorbeeld willen stellen, komt het hun immers veel beter uit om buitenlandse ondernemers aan de schandpaal te nagelen dan Chinese. De vier van Rio Tinto werden ook veroordeeld voor het stelen van Chinese handelsgeheimen. Daarvoor geldt hetzelfde als voor staatsgeheimen: ze zijn zo geheim dat niemand weet wat eronder valt en wat niet. Die onduidelijkheid maakt het zakendoen in China er niet gemakkelijker op, wel gevaarlijker.

Volgens het Nationaal Instituut voor Economisch Onderzoek ging in 2008 niet minder dan 30 procent van het bruto binnenlands product verloren aan corruptie. Ongetwijfeld heeft smeergeld veel belangrijke projecten tot stand gebracht die er anders nooit gekomen waren. China's modernisering is dus mede te danken aan de corruptie. Op de lijsten van corruptiewaakhond Transparency International scoren supersnel gegroeide economieën als Brazilië, China en India buitengewoon pover. Omkoperij is kennelijk geen hinderpaal voor economische groei, ondanks de kolossale kosten. De conclusie kan zijn dat omkopen een noodzakelijk kwaad is.

In opiniepeilingen komt corruptie vaak boven aan de lijst van zaken waaraan de mensen het meest het land hebben. Een computerspel waarin het erom gaat zo veel mogelijk corrupte partijbazen af te schieten, is bijzonder populair. Een komische film over de corruptie, gesitueerd in 1920 maar toepasselijk op het heden, werd binnen de kortste keren een kaskraker. Massaal doen de Chinezen mee aan de hype van de virtuele jacht op 'mensenvlees', waarbij machtige lieden die hun macht hebben misbruikt of iets anders stuitends hebben gedaan, onbarmhartig worden opgejaagd. Het haalt allemaal weinig uit. Omkoperij is immers ingebed in het systeem, en zelfs als je de legale spelregels zou willen volgen, is ze moeilijk te mijden. De wetten en regels zijn immers vaak zo ingewikkeld en veranderlijk en de naleving ervan zo tijdrovend dat het aanmerkelijk minder gedoe geeft ze te omzeilen dan ze in acht te nemen. Iedereen in China weet dat een met bankbiljetten gevulde rode envelop wonderen verricht, mits overhandigd aan de juiste functionaris.

Corruptie kan over alles gaan. Het verkrijgen van een contract, aanbesteding of vergunning bijvoorbeeld, maar ook een diploma, een rijbewijs, een gunstig vonnis, de overwinning in een voetbalwedstrijd, een goede behandeling in het ziekenhuis: alles is te koop. Smeergeld is niet alleen bedoeld om iets gedaan te krijgen, maar ook om te voorkomen dat iets gebeurt wat zou moeten gebeuren. Neem de prostitutie. Die is al sinds Mao verboden, maar wordt niettemin volop bedreven: thuis, op de campus of in bordelen (vaak vermomd als (karaoke)bar), kap- of schoonheidssalon, sauna, bad- of massagehuis. Toch hebben de miljoenen full- en parttime sekswerksters weinig last van de politie, want die deelt in de winst. Voor de immense branche van namaakspullen geldt hetzelfde. Soms wordt er iets tegen de kleine jongens in deze sector gedaan, een enkele keer iets tegen de vette vissen. In 2007 kwam uit dat het hoofd van de landelijke autoriteit voedsel en geneesmiddelen tegen vorstelijke beloningen nepmedicijnen had goedgekeurd. Hij werd geëxecuteerd. Zijn rechterhand bleek later van hetzelfde laken een pak.

De officiële corruptie laat zich vooral voelen op het platteland, waar de lokale partijbonzen zich buiten het zicht van Peking vaak als despootjes gedragen. In de steden heeft de corruptie soms maffiose vormen aangenomen. Na onder Mao praktisch te zijn uitgeroeid hebben de triaden, geheime organisaties die te vergelijken zijn met de Italiaanse maffia, zich opnieuw stevig in de maatschappij genesteld. En net als in Italië is dat alleen maar mogelijk geweest dankzij een pact met de autoriteiten. Miljoenensteden als Xiamen, Shenyang en Chongqing zijn jarenlang geregeerd door misdaadsyndicaten, waarbij partijbazen, politiechefs en gangsters nauw samenwerkten. In 2009 mestte de nieuwe partijchef van de stadsprovincie Chongqing, Bo Xilai, de lokale augiasstallen uit. Er kwamen talloze louche affaires aan het licht. Tweeduizend mensen werden achter de tralies gezet. Alles draaide om geld, seks en geweld. Wen Qiang, de hoogste autoriteit van justitie en voormalig souschef van politie, bleek tevens de hoogste maffiabaas van Chongqing. Vlak voordat hij terechtgesteld werd volgde hij aandachtig de halve finale van het wk-voetbal tussen Nederland en Uruguay. Zoals in alle grote corruptieaffaires was er ook in deze zaak een verborgen agenda: de uitmesting moest Bo Xilai's politieke ambities kracht bijzetten.

De corruptie gaat hand in hand met de directe of indirecte verduistering van gemeenschapsgeld. Die praktijk nam schandalige vormen aan toen in de jaren negentig de grote privatiseringsgolf inzette, waaraan vooral partijmensen en hun zakenvrienden kapitalen hebben verdiend. Veel rijkdom gaat daarop terug. In Macau vergokken Chinese partijbazen hun corruptiegeld. Miljarden gaan op aan vakantiereisjes (meestal vermomd als zaken- of studiereizen), oneigenlijk gebruik van dienstauto's, banketten en andere ontspanning op publieke kosten: karaoketenten, prostituees, maîtresses. Volgens het *Volksdagblad* geven ambtsdragers op kosten van de staat jaarlijks een bedrag van bijna dertig miljard dollar uit aan eten en drinken, wat meer is dan de kosten van de Drieklovendam, de grootste waterkrachtcentrale van de wereld. De familie van een comazuipende functionaris die in zijn eigen kots was gestikt, slaagde er bijna in hem een staatsbegrafenis te bezorgen door hem postuum te laten onderscheiden als voorbeeldige werknemer, dit op grond van het feit dat hij was omgekomen tijdens het vervullen van zijn plicht.

Zwendel, diefstal en misbruik van overheidsgeld komen in de hoogste kringen voor. Een rapport uit 2009 van de Nationale Reken- en Controlekamer sprak over de illegale uitgave van tientallen biljoenen yuans door instanties als het officiële pers- en propagandabureau Xinhua, de Chinese Academie van Wetenschappen en diverse ministeries, zelfs dat van Financiën. Een deel van het stimuleringspakket van vier biljoen yuan is in corrupte zakken terechtgekomen. Mensen van de Centrale Bank en de Reken- en Controlekamer hebben zelf aan het festijn deelgenomen.

De belangrijkste oorzaak van corruptie ligt volgens premier Wen Jiabao in het feit dat de macht niet goed is afgegrensd en dat er geen goede controle op is. Hij trekt echter niet de conclusie dat de controle alleen maar effectief kan zijn als die wordt uitgevoerd door een volledig onafhankelijke instantie en als er een onafhankelijke pers is die misstanden ongehinderd aan de kaak kan stellen. Hij kán die conclusie ook niet trekken, want onafhankelijkheid is in strijd met het communistische controleprincipe. Het is dan ook een orgaan van de partij zelf dat belast is met de bestrijding van de corruptie van de partij, de Centrale Commissie voor Discipline-Inspectie, die rechtstreeks ressorteert onder het Politbureau. Deze commissie is landelijk vertakt volgens een hiërarchisch systeem. Hooggeplaatste verdachten kunnen nooit door lagere instanties aan een onderzoek worden onderworpen. De corruptiebestrijders hebben grote volmachten en zijn alom gevreesd, maar de corruptie is overal, en op mensen met de juiste politieke beschermers hebben ook de bestrijders geen vat. Politieke zwaargewichten kunnen alleen worden aangepakt na uitdrukkelijk verlof van de hoogste leiders. Daarover kan lang en zwaar worden onderhandeld. Om het vertrouwen van de bevolking in de partij niet te ondermijnen probeert de partijleiding mensen die hoog in de hiërarchie staan zo veel mogelijk buiten schot te houden, maar dat lukt niet altijd.

Van de koppen die de laatste jaren zijn gerold, is het hoogste hoofd dat van de minister van Spoorwegen, Liu Zhijun, tegen wie begin 2011 een corruptie-onderzoek begon. Hij voerde als minister én als ministeriële partijchef het bewind over een ministerie met 2,5 miljoen personeelsleden, dat een staat binnen de staat vormt. Hij had de leiding over een kolossaal programma voor een verdere uitbreiding van het spoorwegnet tot 120.000 kilometer in 2020. Onder hem ressorteerde ook 's werelds meest ambitieuze programma van hogesnelheidslijnen voor ruim 400 miljard euro. Hij zou voor minstens honderd miljoen euro aan steekpenningen hebben geïnd. Dat hij er ook achttien maîtresses opna hield, mocht van de censuur niet gemeld worden. Deze affaire kreeg een vervolg in het grote spoorwegongeluk van juli 2011, waarin twee hogesnelheidstreinen op elkaar botsten. De felle discussies die dit uitlokte, hebben de onverantwoordelijke heethoofderij aan het licht gebracht waarmee het net van hogesnelheidslijnen, dat het paradepaardje van de spoorwegen en het regime had moeten worden, is aangelegd. De technologie van deze treinen is even dubieus geworden als hun geplande verkoop aan het buitenland. Het spoorwegexpansieprogramma moest drastisch worden ingeperkt.

Het meest geruchtmakende schandaal aan de top was tot dan toe de zaak-Chen Liangyu geweest. Chen Liangyu, tot 2006 partijleider van China's financieel-economische hoofdstad Shanghai, was als lid van het Politbureau een van de machtigste mannen van China. Zijn veroordeling in 2008 tot achttien jaar gevangenisstraf was gebaseerd op een keur aan kolossale corruptiepraktijken, zoals nepotisme, hoererij en vooral diefstal van miljarden yuans uit het stedelijk pensioenfonds, die hij investeerde in illegale bouwprojecten. Een financiële crimineel, die Chen? Ongetwijfeld, maar zo lopen er meer rond, en hun hoofd staat nog altijd recht op hun nek. De werkelijke reden van de val van Chen Liangyu was dan ook een andere. Hij was een vooraanstaand lid van de Bende van Shanghai, een groep politici uit Shanghai die door de vorige partijleider-president Jiang Zemin op sleutelposten waren gezet. Chen Liangyu was een belangrijke pion in de machtsstrijd tussen Jiang Zemin en zijn beoogde opvolger Hu Jintao. Jiang Zemin kon in 2002 de benoeming van Hu Jintao niet tegenhouden, maar hij slaagde er wel in hem in het negen man tellende Vaste Comité van het Politbureau te laten flankeren door zes protegés. En in Chen Liangyu, de partijleider van Shanghai, had hij een machtige marionet. Jiangs waakhonden in het Vaste Comité begonnen echter steeds minder te blaffen. Sommigen van hen kregen al na één ambtstermijn hun congé. Met de uitschakeling van

Chen ten slotte ontdeed Hu Jintao zich van een belangrijke concurrent. Dezelfde methode had Jiang Zemin zelf in 1995 gebruikt. Ook hij had toen de politieke afrekening met zijn grootste rivaal gepresenteerd als een triomf in de strijd tegen de corruptie.

In een systeem zonder checks-and-balances blijft corruptiebestrijding neerkomen op dweilen met de kraan open. De verleiding is simpelweg te groot, ook voor de bestrijders zelf: in 2009 werden de chef en de souschef van de dienst ter bestrijding van economische corruptie gearresteerd wegens grootschalige malversatie. Vele malen hebben de hoogste leiders een offensief aangekondigd tegen de corruptie, en even zo vaak is dat uitgelopen op een fiasco. Jaarlijks publiceert het openbaar ministerie een routineverslag over de aantallen corrupte ambtsdragers die gestraft zijn of het land uit zijn gevlucht en over de bedragen die ze hebben geïncasseerd. Volgens de Centrale Bank zijn tussen 1995 en 2008 zo'n 17.000 leidinggevenden en werknemers van staatsbedrijven er met 123 miljard dollar vandoor gegaan. Via neptransacties werd het geld vooral overgemaakt naar de VS, Australië, Canada en Nederland. Eind 2010 hielden volgens de regering minstens 580 financiële delinquenten zich schuil in het buitenland. De meest notoire figuur van dit gilde van voortvluchtige financiële criminelen was Lai Changxing, die in de havenstad Xiamen een smokkelimperium had opgebouwd waarin miljarden omgingen. In juli 2011, twaalf jaar nadat hij naar Canada was gevlucht, werd hij uitgeleverd aan China. De Chinese leiders hadden beloofd hem niet te laten folteren of ter dood te laten veroordelen, zoals was gebeurd met vijftien anderen in deze zaak.

De meeste mensen zullen het wel uit hun hoofd laten om een corruptiegeval aan te geven, tenzij anoniem op internet. Wie met een klacht naar de autoriteiten loopt, riskeert zijn veiligheid – vraag bijvoorbeeld maar aan degenen die een petitie komen indienen om recht te zoeken. Sinds de corruptie als gevolg van de economische revolutie een serieus probleem werd, zijn tien klokkenluiders uitgeroepen tot helden in de strijd tegen de omkoperij. Negen van die tien zijn daarna bedreigd of het slachtoffer geworden van wraakacties. De journalist Qi Chonghuai ging de cel in wegens 'afpersing en chantage', waarmee zijn onthullingen waren bedoeld over de corrupte praktijken van lokale leiders. In juni 2011 zou hij na vier jaar vrijkomen. Om te voorkomen dat Qi zijn anticorruptiewerk zou voortzetten, lieten de autoriteiten hem op grond van dezelfde 'misdrijven' waarvoor hij al was gestraft, nog eens tot acht jaar veroordelen. Het klokkenluiden wordt niettemin aangemoedigd. Ook is een website geopend waarop corruptiepraktijken kunnen worden gemeld. De partij beslist of iemand al dan niet met justitie te maken krijgt. Van de 146.517 functionarissen die in 2010 door de mand vielen en een disciplinaire straf kregen, werden er slechts 5373, dat is 3,67 procent, doorverwezen naar de rechter. Ze worden eerst van hun partijlidmaatschap en van hun functie vervallen verklaard, waarmee de partij zichzelf gezichtsverlies hoopt te besparen. Verreweg de meeste ontmaskerden krijgen alleen een berisping of een andere lichte disciplinaire straf omdat het niet in het belang van de partij is hen voor de rechter te slepen. De straftoemeting is verre van uniform. Sommigen komen er genadig van af, terwijl anderen voor hetzelfde misdrijf, of soms zelfs voor een minder ernstig delict, de doodstraf of levenslang krijgen.

Nergens ter wereld wordt de doodstraf zo vaak toegepast als in China; hoe vaak, dat is staatsgeheim. In ieder geval is het aantal executies veel hoger dan officieel wordt opgegeven. Amnesty Internationaal schatte het werkelijke aantal over 2010 op zesduizend. Volgens de Amerikaanse Dui Hua Stichting, die zich inzet voor de vrijlating van Chinese politieke gevangenen, is sinds 2007 het aantal executies met de helft gedaald tot rond vierduizend in 2011. De doodstraf in corruptiezaken moet als afschrikwekkend voorbeeld dienen en de bevolking ervan overtuigen dat de strijd tegen de omkoperij de autoriteiten bloedige ernst is. Voor dat laatste doel dienen ook educatieve initiatieven zoals anticorruptietentoonstellingen en films waarin corrupte functionarissen aan de schandpaal worden genageld. Een wet uit 2011 schafte de doodstraf voor dertien economische misdrijven af; voor 55 andere misdaden zou de hoogste straf blijven bestaan, al zou die alleen nog maar in de ergste gevallen worden voltrokken.

Ter indamming van de corruptie mogen hogere partij- en regeringsfiguren niet langer dan vijf jaar aanblijven en moeten ze bij hun aantreden het inkomen en de bezittingen van henzelf en hun familie opgeven. De transparantie gaat echter niet zover dat die gegevens worden gepubliceerd, laat staan door een onafhankelijke instantie gecontroleerd. Gedragscodes waarschuwen voor een lange reeks financiële misdrijven. De zogeheten 'naakte functionarissen', de bijnaam van een heel legioen apparatsjiks die hun vrouw, kinderen en vaak ook hun zwarte geld naar het buitenland hebben gestuurd, worden sinds een paar geruchtmakende ontsnappingen van vette vissen extra gecontroleerd als ze een paspoort aanvragen of op reis naar het buitenland willen gaan. De Centrale Commissie voor Discipline-Inspectie heeft becijferd dat in 95 procent van de grote corruptiezaken de daders er een of meer minnaressen of – hét statussymbool uit de keizertijd – concubines opna hielden. Daarom moeten functionarissen informatie geven over hun echtelijke relatie. Als die goed is, is de kans dat ze stelen kennelijk kleiner. Zoals gebruikelijk ontbreekt het niet aan wetten – er zijn ruim twaalfhonderd wetten, regels en richtlijnen die de corruptie aan banden moeten leggen – maar aan hun uitvoering.

Elk jaar kort voor Chinees Nieuwjaar, dé gelegenheid voor het overhandigen van 'rode enveloppen', waarschuwen de corruptiebestrijders dat partij- en regeringsfunctionarissen tijdens de feestdagen geen geschenken mogen aannemen en soberheid moeten betrachten. Die waarschuwing wordt even routineus gegeven als in de wind geslagen. Is er dan niets meer tegen de corruptie te doen? Internet is een machtig wapen gebleken tegen hooggeplaatste boeven. De prestigieuze Renmin Universiteit heeft een masteropleiding corruptiebestrijding ingesteld. Jaarlijks wordt in Shanghai de Anticorruptie China Top gehouden, een conferentie over de jongste bestrijdingsmethodes. Het meest onthutsende, en misschien ook eerlijkste initiatief komt van een gemeente die haar personeel beloont voor het níét aannemen van steekpenningen. Positieve stimulansen zijn natuurlijk uitstekend, maar zolang er geen werkelijke transparantie is en er geen onafhankelijke media en andere ongebonden controleinstanties zijn, blijft de Chinese manier van corruptiebestrijding sterk doen denken aan de slager die zijn eigen vlees keurt. Het probleem zit hem dus niet zozeer in corrupte functionarissen, als wel in een systeem dat haast tot corruptie uitnodigt.

Fraude en corruptie zijn niet het privilege van China. Ze komen overal voor, ook in democratieën, maar die hebben betere instrumenten om ze te bestrijden. In democratieën wordt corruptie nog altijd gezien als een uitzondering. In China niet. Corrupte mandarijnen zijn de regel en worden zelfs benijd, maar ook lagere overheidsfunctionarissen laten het zich aan niets ontbreken. Op z'n best is corruptiebestrijding Chinese stijl een illustratie van het oude Chinese spreekwoord: maak de kip dood om de apen schrik aan te jagen, ofwel: pak de corrupte figuren met zwakke beschermheren hard aan om de grote jongens bang te maken. Het is niet erg waarschijnlijk dat China, zijn confucianistische wortels ten spijt, het corruptieprobleem binnen afzienbare tijd onder controle zal hebben. Dat kan immers alleen als iedereen de confucianistische moraal in praktijk brengt of als het politieke systeem transparanter wordt en China een rechtsstaat. Zolang dat niet gebeurt, kan de partij alleen maar hopen dat ze hard genoeg zal weten te dweilen om niet in haar eigen corruptie te verzuipen.

Onderwijs

De partij staat voor veel andere binnenlandse problemen, stuk voor stuk van een reusachtige omvang. Denk bijvoorbeeld aan de nijpende watercrisis die zowel de landbouw als de menselijke consumptie bedreigt, de inkrimping van het landbouwareaal tot het absolute minimum waardoor de voedselzekerheid van eenvijfde deel van de mensheid in gevaar komt, de mogelijkheid dat aids verder om zich heen grijpt en onbeheersbaar wordt, het altijd dreigende gevaar van epidemieën, de sociale omwenteling als gevolg van de razendsnelle urbanisering en de migratie naar de steden. Een heel bijzondere uitdaging vormt het onderwijs. Dat is nog altijd doortrokken van de confucianistische waarden, wat vroeger zijn sterkte was en nu zijn zwakte is. Hiërarchisch eenrichtingsverkeer is nog altijd de regel: de leraar spreekt, de leerlingen zeggen hem na en stellen geen vragen. Leren is voornamelijk uit je hoofd leren. Creativiteit wordt niet bevorderd, want het is niet de bedoeling dat je je kop boven het maaiveld uitsteekt.

De intellectuelenhater Mao Zedong sloot de universiteiten aan het begin van de Culturele Revolutie. Van de studenten maakte hij cultuurbarbaren aan wie hij hun 'contrarevolutionaire' hoogleraren letterlijk ten prooi wierp. Daarna moest het universitair onderwijs vanuit het niets weer worden opgebouwd. Dat is nog altijd te merken: de huidige hoogleraren hadden geen voorgangers om op terug te vallen en geen internationale academische contacten. Na Mao ging een universitair diploma opnieuw gelden als garantie voor het verkrijgen van een leidende positie en van sociaal aanzien voor de familie. Daarmee nam de universiteit de rol van sociale springplank over van de keizerlijke examens. Het universitair toelatingsexamen doet nog altijd aan vroeger tijden denken: het is in het hele land hetzelfde, stampwerk speelt een centrale rol en er zijn veel meer kandidaten dan beschikbare plaatsen. Het is verreweg het massaalste examen van de wereld. Aan de editie 2011 deden 9,3 miljoen studenten mee. Drie miljoen moesten er afvallen. Weliswaar is de capaciteit van de universiteiten exponentieel gestegen, maar het aantal aankomende studenten tot voor kort ook.

Teken des tijds: aan China's beste universiteiten, zoals de universiteit van Peking en de Tsinghua Universiteit, studeren nauwelijks nog studenten uit boerenfamilies. Dat was in de keizertijd een stuk beter geregeld. Andere tekenen des tijds: de beste studenten gaan, voor zover hun ouders het betalen kunnen, in het buitenland studeren, en afgestudeerden rollen niet meer automatisch een mooie baan in. Vaak moeten ze genoegen nemen met een nederige job, of met helemaal niets. 23 procent van de 6,3 miljoen afgestudeerden van 2010 was acht maanden na het verlaten van de universiteit nog altijd werkloos. Deze gefrustreerde academici, die bang zijn dat ze de sprong naar de gegoede middenklasse nooit zullen kunnen maken, kunnen voor de partij een stuk gevaarlijker zijn dan honderd miljoen arme boeren bij elkaar. De regering doet alles om die tijdbom onschadelijk te maken door studies te verlengen, kansarme studierichtingen op te heffen, jonge academici te recruteren voor het leger en interessante banen te creëren.

In de buitenwijken van de grote steden en in de ondergrondse stad onder Peking – een gigantisch net van schuilkelders dat een deel van de hoofdstedelijke bevolking in de jaren zeventig moest beschermen tegen hypothetische Sovjetatoombommen – huizen honderdduizenden werkloze jonge academici. Dit legioen desperado's, samengepakt in kamertjes of kelders, staat bekend als 'de mierenkolonie'. Ze zijn het slachtoffer van een achterhaald onderwijssysteem. Op de universiteit hebben ze kennis opgedaan over één enkel vak. Creatief denken is hun niet geleerd, en interdisciplinaire ervaring hebben ze niet. Moderne bedrijven zitten niet op dat soort werknemers te wachten. In het Westen wordt vaak jaloers opgemerkt dat China elk jaar 400.000 ingenieurs aflevert. Maar vraag niet wát voor ingenieurs. Niet meer dan eentiende van hen heeft het door multinationals geëiste niveau.

Dit gebrek aan creatieve geesten kan China nog opbreken. Innovatie is immers de nieuwe mantra van de economie, maar innovatief denken wordt Chinese academici niet bijgebracht. Universiteiten zijn een soort bijkantoren van de communistische partij, waar partijbazen de dienst uitmaken en politieke macht belangrijker is dan academische kwaliteit. Het is veelbetekenend dat nog nooit een in China wonende exacte wetenschapper een Nobelprijs heeft gekregen. Dat komt ook omdat de Chinese academische wereld geteisterd wordt door plagiaat. Studenten kunnen door speciale bureaus hun scriptie laten schrijven. Spieken bij examens is heel gewoon. Vaak is er via hightechapparaatjes contact met medeplichtigen buiten de examenzaal. Om de haverklap is er een schandaal over een hoogleraar die zijn onderzoeksgegevens vervalst of zijn vermaarde publicaties gekopieerd blijkt te hebben. Die imitatiedrang gaat terug op Confucius, China's leermeester bij uitstek. In de confucianistische traditie moeten leerlingen proberen de kennis en kunde van de leraar zo dicht mogelijk te benaderen, zonder zelf iets nieuws toe te voegen. Vandaar de eindeloze herhalingen van de meesterwerken van de oude canon in de kunst en de architectuur. Het toppunt van navolging is complete overname, bijvoorbeeld van technologieën, uitvindingen of wetenschappelijke artikelen. Wij noemen dat spionage, diefstal van intellectueel eigendom of plagiaat, maar de confucianistische cultuur ziet dat anders.

De Chinese leiders doen wat ze kunnen om de achterstand op het gebied van innovatie in te lopen: ze stoppen veel geld in onderzoek en ontwikkeling, vestigingen van grote buitenlandse bedrijven moeten een r&d-laboratorium openen, buitenlandse ondernemingen worden verplicht hun technologieën te onthullen of in China ontwikkelde technologieën te gebruiken, uitvinders en innovatieve bedrijven krijgen financiële stimulansen, het intellectueel eigendomsrecht wordt wat beter beschermd. Sinds het begin van de economische wereldcrisis is het aantal ingediende patenten overal in de wereld afgenomen, behalve in China. In 2011 haalde China de vs en Japan in als het land met de meeste patenten. Het aantal door Chinezen aangevraagde patenten moet van 300.000 in 2009 stijgen tot twee miljoen in 2015. Maar de kwaliteit van de patenten laat nog veel te wensen over. De helft betreft gebruiksmodellen, geen echte uitvindingen. Chinese onderzoekers publiceren tegenwoordig het grootste aantal wetenschappelijke artikelen ter wereld, maar er wordt bitter weinig naar verwezen. Ook hier gaat het vooralsnog meer om kwantiteit dan om kwaliteit.

Hoewel de vooruitgang indrukwekkend is, kan het nog vele jaren duren voordat China de topinnovator van de wereld is. De confucianistische erfenis werkt wat dat betreft niet mee. De communistische evenmin. Creativiteit vereist immers kritisch denken, en dat wordt vanouds door de partij niet op prijs gesteld. Er zijn zelfs westerse analisten die denken dat China de innovatietop alleen maar kan bereiken als het democratisch wordt. Feit is dat de Chinese leiders die paradox proberen te omzeilen door de ontwikkeling van de kritische geest te bevorderen op alle gebieden behalve in de politiek. Daarmee wordt op verschillende universiteiten geëxperimenteerd, en zelfs op de Centrale Partijschool, de kweekvijver van de leiders van de toekomst.

De loop van een geweer

Het grootste staande leger van de wereld (2,3 miljoen mannen en vrouwen onder de wapenen, in noodgevallen te versterken met 8 miljoen leden van de milities en 510.000 reservisten) komt voort uit een stel armoedzaaiers die, om het marxistisch te zeggen, niets anders te verliezen hadden dan hun ketenen. Sinds de jonge Mao uit de eerste confrontaties met de Kwomintang concludeerde dat politieke macht uit de loop van een geweer komt, vormen de militairen de ruggegraat van de communistische partij. Het Rode Leger werd in 1945 omgedoopt in Volksbevrijdingsleger, en zo heet het nog steeds. Het is nog altijd het leger van de partij en niet van de Chinese Volksrepubliek. Het leger is er dus niet om de staat te dienen, maar de partij. Zolang staat en partij praktisch samenvallen doet dat onderscheid er in de praktijk weinig toe. Toen aan het eind van de jaren zestig de militairen werden ingezet om de chaos van de Culturele Revolutie te beteugelen, redden ze de partij en daarmee de staat. Dat ze toen geen staatsgreep pleegden bewijst hoe groot Mao's greep op het leger was.

Ook Deng Xiaoping, die een van de leiders van het Rode Leger was geweest, had bij de militairen een natuurlijk gezag. Daardoor kon hij bijvoorbeeld zonder tegenstand het leger op een zijspoor rangeren nadat hij in 1978 de 'hervormingen en openstelling' had afgekondigd. Het gros van de zeer beperkte middelen was nodig voor de economische ontwikkeling en daarom moest China zich op het internationale front heel rustig houden en geen militaire initiatieven ontplooien. Het laatste militaire avontuur was de grensoorlog met Vietnam in 1979, waarmee Peking zijn voormalige vazalstaat een lesje dacht te kunnen leren. De officieel nooit toegegeven Chinese nederlaag overtuigde de leiders van de noodzaak om het Volksbevrijdingsleger grondig te moderniseren, maar daar was voorlopig nauwelijks geld voor. Als troostprijs mochten de officieren zich in het zakenleven storten, wat ze met grote graagte deden. De winsten van de militaire bedrijven zouden eigenlijk de defensiebegroting moeten aanzuiveren, maar steeds meer officieren staken ze in eigen zak.

In 1989 kwam het leger onverwachts toch op de voorgrond, eerst om in Tibet op bevel van de toenmalige provinciale partijleider Hu Jintao een opstand de kop in te drukken, daarna om op bevel van Deng Xiaoping een eind te maken aan de 'Pekinese Lente' op het Tiananmenplein. Het daaropvolgende bloedbad, waarin het Volksbevrijdingsleger zijn naam geen eer aandeed, is wel geëxcuseerd met de nogal cynische constatering dat China bij gebrek aan een goed getrainde en uitgeruste oproerpolitie geen andere keus had dan het leger in te zetten. In elk geval werd na 'Tiananmen' de in 1982 opgerichte Gewapende Volkspolitie uitgebreid en versterkt. Schattingen over de omvang van dit korps, dat belast is met bestrijding van opstanden en het bewaken van personen, gebouwen en grenzen, gaan tot 1,5 miljoen man. Als gevolg van de toenemende sociale spanningen kreeg de oproerpolitie in 2011 veel meer geld te besteden.

De leiders die na Deng aan de macht kwamen, Jiang Zemin en Hu Jintao, hadden geen militair verleden, en hetzelfde geldt voor de komende man Xi Jinping. Het gezag bij het leger dat Mao en Deng van nature hadden, moesten hun opvolgers zien te verwerven. Een methode daarvoor is om vertrouwelingen op belangrijke legerposten te zetten. De partijleider is automatisch ook de hoogste militaire leider als voorzitter van de Centrale Militaire Commissie van de partij (en van de gelijknamige instantie van de regering, met exact dezelfde samenstelling maar zonder macht). De kroonprins van de partij wordt een paar jaar voor zijn aantreden vicevoorzitter van deze commissie. Toen Xi Jinping die functie kreeg in 2010, een jaar later dan was verwacht, was het duidelijk dat hij de opvolger van Hu

Jintao zou worden. Over de ambtstermijn van het voorzitterschap van de Centrale Militaire Commissie is formeel niets geregeld. Na zijn aftreden als partijleider in 2002 en als president in 2003 bleef Jiang Zemin aan als hoogste legerchef om vanuit die machtspositie politieke invloed te houden. De militairen werden er zeer onrustig door. Aan wie moesten ze rapporteren en gehoorzamen? Aan hun oude militaire baas Jiang Zemin of hun nieuwe politieke baas Hu Jintao? Ten slotte begreep Jiang Zemin dat hij in het belang van de partij moest terugtreden. Er zijn vermoedens dat ook Hu Jintao na zijn aftreden als partijleider in 2012 en als staatshoofd in 2013 wil aanblijven als militaire leider.

Tussen Mao's Rode Leger zonder rangen en de strijdkrachten van nu liggen lichtjaren verschil. Het voddenleger en het slecht bewapende kanonnenvlees hebben plaats gemaakt voor een professioneel leger met hightechwapens. De nadruk is verschoven van de landstrijdkrachten naar de luchtmacht en de marine, en van conventionele oorlogvoering naar *cyber warfare*. De landstrijdkrachten zijn aanmerkelijk ingekrompen. In plaats van analfabete boerenjongens worden tegenwoordig ingenieurs en technische experts geworven. Er is een nauwe samenwerking opgebouwd met de civiele hightechindustrie. Dat is voor de Verenigde Staten een reden te meer om China geen technologie te leveren die ook voor militaire doeleinden kan worden toegepast. De modernisering gaat hand in hand met China's economische ontwikkeling. Handelsroutes en Chinese arbeiders in het buitenland moeten worden beschermd, internationale belangen verdedigd, potentiële vijanden afgeschrikt en een eventuele aanval op Taiwan voorbereid.

Een ander onderdeel van de modernisering was de ontmanteling aan het eind van de jaren negentig van het militaire zakenimperium en de daaraan verbonden grootscheepse corruptie. Ter compensatie verhoogde partijleider-legerchef-president Jiang Zemin de militaire begroting aanzienlijk. Sinds jaren nemen de militaire uitgaven bijna altijd met een veel hoger percentage toe dan het bruto binnenlands product. Het militaire budget voor 2011 is 92 miljard dollar. In dit bedrag zijn wapenaankopen en andere geheime uitgaven niet inbegrepen. De begroting van het Pentagon is grofweg zes keer zo veel. Elk jaar vragen Washington en Tokio zich bezorgd af waar de Chinese strijdkrachten al dat geld toch voor nodig hebben. Peking antwoordt routineus dat de militaire modernisering volstrekt legitiem is en dat niemand iets van China's 'vreedzame ontwikkeling' te vrezen heeft. De versterking van de nationale defensie en de opbouw van een machtig leger zijn in de woorden van premier Wen 'belangrijke garanties voor het veiligstellen van de nationale soevereiniteit, de veiligheid en de ontwikkelingsbelangen'.

In 2011 was de toelichting voor het eerst minder vaag. En voor het eerst reageerde niet een politicus, maar een militair. Generaal-majoor Luo Yuan draaide de zaak om. De juiste vraag is volgens hem niet waarom die uitgaven toenemen, maar waarom ze niet gelijk kunnen blijven. Een van de redenen, zei hij, is dat elk land dat bedreigd wordt met afscheiding zijn militaire uitgaven zal verhogen, en China wordt nu bedreigd met de afscheiding van Tibet, Xinjiang en Taiwan. Een andere reden is de uitbreiding van de militaire taken. China had de gewoonte zijn oorlogsvloot niet de oceaan op te sturen omdat het andere landen niet op stang wilde jagen. Eind 2008 brak het met die gewoonte. Een marine-eskader werd naar de Golf van Aden gedirigeerd om deel te nemen aan de internationale patrouilles tegen Somalische piraten. Ook Chinese schepen zijn immers doelwit van de piraten, waardoor China gedwongen werd zijn militaire low profile op te geven.

De burgeroorlog in Libië bracht in maart 2011 een nieuwe Chinese machtsontplooiing. Een Chinees fregat dat in de Golf van Aden patrouilleerde werd naar Libië gestuurd om bescherming te bieden bij de evacuatie van ruim 35.000 Chinezen. Die werkten daar voor 75 Chinese bedrijven in de olie- en gasindustrie en grote infrastructurele projecten. Met de actie sloeg China verschillende vliegen in één klap. De marine haalde een wit voetje bij de publieke internetopinie in eigen land, die eist dat Chinezen waar ook ter wereld beschermd en geholpen worden als ze in nood zijn. Het regime van Khaddafi was gewaarschuwd dat het de Chinese burgers ongehinderd moest laten gaan. Daarnaast was de operatie een uitstekende trainingsoefening voor de Chinese militairen, die al vele jaren geen strijd meer hebben geleverd. En deze eerste verschijning van een Chinees oorlogsschip in de Middellandse Zee herinnerde de wereld aan de groeiende militaire macht van het herrijzende Hemelse Rijk.

Het feit dat een woordvoerder van het Volksbevrijdingsleger commentaar leverde op de defensiebegroting voor 2011, bewees hoever de militairen zijn afgedreven van Deng Xiaopings order om niet op te vallen. China's explosieve economische groei en de crisis in de Verenigde Staten hebben de legerleiders veel zelfvertrouwen gegeven. Ze vinden dat de tijd is gekomen dat China krachtig te kennen geeft dat het ook militair op weg is een wereldmacht te worden. Het is de bedoeling dat de vs onder de indruk komen van die militaire assertiviteit, zodat de verontruste Amerikaanse reactie als rechtvaardiging kan dienen om de Chinese strijdkrachten nog verder te versterken. Daarmee is ook een binnenlands doel gediend: het Chinese volk overtuigen van het fervente nationalisme van zijn legerleiders. De nieuwe assertiviteit begon met het welgemikte schot waarmee in 2007 een aftandse Chinese weersatelliet uit de ruimte werd gehaald. De boodschap was evident: Washington diende er voortaan rekening mee te houden dat China een wapen had waarmee ook Amerikaanse satellieten, militaire communicatiesatellieten bijvoorbeeld, buiten bedrijf kunnen worden gesteld.

Sindsdien laten Chinese militaire leiders zich steeds vaker horen, en steeds vaker lijkt het alsof ze een eigen agenda hebben, die veel radicaler is dan die van de politici. De generaals spreiden een onvervalst nationalisme tentoon en maken geen enkel geheim van China's grootse militaire plannen. De politieke wereld legt daar liever niet de nadruk op om de onvermijdelijke aanvaringen met het buitenland zo veel mogelijk te beperken en intussen verder te werken aan de economische en politieke expansie. Sinds 2010 geven hoge militairen op tv hun mening over niet alleen militaire maar ook politieke zaken, waarmee ze de beroepsdiplomaten niet zelden in de wielen rijden. De vraag is of dit wijst op een serieus meningsverschil tussen de politieke en de militaire leiders, of dat het een goed gecoordineerde show is, waarbij Washington nu eens te maken heeft met de prudente lijn van de politici en dan weer met de harde lijn van de militairen.

Uitgerekend tijdens een bezoek aan Peking, begin 2011, van de toenmalige Amerikaanse minister van Defensie Gates werd een proefvlucht gemaakt met China's eerste, met Russische hulp gemaakte stealth-gevechtsvliegtuig, een toestel dat onzichtbaar is voor radar. Gates vroeg president Hu om opheldering, en die wekte de indruk verrast te zijn. Zou Hu werkelijk van niets hebben geweten? Als dat zo is, dan kan dat betekenen dat het beroemde voorschrift van Mao ('de partij beveelt het geweer, het geweer mag nimmer de partij bevelen') niet meer geldt. Dat kan onvoorzienbare gevolgen hebben. Maar misschien loopt het zo'n vaart niet. Partij en leger zijn inderdaad wat uit elkaar gegroeid: de technocraten die sinds Deng de partij leiden, hebben meestal weinig contacten binnen de strijdkrachten, en het aantal militairen in de hoogste partijfuncties is aanzienlijk afgenomen. Dat geeft het leger een zekere speelruimte, maar dan eerder om de partij onder druk te zetten dan om een onafhankelijke koers te varen.

Het leger heeft veel wapenaankopen gedaan en ontwikkelt zelf ook conventionele wapens, maar het weet dat het op dat gebied nog lang de mindere van de Verenigde Staten zal blijven. Het probeert dat verschil goed te maken door onconventionele wapensystemen te ontwikkelen die de Amerikaanse militaire machine moeten verlammen in haar achilleshiel: de ruimte en de computersystemen. Satellieten neerschieten, satellietsignalen storen, computers kraken, met energiewapens vanuit de ruimte doelen vernietigen zonder een schot te lossen, dat soort werk. De snelle Chinese vorderingen op deze gebieden maken het Pentagon zenuwachtig. Er wordt al gesproken over een hightechwapenwedloop tussen de twee landen. Chinese hackers dringen sinds 2002 computers van buitenlandse regeringen binnen, vooral die van de vs, en van grote internationale particuliere bedrijven. Onthullingen van WikiLeaks suggereren dat deze 'patriottische hackers' freelancers zijn die informeel samenwerken met de militaire of civiele leiders. Daardoor kan China elke beschuldiging van de hand wijzen dat het iets met de cyberaanvallen te maken heeft. 'China is tegen alle vormen van hacking', zo luidde de droge officiële reactie op een rapport in augustus 2011 van het internetbeveiligingsbedrijf McAfee over cyberspionage sinds 2006. Er werden in die tijd cyberaanvallen uitgevoerd op 72 doelen, waarvan 49 in de vs: regeringen, bedrijven, zelfs de Verenigde Naties en het Internationaal Olympisch Comité. Alle aanvallen wezen als plaats van herkomst naar China.

Daarnaast is China bezig zijn marine in snel tempo te versterken. In augustus 2011 was de proefvaart van China's eerste vliegdekschip, een door de voormalige Sovjet-Unie afgedankt vaartuig dat was aangekocht met het smoesje dat het een drijvend casino in Macau zou worden. Volgens het leger heeft China minstens drie vliegdekschepen nodig. De ontwikkeling van een ballistische raket die een vliegdekschip kan uitschakelen, een angstbeeld voor de Amerikanen, schijnt goed te vorderen. De naar schatting 160 Chinese kernkoppen zijn overgeladen op mobiele lanceerinrichtingen of ondergebracht in onderzeeboten. De 'vreedzame ontwikkeling' van China tot wereldmacht sluit kennelijk de inzet van dood en verderf zaaiend wapentuig niet uit. Waar denkt China dat voor nodig te hebben?

Het meest voor de hand liggende doelwit is Taiwan. Sinds 2005 heeft China een wet waarin het zichzelf machtigt geweld te gebruiken als deze 'afvallige provincie' zich formeel onafhankelijk verklaart. Die kans werd een stuk kleiner toen in 2008 de Kwomintang in Taiwan weer aan het bewind kwam in de persoon van Ma Ying-jeou, na acht roerige jaren onder Chen Shui-bian, leider van de afscheidingsgezinde Democratische Progressieve Partij. Tijdens de Chinese burgeroorlog hebben communisten en Kwomintang-nationalisten elkaar massaal over de kling gejaagd, maar dankzij hun gemeenschappelijke wortels weten ze wat ze aan elkaar hebben. Ma Ying-jeou heeft de economische banden met het vasteland sterk aangehaald en duidelijk gemaakt dat Taiwan niet eenzijdig de onafhankelijkheid zal verklaren. De meeste Taiwanezen willen dat ook niet, uit angst voor de gevolgen. Ze willen voorlopig of voor altijd de voortzetting van de status-quo.

De Chinezen hopen dat de economische banden langzamerhand ook tot politieke banden zullen leiden. Die banden kunnen heel los zijn, losser nog dan de relaties waarin de voor Hongkong en Macau gebruikte formule 'Eén land, twee systemen' voorziet, als het voor Peking heilige één-China-beginsel maar wordt erkend. Misschien moeten we denken aan een moderne vorm van de relatie die vroeger de vazalvorst had met de keizer. Zolang hij het gezag van de keizer erkende, had de vazal vrijwel volledige autonomie en zelfs een eigen leger. Dat perspectief is dichterbij gekomen dankzij de voor China zeer welkome herverkiezing van Ma Ying-jeou in januari 2012. Inmiddels is het aantal raketten dat staat opgesteld aan de Chinese kust tegenover Taiwan, naar schatting vijftienhonderd in 2010, verder opgevoerd. China zou bereid zijn ze weg te halen als de Verenigde Staten hun wapenleveranties aan Taiwan en hun spionagevluchten in de buurt van de Chinese kust staken. De aankondiging begin 2010 dat de vs wapens aan Taiwan gingen leveren voor 6,4 miljard dollar was voor China reden de militaire relaties met Washington te bevriezen.

De Taiwan Relations Act eist van de Verenigde Staten dat ze Taiwan militair te hulp komen als het eiland door China wordt aangevallen. Dat gebeurde bijna in 1996, toen China raketproeven uitvoerde die Taiwan moesten intimideren. President Clinton liet vanuit de Amerikaanse basis Okinawa in Japan twee vliegdekschepen met gevechtsvliegtuigen naar de Straat van Taiwan opstomen. China koos eieren voor zijn geld. Intussen is de militaire macht van Peking aanzienlijk toegenomen. De strategie is er nu op gericht om in geval van een aanval op Taiwan de Amerikaanse militaire machine uit te schakelen voordat ze kan reageren, of haar in elk geval zo veel mogelijk te vertragen – waarna het niet meer oorlog is tussen China en Taiwan, maar tussen China en Amerika. Een heel ander scenario is echter dat Washington geen conflict met China wil riskeren en zijn militaire relaties met Taiwan gaat afbouwen. Daarmee zou een eind komen aan Amerika's 'strategische dubbelzinnigheid' in de relatie met China en Japan. Per slot van rekening is Peking voor Washington eindeloos veel belangrijker dan Taipei. In Washington wordt gespeeld met een originele oplossing om van de kwestie-Taiwan af te komen: Amerika beëindigt zijn militaire steun aan Taiwan, en in ruil daarvoor scheldt China de ruim 1 biljoen dollar aan Amerikaanse staatsschuld die in Chinese handen is kwijt.

Maar er is voor het Volksbevrijdingsleger meer dan Taiwan. China wil zijn invloedssfeer uitbreiden in het hele westelijke deel van de Grote Oceaan om zijn handelsroutes te beschermen, zijn territoriale aanspraken in de Oost- en de Zuid-Chinese Zee kracht bij te zetten en zijn ongedekte flank, de 14.500 kilometer lange kust, te beschermen tegen een mogelijke aanval. Die kan alleen maar komen van de vs, de grootmacht die sinds de Tweede Wereldoorlog militair de dienst uitmaakt in het hele Pacific-gebied. Er bestaat geen Oost-Aziatische versie van de navo. In de jaren van de Koude Oorlog die volgden op de uitroeping van de Volksrepubliek China sloot Washington militaire bondgenootschappen met afzonderlijke landen in Oost-Azië en de Pacific: Japan, Zuid-Korea, Taiwan, de Filippijnen, Thailand, Singapore, Australië en Nieuw-Zeeland. Deze allianties waren bedoeld om het 'communistische gevaar' te keren. Na de ontbinding van de Sovjet-Unie, de gemeenschappelijke vijand van de Verenigde Staten en China, bleef alleen het 'gele gevaar' over, belichaamd door de Chinezen en Noord-Koreanen.

Peking heeft er alle belang bij om de Amerikaanse oorlogsvloot in de Pacific op een zo groot mogelijke afstand te houden en deze vloot in geval van een conflict zo veel mogelijk te hinderen in zijn opmars. Washington is echter absoluut niet van plan zich uit het westelijk deel van de Grote Oceaan terug te trekken. Dat blijkt bijvoorbeeld uit de achtereenvolgende Amerikaanse vlootoefeningen met Zuid-Korea in de wateren voor de kusten van Rusland en China. Dit spierballenvertoon is bedoeld om Noord-Korea en China te imponeren. Het gaat gepaard met een Amerikaans diplomatiek offensief in de regio om oude allianties nieuw leven in te blazen en nieuwe te sluiten. Op dat punt hebben Noord-Korea en China het de Amerikanen gemakkelijk gemaakt. Noord-Korea torpedeerde in maart 2010 een Zuid-Koreaans korvet (46 doden) en bracht met die provocatie grote beroering in de regio teweeg, terwijl China onrust bracht door zijn aanspraken op twee omstreden eilandengroepen op een niet mis te verstane wijze te onderstrepen.

Het gaat om de Spratly-eilanden in de Zuid-Chinese Zee en een groep eilandjes in de Oost-Chinese Zee die in het Japans Senkaku en in het Chinees Diaoyu heten. Wie deze eilandengroepen beheerst, beheerst de voor China vitaal geworden toegang tot de Stille Oceaan. De Zuid-Chinese Zee, waar eenderde deel van de wereldhandel over zee passeert, is verreweg de belangrijkste doorgangsroute voor China's olietankers en vrachtschepen. Deng Xiaoping wilde de soevereiniteitskwestie uitstellen en de eilanden gezamenlijk ontwikkelen. Niettemin heeft China diverse malen militair geweld gebruikt om zijn aanspraken kracht bij te zetten. Voor China zijn het veel meer dan aanspraken: de natuur heeft de eilandjes aan het Chinese rijk toegewezen, en de vazalstaten die zich verzetten tegen die natuurlijke ordening moet een lesje worden geleerd. De Chinese soevereiniteit over de beide kleine archipels werd in 2010 opgewaardeerd tot 'nationaal kernbelang'. Na Taiwan, Tibet en Xinjiang zijn daarmee ook de Spratly's en de Diaoyu-eilanden uitgeroepen tot onvervreemdbaar Chinees grondgebied.

In 2010 stelde Vietnam voor om multilaterale onderhandelingen over het Spratly-conflict te openen. China wees dat voorstel verontwaardigd af. Dat soort onderhandelingen ziet het als inmenging in zijn binnenlandse aangelegenheden. Vietnam kreeg echter de steun van de Verenigde Staten, die tot woede van Peking verklaarden dat de vrijheid van zeevaart in de Zuid-Chinese Zee een Amerikaans nationaal belang is. Ook de andere landen van Zuidoost-Azië, waarmee China juist een steeds inniger economische relatie had opgebouwd, schurkten zich tegen hun Amerikaanse militaire beschermheer aan. Vietnam breidde zijn militaire samenwerking met zijn vroegere aartsvijand uit en ging, onder luid protest van China, in zee met India voor gezamenlijke olie-exploratie van de Zuid-Chinese-Zeebodem. En daarmee had de Chinese assertiviteit een resultaat dat het omgekeerde was van het beoogde. Na een reeks nieuwe incidenten werden de Zuidoost-Aziatische landen het in juli 2011 met China eens over een aantal richtlijnen over de aanpak van geschillen over het zeegebied, maar dat loste niets op want de richtlijnen zijn niet bindend, China blijft bij zijn aanspraken op het hele zeegebied en het blijft een multilatere oplossing afwijzen. De incidenten gaan dan ook gewoon door. En zo is de Zuid-Chinese Zee hard op weg een gevaarlijke plek te worden. De landen van Zuidoost-Azië willen graag profiteren van China's economische groei en doen dat ook, maar ze blijven Pekings militaire bedoelingen wantrouwen. Pas wanneer ze ervan overtuigd zijn dat China niets kwaads in de zin heeft, zijn ze bereid hun militaire banden met de vs te verzwakken. Wat dat betreft was de overtrokken manier waarop China in september 2010 reageerde op een op zichzelf onbeduidend incident – de arrestatie door Japan van de dronken kapitein van een Chinese vissersboot die bij de Diaoyu-eilanden een schip van de Japanse kustwacht had geramd – niet geruststellend. Het was een waarschuwing aan het adres van alle landen die geschillen met China hebben dat Peking geen duimbreed zal wijken.

De militaire opkomst van China is voer voor liefhebbers van geopolitieke en strategische speculaties. Zo doet sinds 2004 het verhaal over het zogenoemde Parelsnoer de ronde. De parels zouden vijf diepzeehavens zijn, van het Chinese eiland Hainan in het oosten tot de ingang van de Golf van Oman in het westen, waar China bezig zou zijn marinebases en militaire inlichtingencentra te vestigen. De havens liggen aan de voor China vitale corridor in de Indische Oceaan waar zijn olietankers uit Afrika en het Midden-Oosten doorheen varen. Het zou gaan om de havens Gwadar in Pakistan, Hambantota in Sri Lanka, Chittagong in Bangladesh en Sittwe in Birma. China heeft met al deze landen goede relaties, en heeft in en rond die havens, voor een deel nog in aanleg, grote investeringen gedaan in havenfaciliteiten, olieraffinaderijen of mijnen, tot verontrusting van India en de vs. Maar er is tot nu toe op geen van de 'parels' een spoor gevonden van Chinese militaire structuren. Eind 2011 kregen Chinese schepen het recht om de Seychellen aan te doen, maar daarmee is die eilandengroep nog geen Chinese militaire basis geworden. Tot nader order heeft de Indische Oceaan nog niet de actieve belangstelling van het Volksbevrijdingsleger. Eerst de eigen wateren: de Pacific.

Internationale opmars

China is voor de meeste niet-Chinezen nog altijd een grote gele vlek. De meeste mensen kennen niet eens de naam van de huidige Chinese president, laat staan van zijn opvolger. Of ze noemen hem Jintao, want ze denken dat dat Hu's achternaam is. De president van de Verenigde Staten kennen ze wel, hoewel er ruim vier keer zo veel Chinezen zijn als Amerikanen. Onze onwetendheid over de opkomende, of beter gezegd terugkerende supermacht China valt best te begrijpen. China is lange tijd geïsoleerd geweest van de buitenwereld, of vanuit de Chinese visie geredeneerd: de buitenwereld is lange tijd geïsoleerd geweest van China. Gedurende de Eeuw der Vernedering was China voor het Westen alleen interessant voorzover er wat te halen viel: oorlogsbuit, herstelbetalingen, handelsfaciliteiten, goedkope producten, koelies. Mao Zedong maakte aan die plunderingen radicaal een eind. Maar hij omringde China ook met een bamboegordijn. Wat zich daarbinnen afspeelde, bleef voor de buitenwereld grotendeels een mysterie.

Het duurde even voordat de openstelling van China door Deng Xiaoping tot de buitenwacht doordrong. China heeft nu diplomatieke relaties met alle landen van de wereld, behalve met de 23 staten die Taiwan nog erkennen. Niemand kan meer om China heen. We zullen een enorme inhaalslag moeten maken om een beter begrip te krijgen van de ontwaakte reus waarover Napoleon sprak. De reus is tegenwoordig vrijwel overal aanwezig. Zijn economische, (geo)politieke, strategische en militaire belangen zijn wereldomspannend geworden, wat gevolgen heeft voor zijn buitenlandse betrekkingen. Hieronder bespreken we China's belangrijkste relaties.

Verenigde Staten

Richard Nixon staat niet bekend als een groot president. Toch getuigde hij met zijn door Henry Kissinger voorbereide bezoek aan China van grote visie. Met dat bezoek in 1972 eindigde een vijandschap die ruim 22 jaar had geduurd. Nixon en Mao hadden elkaar nodig om samen de gemeenschappelijke vijand, de Sovjet-Unie, te isoleren. Mao oogstte van Nixon de erkenning van het één-China-beginsel, wat de opmaat werd voor de Amerikaanse diplomatieke ommezwaai van Taiwan naar China en de toelating van de Volksrepubliek tot de VN en andere internationale organisaties. Nixon had twee veel minder bekende redenen om Mao te bezoeken: hij wilde China's hulp voor de beëindiging van de oorlog in Vietnam en hij voorvoelde het enorme economische potentieel van de Volksrepubliek. Tegenwoordig gaat in de handel tussen de VS en China een bedrag van rond 500 miljard dollar om. De toekomst van de wereld wordt niet meer bepaald door de G7 of de G8, en zelfs niet door de G20, het overlegorgaan waar de rijke landen gezelschap hebben van de krachtigste ontwikkelingslanden. De toekomst van de wereld gaat bepaald worden door een officieel niet-bestaande club met een miniem aantal leden: de G2. Van de betrekkingen tussen de VS en China, de belangrijkste bilaterale relatie van de wereld, zal de loop van de wereldgeschiedenis van de 21e eeuw afhangen.

Die relaties zijn jarenlang heel ongelijk geweest. De VS waren de onbetwiste leider en China was de vragende partij. Voor China's economische ontwikkeling waren Amerikaanse investeringen en Amerikaanse technologie immers onontbeerlijk. De ongelijkheid is in korte tijd veel minder extreem geworden, maar nog altijd zijn de Verenigde Staten in veel opzichten China's meerdere: economisch, technologisch, wetenschappelijk, militair. Die superioriteit is echter bedrieglijk: zonder de steun van China zou de Amerikaanse reus omvallen, en dan zou hij China meeslepen. Dat angstbeeld is een stuk concreter geworden nadat Standard & Poor's in augustus 2011 voor het eerst in de geschiedenis Amerika had gedegradeerd als kredietwaardige natie (van AAA naar AA+). Als grootste buitenlandse bezitter van obligaties van de Amerikaanse staatsschuld heeft China er alle belang bij dat de dollar niet onder-uitgaat. Dan zou immers ook de waarde kelderen van China's aan-deel in die schuld. Bovendien zou de Amerikaanse invoer uit China scherp dalen, wat in China zou leiden tot massale bedrijfssluitingen en ontslagen, met alle mogelijke sociale en politieke consequenties van dien. Dat verklaart de ongehoord scherpe Chinese waarschu-wingen aan het adres van de Verenigde Staten om orde te scheppen in hun schuldenchaos en de belangen van hun investeerders te be-schermen. Die ferme taal was ook bedoeld om de binnenlandse kri-tiek te pareren dat de Chinese leiders de door het volk verdiende biljoenen in rook hadden laten opgaan. Vooralsnog zitten China en de vs vast in hun wederzijdse houdgreep. Nog nooit in de geschie-denis zijn de tanende en de opkomende wereldmacht zo afhanke-lijk van elkaar geweest. Hun financieel-economische verstrenge-ling heeft een nieuw woord opgeleverd: Chinamerica.

De Chinese regering gaat nog altijd de confrontatie met de Ver-enigde Staten zo veel mogelijk uit de weg. Maar er zijn grenzen aan China's tolerantie, en die lijken de laatste jaren strakker te worden. Onder Deng Xiaoping hield China zich nog volkomen gedeisd. Ook de vorige leider Jiang Zemin had de Verenigde Staten hard no-dig voor zijn economische beleid, al waren er heftige incidenten zo-als het (volgens de Amerikanen toevallige) NAVO-bombardement in 1999 op de Chinese ambassade in Belgrado en de botsing in 2001 tussen een spionagevliegtuig van de Amerikaans marine en een Chinees jachtvliegtuig boven het eiland Hainan. De Chinezen wa-ren razend, en de regering moest een stevige vuist tegen Washing-ton maken om de nationalistische gemoederen te kalmeren. Dank-zij 9/11 kwamen Peking en Washington weer nader tot elkaar en wist China de Amerikanen in te schakelen in zijn strijd tegen reëel en vermeend moslimterrorisme. Wel klaagden de Chinezen over 'hegemonisme en machtspolitiek' en pleitten ze voor een 'multipo-laire wereld', maar uiteindelijk konden Jiang Zemin en George W. Bush het redelijk met elkaar vinden.

Onder Hu Jintao sleept de relatie tussen beide landen zich van incident naar incident. China windt zich voortdurend op. Als het niet om de ontvangst in Washington van de dalai lama is, dan is het om Amerikaanse wapenleveranties aan Taiwan; als het niet gaat om Amerikaanse protesten tegen de schending van de mensenrechten, dan is het omdat de vs weer eens aan het stoken zijn in wat de Chinezen als hun achtertuin beschouwen. Kennelijk voelt China zijn zelfvertrouwen groeien, waardoor het werk maakt van zaken die het anders had laten passeren. Naarmate China machtiger wordt komen er ook steeds meer machtsgroepen die hun stempel op het beleid willen drukken. In de buitenlandse politiek bijvoorbeeld roeren zich niet alleen het betreffende ministerie en zijn grijze eminentie Dai Bingguo, maar ook het Politbureau, de ministeries van Handel en Defensie en een aantal generaals. In dat gedrang is het uitstippelen van een consequente lijn onmogelijk. Daardoor weet Washington niet meer bij wie het in Peking moet aankloppen over bij de partij zelf omstreden kwesties als het milieuvraagstuk en de nucleaire dreiging van Iran en Noord-Korea. In de tijd van de titanen Mao en Deng kon zo'n probleem zich onmogelijk voordoen.

Van hun kant hebben de vs een waslijst van klachten over China. Bovenaan staat de kunstmatig lage koers van de yuan, waardoor China met zijn goedkope export de vs en de rest van de wereld zou wegconcurreren, miljoenen banen zou vernietigen en Amerika het grootste tekort in zijn bilaterale handel heeft bezorgd (273 miljard dollar in 2010). Verder staat er op de klachtenlijst onder meer: staatssubsidiëring van de Chinese industrie, stelen van intellectueel eigendom, China's ondoorzichtige militaire expansie, gebrekkige medewerking bij de bestrijding van de nucleaire avonturen van Iran en Noord-Korea, doorverkoop van Chinese nucleaire en ballistische technologie, de schending van de individuele mensenrechten en de behandeling van de Tibetanen en Oejgoeren.

Conflictstof zal er altijd zijn, want het Amerikaanse en het Chinese systeem zijn in belangrijke opzichten elkaars tegenpolen. Om het grof te definiëren: economisch liberalisme tegenover staatsdirigisme, individualisme tegenover colllectivisme, democratie tegenover dictatuur, de Amerikaanse cultuur tegenover de Chinese, Lincoln tegenover Confucius. Oude angsten spelen sterk mee: van Amerikaanse kant die voor het Chinese communisme, van Chinese kant die voor de Amerikaanse militaire en politieke zendingsdrang. In de Verenigde Staten zijn er nieuwe angsten bijgekomen: de snelle opkomst van China als wereldmacht en de kans door China te worden overvleugeld.

Vanouds weifelen de vs over de houding die ze tegenover de Volksrepubliek moeten innemen. Samenwerken of indammen? Partners of concurrenten? Vrienden of vijanden? In het verleden wedijverden Amerikaanse presidentskandidaten in de verkiezings-campagne met elkaar in China-bashing, maar eenmaal aan de macht ontdekten ze de reële wereld en begonnen ze toenadering tot Peking te zoeken. Onder Bill Clinton was zelfs even sprake van een strategisch partnerschap. Barack Obama begon anders dan zijn voorgangers. Met een financiële megacrisis in eigen land kon hij zich geen harde houding tegenover China veroorloven. In 2009 zette hij met Hu Jintao de Amerikaans-Chinese Strategische en Economische Dialoog op. Tijdens zijn eerste bezoek aan Peking later dat jaar liet Obama vrijwel alles na wat zijn gastheren zou kunnen irriteren. Hij bereikte er niets mee.

Begin 2011 gooide Obama het over een andere boeg: 'Ik geloof absoluut dat China's vreedzame opkomst goed is voor de wereld en goed is voor Amerika. We willen ons er alleen van verzekeren dat deze opkomst plaatsvindt op een manier die de internationale normen en regels versterkt en veiligheid en vrede vergroot en niet dat ze een bron van conflict is in de regio of over de hele wereld.' Maar ook deze politieke lijn hield niet lang stand. Terwijl de Republikeinse prekandidaten voor het presidentschap een ouderwetse scheldpartij tegen China inzetten, maakte Obama opnieuw een zwenking. De militaire terugtrekking uit Irak en Afghanistan schept ruimte om de Amerikaanse aandacht te concentreren op de dreigendste uitdaging: China. Op een rondreis door het Pacific-gebied in november 2011 kondigde Obama een strategische verschuiving aan die China niet anders dan als een nieuwe poging tot indammen kan opvatten, en dat is het ook: onderhandelingen over de vorming van een Trans-

Pacific Partnership, een vrijhandelszone zonder China; vestiging in Noord-Australië van een Amerikaanse marinebasis met 2500 soldaten en grotere inzet van Amerikaanse oorlogsschepen in de Pacific; aanknopen van contacten met China's oude beschermeling Birma; hernieuwde solidariteit met en militaire hulp aan China's rivalen in de Zuid-Chinese Zee; belofte dat er op de Amerikaanse militaire aanwezigheid in de Stille Oceaan niet bezuinigd zal worden. Kortom, de 21ste eeuw moet, zoals Hillary Clinton zei, 'Amerika's eeuw van de Pacific' worden.

Voordat er een nieuwe Koude Oorlog uitbreekt keert bij de twee grootmachten hopelijk de rede terug. Ze hebben immers grote gemeenschappelijke belangen: mondiale veiligheid, bevordering van een bloeiende wereldhandel zonder obstakels, sanering van de wereldeconomie, verstandig beleid inzake energie en grondstoffen, aanpak van de milieucrisis, verhindering van de verspreiding van kernwapens, bestrijding van het terrorisme. Het alternatief is een situatie van permanent conflict, die zou kunnen ontaarden in iets waar de militaire strategen van beide landen zich op voorbereiden: oorlog. Het is voor iedereen veel beter dat de Amerikaanse-Chinese relaties blijven lijken op het eeuwige spel van yin en yang: als de een groter wordt, wordt de ander kleiner, maar ze houden elkaar steeds in evenwicht.

Europa

Aan het Oude Continent bewaart China over het algemeen geen goede herinneringen. Als het de Chinezen uitkomt, krijgen de Europese barbaren de Eeuw der Vernedering nog altijd ingepeperd. Tegenwoordig is Europa voor China vooral van commercieel belang. De Europese Unie is de grootste handelspartner van de Volksrepubliek, en uit geen enkel land importeert de EU zo veel als uit China. Nederland is na Duitsland China's grootste EU-partner. Er zijn allerlei verdragen en samenwerkingsvormen met jaarlijkse topconferenties en daarnaast dialogen over onder meer politiek, economie, milieu, onderwijs, cultuur en mensenrechten, en een door de EU gefinancierd programma voor China, dit alles in het kader van het in 2003 gesloten 'strategische partnerschap' tussen China en de EU.

Wat er aan die relatie strategisch is, is niet erg duidelijk. Misschien was het de bedoeling om gezamenlijk sterker te staan tegen het Amerika van Bush, dat zich in die tijd van niemand meer iets aantrok. Maar ook tussen de EU en China is de liefde nooit echt opgebloeid. China kwam er al snel achter hoe moeilijk het is zaken te doen met een continent dat politiek gefragmenteerd is. En er rezen diverse problemen. China dringt al jaren aan op opheffing van het wapenembargo dat Europa na het bloedbad van Tiananmen instelde. Verschillende Europese landen, Frankrijk voorop, willen dat graag doen, maar onder sterke Amerikaanse druk is het nog steeds niet gebeurd. Washington is immers bang dat China dan wapens van Europese makelij kan gaan gebruiken tegen Taiwan. Europa blijft al dan niet routinematig protest aantekenen tegen de schending van de mensenrechten in China en het Chinese optreden in Tibet. Europese regeringsleiders die de dalai lama willen ontvangen krijgen van Peking te horen dat ze daarmee Chinese sancties riskeren. Van hun kant maken de Europeanen bedenkingen over China's militaire expansie, zijn Afrika-beleid en zijn relaties met pariastaten als Noord-Korea, Soedan, Zimbabwe en Iran. Ook zijn er aanvaringen over handelskwesties, het verloren gaan van banen in Europa, de discriminatie in China van buitenlandse bedrijven en de koers van de yuan, maar die conflicten zijn over het algemeen minder scherp dan in de Amerikaanse relatie met China.

De zich voortslepende Europese schuldencrisis laat China niet onberoerd. De inzakking van de Europese economie in 2011 leverde China een gevoelige daling van de exportorders op. Het heeft alleen maar te verliezen bij een financiële instorting van zijn grootste handelspartner, die ook een belangrijk leverancier is van technologie. Een afglijdende euro maakt de Chinese export duurder en China's activa in euro's minder waard. President Hu Jintao, premier Wen Jiabao en zijn waarschijnlijke opvolger, vicepremier Li Keqiang, zijn in de mediterrane probleemlanden Italië, Griekenland, Portugal en Spanje, maar ook in Duitsland, Frankrijk en Engeland met een blijde boodschap gekomen: China wil graag een krachtige euro en is bereid obligaties van de staatsschuld te kopen van de landen die het meest op zwart zaad zitten. In Rome baadde het Colosseum ter ere van Hu Jintao in rood licht en in Spanje werd Li Keqiang begroet als de 'nieuwe Mr. Marshall'. China als redder van het financieel verwoeste Europa? Is Europa in zo korte tijd zo afhankelijk geworden van China? Begin 2011 was 630 miljard euro aan schulden van de 27 EU-landen in Chinese handen, dat was 7 procent van de totale schuld van de eurozone. De Europese euforie bleek voorbarig. China heeft weinig zin in massale aankoop van de staatsschuld van risicolanden. Bij voorkeur investeert het in de schuld van Europa's sterkste land, Duitsland. En het verwacht tegengebaren: opheffing van het wapenembargo, staken van de kritiek op schending van mensenrechten, erkenning van China als markteconomie, geen pressie meer om de yuan te revalueren, opheffing van protectionistische maatregelen voor Chinese producten, vrije toegang van China tot de Europese markt, speciaal voor de aankoop van technologie.

Liever dan staatsschuld koopt China belangen in Europese bedrijven. De Chinese investeringen in Europa groeien, maar zijn nog altijd bescheiden: 8 miljard dollar volgens de EU, 12 miljard volgens China. De bekendste aankopen zijn die van de containerterminal van Piraeus door het staatsbedrijf COSCO (een gigantische rederij voor containervervoer, die ook grote belangen heeft in de haven van Rotterdam), de autofabriek Volvo door Geely en het vliegveld van Parchim tussen Hamburg en Berlijn. Bij het vliegveld Châteauroux in Frankrijk, eens de belangrijkste NAVO-basis in Europa, zet China voor 500 miljoen euro een industriepark op. Een Chinese groep heeft het oog laten vallen op een deel van de haven van Le Havre. Eind 2011 kocht China voor 3,5 miljard dollar 21 procent van de grootste energieproducent van Portugal, en kort daarop nam het een belang van bijna 9 procent in het grootste Britse water- en rioleringsbedrijf. Eerder had het voor 7,1 miljard dollar de belangen in Brazilië van het Spaanse oliebedrijf Repsol gekocht. Chinese investeringen in Europa zijn er verder vooral in de service-industrie en in de ICT-sector, in Nederland bijvoorbeeld de Kruidvatwinkels (eigendom van de oude Hongkongse multimiljardair Li Ka-shing, die ook het grootste containeroverslagbedrijf in de haven van Rotterdam bezit) en het grote telecommunicatiebedrijf Huawei. Europa doet zijn best Chinese investeringen aan te trekken, maar de omvang daarvan wordt door de media vaak overdreven. Hier en daar wordt al het beeld opgeroepen van een Europa dat alleen nog maar toekomst heeft als leverancier van de luxeartikelen waar de Chinezen dol op zijn, en als doelwit van oprukkende Chinese toeristenlegers.

Dat is belachelijk, en ook als het aan China ligt zal dat niet gebeuren. Peking heeft immers geen enkel belang bij een zwak Europa. Het wil een hoogontwikkeld, rijk Europa, dat China nog lang zal voorzien van technologische kennis en Chinese producten zal blijven kopen, en daardoor bijdraagt aan de economische groei van China en de stabiliteit van de communistische regering. Zeker, heel wat zaken die Europa nu nog aan China levert, zal China op den duur zelf gaan vervaardigen. Nu is China nog een groot afnemer van bijvoorbeeld Airbus-vliegtuigen, maar dat gaat veranderen. In 2016 worden de eerste in China zelf ontwikkelde jumbojets in gebruik genomen, en in 2030 zullen er naar verwachting tweeduizend van verkocht worden. Maar er blijven genoeg Europese producten en diensten over waar China nog lang behoefte aan zal hebben. En met de ontwikkeling van de Chinese binnenlandse markt zullen de afzetmogelijkheden alleen maar groter worden.

China's nieuwe economische model, dat gebaseerd is op duurzaamheid, innovatie en de ontwikkeling van de binnenlandse markt, biedt ook aan Europa reusachtige kansen. Groene en innovatieve technologieën bijvoorbeeld kan China uitstekend gebruiken, waterwetenschappers kunnen er volop aan de slag, en wie de Chinezen kan leren om zuinig om te gaan met grondstoffen en energie is van harte welkom. Ook expertise over moderne landbouwtechnieken, verstedelijking en voedselzekerheid is in China zeer gewild. In tegenstelling tot Europa heeft China, een snel vergrijzende samenleving, nauwelijks ervaring op het gebied van ouderenzorg. Gezondheidszorg en vrijetijdsbesteding worden big business in China. Ook op die gebieden kan Europa veel voor China betekenen. En zo is er veel meer. Met wat minder angst en wat meer samenwerking en creativiteit hoeven we voorlopig niet te vrezen voor de ondergang van het avondland.

China's buren

De reus China grenst aan veertien landen, van Noord-Korea in het noordoosten tot Vietnam in het zuiden. Gezamenlijk hebben die veertien landen een landsgrens met China van 22.117 kilometer, dat is ruim de helft van de omtrek van de aarde. China heeft ook drie zeeburen, Taiwan niet meegerekend: de Filippijnen, Zuid-Korea en Japan. Al deze landen liggen geheel of gedeeltelijk in de reeds bestaande of geprojecteerde invloedssfeer van China, met uitzondering van de rivalen India en Japan. Bijna allemaal dragen ze bij aan China's groei en daardoor aan de consolidatie van de macht van de Chinese communistische partij.

Zuidoost-Azië. China heeft zich altijd beschouwd als de natuurlijke leider van Oost- en Zuidoost-Azië. De vorsten van die landen hebben vele eeuwen lang in de Chinese keizer hun meerdere erkend. In de steden wonen belangrijke Chinese gemeenschappen met veel economische macht. Er is ook grote culturele invloed van India. Franse kolonisten introduceerden dan ook de naam Indochina. In engere zin sloeg die term alleen op Vietnam, Laos en Cambodja, maar later werden de andere landen van het schiereiland soms ook tot Indochina gerekend: Birma (door het militaire bewind omgedoopt tot Myanmar), Thailand (het vroegere Siam), Maleisië en Singapore. Alle zeven zijn ze lid van de ASEAN (Association of Southeast Asian Nations), een in 1967 opgerichte organisatie voor economische samenwerking waartoe ook Indonesië, de Filippijnen en Brunei behoren. In de eerste decennia van het communistische bewind in China moesten de Zuidoost-Aziatische leiders weinig hebben van Peking, de communistische regimes van de vroegere Franse kolonies Vietnam en Laos inbegrepen. Die werden immers gesteund door de Sovjet-Unie, toen China's grote vijand. China daarentegen steunde het bewind van de Rode Khmer in Cambodja onder leiding van de Mao-bewonderaar Pol Pot. Daardoor maakte China zich medeschuldig aan de genocide (1975-1979), die naar schatting 1,7 miljoen mensen het leven kostte, onder wie een kwart miljoen etnische Chinezen. Voor die steun zijn nooit excuses aangeboden.

Toen China openging voor buitenlandse investeringen waren zakenlieden uit de gemeenschappen van etnische Chinezen in de landen van Zuidoost-Azië er snel bij. De ASEAN-landen maakten van de nood een deugd. China had een immense behoefte aan hun grondstoffen en producten, en zij importeerden graag goedkope goederen uit China. Peking zag grote mogelijkheden in toenadering tot de ASEAN en zette zijn oude afkeer van internationale organisaties opzij. In 2001 was de eerste conferentie van de ASEAN-landen met China (de zogeheten ASEAN+1). Hun samenwerking werd snel belangrijker dan die van Japan met ASEAN. In 2010 werd de toenadering bezegeld met de oprichting van de China-ASEAN Free Trade Area, die al datzelfde jaar hun handel omhoog deed schieten tot bijna 300 miljard dollar. ASEAN werd China's vierde handelspartner na de EU, de VS en Japan. Het is de bedoeling dat uit deze samenwerking de grootste gemeenschappelijke markt van de wereld zal groeien, waarvan twee miljard mensen zullen profiteren. Maar eerst moeten de ASEAN-landen zelf een economische gemeenschap worden. Het streefjaar is 2015. Een integratie tussen zes grote en vier kleine tot minuscule economieën (die van Birma, Brunei, Cambodja en Laos) is echter verre van eenvoudig. En er zijn ook politieke problemen. China's aanspraken op de Spratly's en de Paracel-eilanden in de Zuid-Chinese Zee botsen met die van een aantal ASEAN-leden. In 2002 tekende China met ASEAN een verklaring over het niet-gebruiken van geweld als methode tot oplossing van deze conflicten, maar die verklaring is niet bindend. Sinds 2010 zijn de spanningen in dit gebied geëscaleerd, zoals besproken in het hoofdstuk 'De loop van een geweer'.

Pacific-gebied. De Oost- en de Zuid-Chinese Zee verlenen de Chinezen toegang tot de Grote Oceaan. Daar is China hard bezig zijn toekomst als grootmacht voor te bereiden. De leiders van de eilandstaatjes in de Pacific worden in Peking vertroeteld met giften en zachte leningen en met ontvangsten en diners op het hoogste niveau, ook al hebben ze tien keer minder onderdanen dan het gemiddeld aantal inwoners van een Pekinese stadswijk. Die chequeboekdiplomatie is een beproefde methode in de wedijver tussen China en Taiwan om zo veel mogelijk internationale erkenningen bij elkaar weg te kapen. Voor China zullen die eilandjes in de toekomst waarschijnlijk van strategisch belang zijn.

Australië en Nieuw-Zeeland, militaire bondgenoten van de vs, zijn verontrust over de expansie van de Chinese marine en China's groeiende macht in hun invloedszone, de Zuid-Pacific. Zelf hebben ze met China innige economische banden. Dagelijks vertrekken uit Australië vele scheepsladingen ijzer, steenkool en bauxiet naar China. Ook heeft China landbouwgrond in Australië gekocht. In 2010 stond in *Business Week* een groot artikel met de kop 'De deal is simpel: Australië krijgt geld, China krijgt Australië'. Met Nieuw-Zeeland heeft China sinds 2008 een vrijhandelsovereenkomst, waardoor Nieuw-Zeelandse melkproducten voor China steeds goedkoper worden. Chinese zuivelbedrijven willen in Nieuw-Zeeland grond kopen. De grootste Chinese investering in de Zuid-Pacific (1,4 miljard dollar) betreft de nikkel- en kobaltmijnen in Ramu Nico in Papoea-Nieuw-Guinea. Dat land is een wildwestparadijs geworden waar tienduizenden Chinezen de vooral illegale handel in goud, zilver, koper, vis en hout uit de tropische regenwouden in handen hebben, terwijl in de onderwereld Chinese bendes de toon aangeven. Opstandjes tegen de Chinezen zijn niet uitgebleven.

Korea. Vanaf de zesde eeuw tot de Japanse invasie in 1910 is Korea een Chinese vazalstaat geweest. In 1945 werd het schiereiland verdeeld in twee bezettingszones, met het Sovjetleger in het noorden en het Amerikaanse leger het zuiden. In 1950 stootten troepen van de Noord-Koreaanse communistische leider Kim Il Sung door naar het zuiden, maar ze werden teruggedreven door Amerikaanse en VN-troepen. Mao stuurde Chinese 'vrijwilligers' naar Noord-Korea om te voorkomen dat het bewind van Kim Il Sung onder de voet zou worden gelopen. Met de wapenstilstand van 1953 bereikte Mao zijn doel: Noord-Korea bleef een buffer tussen communistisch China en kapitalistisch Zuid-Korea. Mocht deze buffer ooit verdwijnen, dan zouden de in Zuid-Korea gelegerde Amerikaanse troepen kunnen optrekken naar de Chinese grens. Alleen al de gedachte dat China in militair opzicht aan de VS zou komen te grenzen, is voor Peking een nachtmerrie. Het is reden genoeg om de stalinistische familiedictatuur in het noorden in het zadel te houden zolang elk alternatief de ineenstorting van dat regime en van Noord-Korea zelf kan betekenen. In dat geval zou er waarschijnlijk ook nog eens een enorme stroom vluchtelingen China binnenkomen, die het dan niet meer kan deporteren zoals tot nu toe gebeurd. Met de huidige Koreaanse minderheid in Noordoost-China heeft Peking al genoeg te stellen.

Zuid-Korea heeft zich intussen van een rechtse militaire dictatuur ontwikkeld tot een liberale democratie, waarmee China in 1992 relaties aanknoopte. China is Zuid-Korea's belangrijkste handelspartner geworden. De politieke betrekkingen zijn verslechterd door het als agressief overkomende gedrag van China in de twisten over de Senkaku-/Diaoyu- en Spratly-eilanden. Met het bewind in Noord-Korea heeft China officieel nog altijd een relatie die volgens een uitspraak van Mao even nauw is als die tussen lippen en tanden. Noord-Korea werd een communistische versie van een keizerlijke vazalstaat, met China als de oudere en Noord-Korea als de jongere broer. Maar in de loop der jaren zijn de tanden de lippen gaan bijten en werd de jongere broer een blok aan het been van de oudere. Want terwijl China drastisch is veranderd, is Noord-Korea hetzelfde gebleven. Chinese pogingen om Noord-Korea's Geliefde Leider Kim Jong Il te overtuigen van de zegeningen van het socialisme nieuwe stijl zijn faliekant mislukt. In plaats daarvan barricadeerde Kim zich in zijn fort, van waaruit hij sinds 2003 de rest van de wereld, speciaal de Verenigde Staten, Zuid-Korea en Japan, chanteerde met dreigementen over nucleaire vernietiging. De dood van Kim Jong Il in december 2011 dompelde Noord-Korea in – verplichte – diepe rouw, waarbij de Chinese leiders zich graag aansloten. Ze gaven direct hun steun aan Kims onervaren jongste zoon Kim Jong Un, uitgeroepen tot Grote Opvolger, niet omdat ze veel met het jongmens op hadden maar om het regime stabiel te houden. China heeft immers geen enkel belang bij spanningen, laat staan bij een kernoorlog. De crisis rond Noord-Korea heeft Peking dan ook verleid om een internationale rol te gaan spelen die het nog nooit gespeeld had: die van bemiddelaar. Het nam het initiatief tot het zeslandenoverleg in Peking tussen de beide Korea's, de Verenigde Staten, China, Rusland en Japan. Sinds de zesde ronde (2007) zit het overleg echter muurvast. Uit boosheid over de Noord-Koreaanse obstructie heeft China af en toe zijn olieleveranties en voedselhulp onderbroken, maar het weigert de conclusie te trekken dat het zijn vitale economische hulp aan Pyongyang moet staken. Want er is voor China maar één ding erger dan een nucleair Noord-Korea: een verdwenen Noord-Korea. Zolang Peking een verenigd Korea als een gevaar ziet, kiest het voor de voortzetting van de status-quo. Het Amerikaanse verwijt dat China daarmee zijn internationale verantwoordelijkheid ontloopt, neemt het dan maar voor lief. Westerlingen zullen immers nooit begrijpen dat niet-handelen (wu wei) voor Chinese leiders ook een vorm van politieke actie is.

Japan. In de jaren tachtig leek Japan de Verenigde Staten als grootste economie naar de kroon te steken. En toen kwam de stagnatie. Machteloos en ongelovig moest Japan toezien hoe het in 2010 door China, het land waarop het zo lang had neergekeken, van de tweede plaats werd gestoten. Dat het niet nog verder terugviel was te danken aan de snel toenemende export naar China, dat Japans belangrijkste afnemer en grootste handelspartner werd. Het financiële akkoord tussen China en Japan van eind 2011 versterkte de band nog verder. De nauwe economische relatie brengt echter (nog) geen politieke ontspanning. Daarvoor drukt de geschiedenis te zwaar en zijn de recente aanvaringen te heftig.

De Japanse angst voor de Chinese strijdkrachten is de laatste tijd groter geworden dan de Chinese angst voor een terugkeer van het Japanse militarisme, waaronder het in de jaren dertig en veertig zo verschrikkelijk heeft geleden. In 2010 namen de Japanse Zelfverdedigingsstrijdkrachten – deze officiële naoorlogse naam van het leger moet duidelijk maken dat de Japanse militairen geen agressie meer zullen plegen – een strategisch besluit: voortaan zouden ze niet meer Rusland maar China als de grootste dreiging beschouwen. Japan begon zelfs onderhandelingen over militaire samenwerking met Zuid-Korea, voor het eerst sinds het einde van het Japanse koloniale bewind over dat land in 1945. Al eerder had de 'China-dreiging' geleid tot een toenadering tussen de legers van Japan en India, terwijl Taiwan van Japan militaire garanties had gekregen in geval van een aanval door China. De rampzalige aardbeving en tsunami die Japan in maart 2011 troffen, wekten voor het eerst in China een gevoel van solidariteit met het Japanse volk. Een paar maanden later waren de oude spanningen weer volop terug.

Mongolië. Mongolië, bijna drie keer zo groot als Frankrijk, met nog geen drie miljoen inwoners, ligt ingeklemd tussen twee landen. De noordelijke grens met Rusland is 3441 kilometer lang, de zuidelijke met China 4677 kilometer. Als satellietstaat van de Sovjet-Unie was Mongolië geheel georiënteerd op het noorden, als democratie (sinds 1990) kijkt het steeds meer naar het zuiden. Beter gezegd, China interesseert zich steeds meer voor Mongolië. De handel neemt razendsnel toe. Praktisch alle Mongolische import komt tegenwoordig uit China. Chinese opkopers bepalen de prijs van kasjmier, het belangrijkste Mongolische exportproduct. De helft van de buitenlandse investeringen komt uit China. Chinese bedrijven staan te trappelen om de fabuleuze rijkdom aan mineralen, waaronder uranium, koper en goud, te exploiteren. Dit alles heeft de oude Chinese minachting voor de Mongoliërs en het oude Mongolische wantrouwen in de Chinezen niet weggenomen.

Rusland. Het postcommunistische Rusland en het halfpostcommunistische China hebben de afgelopen jaren ontdekt dat ze elkaar hard nodig hebben: Rusland zwemt in zijn olie en gas, en China heeft een onverzadigbare behoefte aan energie. Maar nog altijd koesteren de twee reuzen voor elkaar een diep wantrouwen. Zo ziet Moskou met argusogen naar zijn Verre Oosten, waar China hard bezig is de ontvolking en het gebrek aan investeringen te overcompenseren met een legioen Chinese handelaars. In Vladivostok aan de Grote Oceaan wemelt het van Chinese winkeliers en bezoekers. Er zijn vage angsten dat China zich vroeg of laat dat gebied zal toe-eigenen, zijn aanspraken baserend op landkaarten uit de tijd van de Ming-dynastie. Toch zijn de relaties tussen Rusland en China zo sterk verbeterd dat ze een strategisch partnerschap hebben gesloten. De samenwerking betreft handel, energie en veiligheid. Rusland betrekt van China vooral consumptiegoederen en voedsel, China koopt van Rusland zware wapens, grondstoffen en olie. In 2009 verdrong China Duitsland als de grootste handelspartner van Rusland.

Over de leverantie van olie is jarenlang onderhandeld. Om er zeker van te zijn dat de deal zou doorgaan ondanks de diepe crisis die Rusland had getroffen, gaf China in 2009 aan Moskou een lening van 25 miljard dollar. Begin 2011 kwam een duizend kilometer lange pijplijn in bedrijf die de olievelden in Oost-Siberië verbindt met Daqing in Mantsjoerije, China's oudste en grootste olieveld. Twintig jaar lang wordt door deze pijplijn jaarlijks vijftien miljoen ton ruwe olie gepompt, maar al snel weigerde China de afgesproken prijs te betalen. De onderhandelingen over de levering aan China van jaarlijks 70 miljard kubieke meter Russisch gas en de bouw van een Russisch-Chinese olieraffinaderij bleven zich ook in 2011 voortslepen. China aast ook op de gigantische voorraden ijzer, steenkool en hout vlak over de grens in het verre noordoosten.

Midden-Azië. Met Rusland werkt China samen in de Shanghai Cooperation Organization (sco), een internationale organisatie waarvan ook de Midden-Aziatische staten Kazachstan, Kirgizië, Tadjikistan en Oezbekistan lid zijn. Vier andere landen hebben de status van waarnemer: India, Iran, Mongolië en Pakistan. Leden en waarnemers samen vertegenwoordigen de helft van de wereldbevolking. De organisatie heeft ook 'dialoogpartners' (Wit-Rusland en Sri Lanka) en 'gasten' (Afghanistan, ASEAN, het Gemenebest van Onafhankelijke Staten en Turkmenistan). De aanvraag van de VS om waarnemer te worden werd afgewezen. Allicht, want de SCO wil uitdrukkelijk niet de Amerikaanse belangen in de regio behartigen. De SCO komt voort uit een Chinees initiatief uit 1996 en was oorspronkelijk bedoeld om de grenzen in Centraal-Azië af te bakenen na het uiteenvallen van de Sovjet-Unie. Weldra kwam er een ander doel bij: gemeenschappelijke bestrijding van wat China de 'drie boze krachten' noemt: extremisme, separatisme en terrorisme. Bedoeld werden de opstandige Oejgoeren en hun geloofs- en geestverwanten in Midden-Azië.

Ook de bestrijding van drugshandel en de internationale georganiseerde misdaad werd een SCO-taak. Regionale militaire samenwerking was de volgende stap. In 2003 werden de eerste gemeenschappelijke militaire oefeningen gehouden. Zowel Rusland als China ziet voor de SCO een nog veel belangrijker veiligheidsfunctie weggelegd: de organisatie zou moeten uitgroeien tot een Aziatische tegenhanger van de NAVO. Ze zou een nieuwe militaire interventie van de Verenigde Staten in de regio moeten voorkomen. Rusland en China willen geen Amerikaanse militairen meer in de buurt van hun grenzen. Rusland ziet de SCO als een instrument om zijn oude invloed in de landen van Centraal-Azië terug te krijgen. China wil vooral de Amerikaanse invloed in de regio terugdringen en het machtsvacuüm vullen dat zal ontstaan na de terugtrekking van de Verenigde Staten uit Afghanistan. Peking loopt daarop alvast vooruit met het aanboren van een van de grootste koperreserves ter wereld in Aynak, 30 kilometer ten zuidoosten van de Afghaanse hoofdstad Kaboel. Door handjeklap kreeg China deze potentiële goudmijn gegund en waren andere kandidaten, waaronder Amerikaanse en Canadese bedrijven, bij voorbaat kansloos. Eind 2011 sleepte de China National Petroleum Corporation voor 700 miljoen dollar een contract in de wacht om als eerste buitenlandse onderneming de olie- en gasvoorraden in het noord-oosten van Afghanistan te exploiteren. Regionale vrede en stabiliteit zijn voor China een voorwaarde om het belangrijkste doel van de sco te bereiken: het exploiteren van de enorme olie- en gasvoorraden in Midden-Azië en het openleggen van het gebied met spoorlijnen en snelwegen naar de Chinese oostkust. China heeft de olie van Kazachstan al in zijn greep, en sinds 2009 vloeit aardgas van Turkmenistan via Oezbekistan en Kazachstan naar China. Europa heeft het nakijken, en Rusland ook steeds meer. Intussen strooit China met geld om de regio aan zich te verplichten, en er zelf beter van te worden. In The New Great Game om de macht in Midden-Azië lijkt China aan het langste eind te trekken.

Pakistan en India. De gezworen vijandschap tussen Pakistan en India bepaalt de relaties van beide landen met China. De vriendschap tussen Pakistan en China gaat terug op hun gedeelde vijandschap met India, waarmee China in 1962 een korte grensoorlog uitvocht die nog steeds niet is geëindigd in een vredesverdrag. Geregeld laaien de spanningen op. China levert Pakistan zwaar militair materieel en nucleaire technologie. Zonder hulp van China zou Pakistan niet in het bezit zijn gekomen van de kernbom. India ziet China's militaire relatie met Pakistan als zeer bedreigend. Na zijn langdurige flirt met de Sovjet-Unie gedurende de Koude Oorlog zocht het toenadering tot de Verenigde Staten. De Amerikaans-Indiase overeenkomst in 2005 over nucleaire samenwerking voor civiele toepassingen viel heel slecht in Pakistan, dat van de weeromstuit dichter tegen China aanschurkte. Een deal over Chinese investeringen in nieuwe kerncentrales was het resultaat. Daarnaast investeert China in stuwdammen, infrastructuur en de exploratie van edele metalen. Deze projecten worden vooral uitgevoerd door Chinese arbeiders. Pakistan ziet er geen been in met China samen te werken in de bestrijding van militante Oejgoeren in het Pakistaans-Chinese grensgebied.

China is in Pakistan veel populairder dan de grote Amerikaanse bondgenoot, die steeds sceptischer is geworden over de Pakistaanse bereidheid om de strijd tegen de Taliban en Al-Qaida serieus aan te pakken. Na de liquidatie in mei 2011 van Al-Qaida-leider Osama bin Laden, die in Pakistan hoge bescherming had genoten, werd Pakistans relatie met Washington nog ijziger en met Peking nog inniger. De dithyrambe die de Pakistaanse president Zardari eind 2011 zong op China klonk als een loflied van een vazalvorst op de keizer. China stelt het bewind in Islamabad geen politieke eisen. Het nut van Pakistan voor China is tweeërlei: economisch en vooral strategisch. Zolang Pakistan kan dienen om de opkomst van India te dwarsbomen, kan het van de Chinese vriendschap verzekerd zijn. Op zijn beurt dient India voor de Verenigde Staten om China in te dammen. Daarmee is het conflict tussen India en Pakistan uitgegroeid tot een verkapt conflict tussen de Verenigde Staten en China.

India is bezorgd om China's groeiende militaire macht, China is boos om de bescherming die de dalai lama in India geniet. Vaak is benadrukt dat China en India, de twee reuzen van Azië die nog lang niet zijn uitgegroeid, niet elkaars concurrenten hoeven te zijn maar elkaar juist uitstekend zouden kunnen aanvullen. Het zou niet China óf India moeten zijn, maar China én India. Hun handel is opgebloeid, maar wel sterk in het voordeel van China. De Indiase markt wordt overstroomd met gedumpte Chinese producten. Op één gebied werken de twee landen samen, en wel om iets te krijgen waaraan ze beide een groot tekort hebben: energie. Ze hebben begrepen dat het in beider voordeel is elkaar de contracten niet af te kapen. Daarom hebben ze zich gezamenlijk ingeschreven voor olie- en gasveilingen in Iran, Birma en Syrië. Maar in Indochina, Sri Lanka, Nepal en Afrika en op veel andere plaatsen gedragen China en India zich als kemphanen die met elkaar vechten om macht en invloed. China is India nog ver de baas, maar India loopt snel in. India heeft een aantal grote voordelen op China: het heeft veel meer bebouwbare grond, veel meer water (waarvan echter een belangrijk deel India niet meer dreigt te bereiken door grote rivierprojecten in China), een veel jongere bevolking, het heeft democratie en er wordt wijd en zijd Engels gesproken. In beide landen samen woont 37 procent van de mensheid. Naar verwachting zullen er vanaf 2025 meer Indiërs zijn dan Chinezen. Een van India's grote nadelen is de nog vaak belabberde infrastructuur. Daar zouden de Chinezen wel raad mee weten.

Midden-Oosten

In het Midden-Oosten staat China altijd aan de kant van het zittende regime. In het Israëlisch-Palestijnse conflict neemt het geen standpunt in. Het veroordeelt het geweld en doet zaken met iedereen. Israël is lang een groot wapenleverancier van China geweest, maar de relaties verkilden na het Amerikaanse veto aan Israël om Phalcon spionagevliegtuigen aan China te verkopen. Dat het tussen de twee opnieuw botert bleek uit het bezoek van de Chinese stafchef generaal Chen Bingde aan Israël in augustus 2011. China heeft geen politieke belangen in het Midden-Oosten, alleen commerciële. Ruim de helft van de Chinese olie-import komt uit de regio. Het is dus zaak voor China goede vrienden te blijven met die regimes. Vandaar dat het pas na lang aandringen en met grote tegenzin in 2010 akkoord ging met VN-sancties tegen Iran, de op twee na grootste olieleverancier van Peking. Waarschijnlijk gebeurde dat uit angst: stemde China niet in, dan zouden Chinese bedrijven en banken die zakendoen met Iran getroffen worden door een Amerikaanse boycot. Iran is door China geholpen met rakettechnologie en de ontwikkeling van kernwapens. Bovendien zou China hebben bemiddeld bij de levering van Noord-Koreaanse raketten en chemische wapens aan Iran.

In maart 2011 stemde de VN-Veiligheidsraad over een resolutie die machtigde tot de instelling van een no-flyzone boven Libië en het nemen van 'alle noodzakelijke maatregelen' ter bescherming van burgers tegen de strijdkrachten van kolonel Khaddafi. Normaal gesproken is China wars van alles wat naar interventie riekt. Toch maakte Peking ondanks zijn 'ernstige bedenkingen' geen gebruik van zijn vetorecht. Mede dankzij de Chinese stemonthouding werd de resolutie aangenomen. Wat zat daarachter? Boven aan de lijst van China's olieleveranciers staat Saoedi-Arabië (19 procent), gevolgd door Angola en Iran. Libië was goed voor 3 procent. De Saoedi-Arabische koning Abdullah, een gezworen vijand van de Libische leider, verwachtte van zijn olieklanten, China voorop, dat ze Khaddafi zouden laten vallen. China moest dus kiezen tussen 19 procent en 3 procent, geen moeilijke keus. Vlak tevoren had Saudi Aramco, de grootste oliemaatschappij van de wereld, een akkoord gesloten over de bouw van zijn vierde raffinaderij in China. Nadat de bombardementen op Libië waren begonnen, kwam China alsnog met felle kritiek op de uitvoering van de resolutie waar het zelf niet tegen was geweest.

Afrika

Nergens ter wereld is de Chinese groeiexplosie zo zichtbaar als in Afrika. Nog in de jaren negentig ging Afrika in het Westen door voor het 'verloren continent', waar alle pogingen tot verandering waren gestrand. En toen kwam China. Voordat de wereld het goed en wel in de gaten had, kregen China en Afrika een ongekende band: de Zuid-Zuid-relatie. Tot dan toe was het steeds het rijke Noorden geweest dat het arme Zuiden wilde ontwikkelen, of althans voorgaf dat te willen. De resultaten waren meestal geweldig voor het Noorden en desastreus voor het Zuiden. Een nieuwe aanpak, die hulp van de rijke westerse landen koppelde aan criteria als goed bestuur en respect voor de mensenrechten, bleek al evenmin te werken. De Afrikaanse landen voelden dat als inmenging of konden aan die criteria domweg niet voldoen.

China pakte het op een andere manier aan. In Mao's tijd hadden de Chinezen Afrika willen veroveren door het maoïstische evangelie te verkondigen. Niemand luisterde. Als postmaoïsten verkondigen ze een andere boodschap, ditmaal met daverend succes: rijk worden is glorieus. Deze Zuid-Zuid-samenwerking moet Afrika tot bloei brengen en China nog meer. Tot in de verste uithoeken van het continent is de Chinese aanwezigheid tastbaar: bij oliebronnen, op gasvelden en in mijnen, in fabrieken en landbouwprojecten, in infrastructurele projecten en in de groot- en kleinhandel. China zorgt voor investeringen, strooit met giften, stuurt arbeiders om de projecten uit te voeren en overstelpt de lokale markten met zijn goedkope producten. Chinezen en Afrikanen leggen met Chinees geld her en der spoorwegen, snelwegen, vliegvelden, ziekenhuizen, scholen, stadions en presidentiële paleizen aan. De handel tussen China en Afrika is explosief gegroeid, van 1 miljard dollar in 1992 tot 124 miljard dollar in 2010. China is sinds 2009 Afrika's belangrijkste handelspartner. In de eerste tien jaar van deze eeuw heeft China aan Afrika bezuiden de Sahara 67 miljard dollar geleend, ruim 13 miljard meer dan de Wereldbank, en 11 miljard dollar geïnvesteerd. De Afrikaanse economie trekt geweldig aan. Wat is het geheim van deze Zuid-Zuid-samenwerking, die de Chinezen graag omschrijven als een 'win-winsituatie'?

Het geheim is simpel: de Chinezen stellen geen voorwaarden. Ze gaan met elk willekeurig regime in zee, ongeacht zijn politieke kleur. Links, rechts, heiligen, moordenaars, het maakt niet uit. Met een on-ideologisch, amoreel pragmatisme is Peking alleen geïnteresseerd in zaken. In tegenstelling tot westerse landen werkt China nooit samen met lokale ngo's maar alleen met regeringen, om het even welke. Ook de meest onfrisse figuren heeft China in de armen gesloten, zoals de genocidegeneraals van Soedan (vanwege de olie) en Robert Mugabe, de satraap van Zimbabwe (vanwege zijn diamanten, platina, goud, nikkel en koper). China heeft immers grondstoffen en afzetmarkten nodig, het heeft een steeds grotere behoefte aan landbouwgrond om zijn bevolking te voeden, het wil investeren in het buitenland, het wil andere staten aan zich verplichten en vrienden winnen om Taiwan diplomatiek verder te isoleren en de Amerikaanse machtspositie aan te tasten. En dat kan allemaal bereikt worden door geld te geven en geen voorwaarden te stellen over westerse waarden als democratie en mensenrechten.

Chinese leiders doorkruisen het zwarte continent, Afrikaanse leiders zijn kind aan huis in Peking. Daar was in 2006 de grootste Afrikaanse topconferentie die ooit buiten Afrika gehouden is. Sinds de opening van de Verboden Stad in 1421 waren er niet zo veel Afrikaanse leiders in Peking geweest. Over het algemeen zijn ze blij met de Chinezen. Investeringen moeten er komen, zeggen ze, het kan ons niet schelen waarvandaan. En we vinden het prettig dat Peking zich niet met onze binnenlandse politiek bemoeit. Het Chinese model vertelt ons dat je succes kunt hebben zonder het westerse voorbeeld te volgen', zei Arthur Mutambara, de (oppositionele) vice-premier van Zimbabwe. 'China is mijn favoriete land.'

De Chinese activiteiten hebben ongetwijfeld miljoenen Afrikanen een beter leven gebracht. Maar er begint ook kritiek te komen. Aan de Chinese hulp zijn wel degelijk voorwaarden verbonden. Alle hulp is strikt bilateraal. De leningen aan Afrika zijn meestal leningen aan Chinese bedrijven die de projecten komen uitvoeren, vaak met Chinese arbeiders en Chinese opzichters. In ruil voor zijn vrijgevigheid eist China steeds meer economische enclaves op. China wordt ervan beschuldigd zich vaak te gedragen als een nieuwe koloniale of neokoloniale mogendheid die zich meester maakt van Afrika's grondstoffen en racistisch optreedt tegen de Afrikanen. De zakelijke praktijken van de Chinezen, de arbeidsomstandigheden, de lonen, het respect voor het milieu zijn vaak precies zoals in China zelf: niet best dus. De stortvloed van import uit China is slecht voor de lokale fabrikanten, terwijl door een overvloed aan Chinese arbeiders te weinig werkgelegenheid wordt gecreëerd voor de plaatselijke bevolking. Stakingen door Afrikaanse werknemers zijn niet uitgebleven. Soms denken de Chinezen dat ze met slaven of dieren van doen hebben. Tijdens een staking in een kopermijn in Zambia begonnen twee Chinese opzichters te schieten op Afrikaanse mijnwerkers. Er vielen dertien gewonden. Dit incident in 2010 werkte sterk door in de verkiezingscampagne van 2011, die draaide om de omstreden Chinese aanwezigheid in Zambia. De zittende president kreeg de steun van China, maar hij werd verslagen door de belangrijkste oppositiekandidaat, Michael Sata. Deze waarschuwde de Chinezen dat als ze in Zambia willen blijven, ze zich dienen te houden aan de Zambiase wetten.

Latijns-Amerika

Latijns-Amerika, was dat niet de achtertuin van Uncle Sam? Sinds in 1823 president Monroe zijn doctrine formuleerde ('Amerika voor de Amerikanen') geldt het subcontinent als een verkapt wingewest van de Verenigde Staten. Nationale emancipatie van de zuiderburen werd in de vs niet op prijs gesteld. De vorige eeuw organiseerde of steunde Washington veertig rechtse militaire coups in Latijns-Amerika. Na de grote Koude Oorlog-staatsgrepen in Brazilië (1964), Chili (1973) en Argentinië (1976) werd Latijns-Amerika de Washington Consensus opgedrongen. Deze neoliberale economische politiek heeft daar sociale ravages aangericht, wat in bijna heel Latijns-Amerika tot een sterk antiamerikanisme en de opkomst van progressieve of links-populistische regimes leidde. De vs bleven het antwoord daarop schuldig. De monomane boodschap tegen het terrorisme die George W. Bush wereldwijd predikte kwam in Latijns-Amerika niet over. Het grote probleem in dat deel van de wereld is niet het terrorisme, maar de armoede.

China heeft bekwaam het gat gevuld dat de vs hadden achtergelaten. De Chinese aanwezigheid in Latijns-Amerika is minder bekend en lijkt minder spectaculair dan in Afrika. Niettemin betekent de verschijning van China een keerpunt voor een continent dat tot voor kort het begrip 'buitenland' maar met één land associeerde: de Verenigde Staten. De Chinese belangstelling voor Latijns-Amerika heeft dezelfde motieven als die voor Afrika: exploiteren van grondstoffen, openleggen van afzetmarkten, winnen van politieke steun, diplomatiek isoleren van Taiwan. Daar komt een extra overweging bij: China wil zich in de Amerikaanse achtertuin opwerpen tot concurrent van de Verenigde Staten. Het steunt regeringen die het meest kritisch zijn tegenover Washington, zoals die van Cuba, Venezuela, Ecuador en Bolivia, zonder zelf de confrontatie te zoeken.

Met Brazilië, Argentinië, Venezuela en Mexico heeft China een strategisch bondgenootschap, met Chili een vrijhandelsverdrag. De economie van veel Latijns-Amerikaanse landen heeft zich aangepast aan de kolossale behoeften van China, dat soja importeert uit Argentinië en Brazilië, koper uit Chili, ijzer uit Chili en Brazilië, zink uit Peru, olie uit Venezuela, Brazilië en Ecuador. De handel tussen Latijns-Amerika en China is vrijwel vanuit het niets toegenomen tot 100 miljard dollar in 2010. In dat jaar ging in deals in de oliesector 65 miljard dollar om. China is in korte tijd als koper van Latijns-Amerikaanse exporten opgerukt naar de top: de belangrijkste klant van Brazilië (een partner van China in de informele club van BRIC-landen) en Chili (vroeger ongeveer een economische provincie van de Verenigde Staten), de op één na grootste klant van Argentinië, Costa Rica, Cuba en Peru, en de op twee na grootste van Venezuela. China was in 2010 de grootste investeerder in Latijns-Amerika. Mede dankzij de Chinese honger naar grondstoffen zijn de Latijns-Amerikaanse economieën de afgelopen jaren een stuk robuuster geworden, vooral Brazilië, dat in 2011 dankzij China een exportrecord vestigde van 256 miljard dollar. Voor China is het alleen nog maar een begin. Het overweegt door het uiterste noorden van Colombia een spoorlijn aan te leggen tussen de Atlantische en de Grote Oceaan, als een alternatief voor het Panamakanaal. In Peru komt dankzij China een netwerk van wegen die vijf havens aan de Grote Oceaan toegankelijker moeten maken. De vs zijn nog altijd verreweg de grootste investeerder in Latijns-Amerika, maar toch begint China al zijn stempel op de regio te drukken.

Tegelijk begint men ook in Latijns-Amerika de keerzijde te zien van een op de Chinese grondstoffenhonger gebaseerd ontwikkelingsmodel. Het subcontinent dreigt opnieuw te worden gereduceerd tot de perifere rol van grondstoffenleverancier, met als enige verschil dat het centrum vroeger Amerika was en nu China. De afhankelijkheid van vaak slechts één grondstof is gebleven. De goedkope importproducten uit China prijzen de lokale producten de markt uit, waardoor een groeiend aantal Latijns-Amerikaanse ondernemers de Chinezen liever ziet gaan dan komen. Brazilië heeft daarom gevraagd om een opwaardering van de Chinese munt. Ook is er kritiek op het feit dat de Chinese investeringen niet ten goede komen aan de armen. Ze maken de kloof tussen arm en rijk alleen maar groter, en dat in een continent waar eenderde van de bevolking niet meer dan 2 dollar per dag verdient.

President Obama bracht in maart 2011 zijn eerste bezoek aan Latijns-Amerika, met de bedoeling om de latino's weer de blik naar het noorden te laten richten in plaats van naar het Verre Oosten. Maar om zijn achtertuin terug te krijgen, zal hij met aanlokkelijker voorstellen moeten komen dan de Chinezen. In de huidige crisis is dat een heidens karwei.

Wereldmacht van een andere soort

Laten we er geen doekjes om winden. Die opbloei van China, daar zijn we niet echt gerust op. Natuurlijk, we kunnen veel van de Chinezen leren. Van hun energie, doorzettingsvermogen en hun vermogen om tegenslagen te incasseren of, zoals ze zelf zeggen, bitterheid te eten. Van hun spaarzin en ideeën over de harmonie der dingen, en van hun naleving van confucianistische deugden zoals respect en bescheidenheid en zorg voor de ouderen, voorzover die niet bij de postmaoïstische generatie verloren zijn gegaan. En we kunnen goed aan de Chinezen verdienen. Maar China als wereldmacht, daar zijn veel westerlingen toch huiverig voor. Waarom eigenlijk? Om die vraag te beantwoorden moeten we het wezen van de relatie tussen China en de buitenwereld ontrafelen.

China's internationale optreden is onbegrijpelijk als we de binnenlandse prioriteiten buiten beschouwing laten. En de onuitgesproken prioriteit nummer 0 is: de onbeperkte voortzetting van de macht van de communistische partij. Dat vereist prioriteit nummer 1: sociale stabiliteit, en die is pas mogelijk als de mensen tevreden zijn zodat er geen reden is om protesterend de straat op te gaan. Tevreden mensen krijg je alleen als de economie uitbundig blijft groeien. Maar daar kan China niet meer alleen voor zorgen. Om te groeien heeft het de buitenwereld nodig. Economische relaties met China krijgen dus een politieke lading. Met andere woorden: landen die zakendoen met China helpen de communistische partij om in het zadel te blijven. Landen die de partij weg willen hebben, zouden China dus economisch moeten boycotten, wat echter behalve volstrekt onrealistisch ook snijden in eigen vlees zou zijn.

Laten we ervan uitgaan dat de Chinese leiders erin slagen de vele binnenlandse problemen de baas te blijven. Eenvoudig zal dat niet worden. Lokale en provinciale besturen hebben de mond vol van de nieuwe gelukseconomie, die het volgens premier Wen Jiabao 'onevenwichtige, ongecoördineerde en onhoudbare' model moet vervangen. Maar ze hebben veel meer baat bij het oude wildgroeimodel, en de bergen zijn hoog en de keizer is ver.

Als China zijn binnenlandse problemen weet te overwinnen, dan zal het zeker opnieuw de grootste economische mogendheid van de wereld worden, zoals het dat achttien eeuwen is geweest. In de laatste tweeduizend jaar is dat gedurende achttien eeuwen zo geweest. In de huidige economie speelt het buitenland echter een veel prominentere rol dan vóór de inzinking. Vroeger had China geen grondstoffen uit het buitenland nodig, en industriële producten nauwelijks. De behoefte daaraan was zeer beperkt, want ruim 90% van de bevolking bestond uit arme boeren. Wel had China een aanzienlijke export, voornamelijk van thee, porselein, zijde en katoen. Daarvoor werd betaald in Mexicaanse dollars of in zilver, en vanaf het begin van de negentiende eeuw steeds meer met geld uit de opiumhandel.

Sinds het begin van zijn economische revolutie heeft China het buitenland hard nodig. Aanvankelijk was dat voor im- en export van goederen en diensten en voor de levering van grondstoffen, technologie en halffabrikaten. Later werd het buitenland ook onmisbaar als bestemming voor Chinese investeringen – met eenderde van de deviezenreserves van de wereld in kas lijkt China te klein te zijn geworden voor zichzelf – en in toenemende mate als voedselleverancier. De rest van de wereld staat daarmee in dienst van de ontwikkeling van China tot grootmacht. Zo ziet men dat tenminste in het Rijk van het Midden zelf, en zo hoort het volgens de traditionele zienswijze ook: de volken buiten het Hemelse Rijk konden slechts deel krijgen aan de beschaving als ze in de keizer hun meerdere erkenden. De handel tussen een vazalstaat en China was niet zozeer een zakelijke relatie maar eerder een keizerlijke gunst.

In dat licht gezien zal het niet verbazen dat de Amerikaanse weigering om bepaalde Chinese investeringen te accepteren in China als een grove belediging overkomt. Een goed voorbeeld was de geplande overname in 2005 van het Amerikaanse oliebedrijf Unocal door CNOOC, de grootste Chinese producent van offshoreolie en -gas. Hoewel CNOOC verreweg de hoogste bieder was, hield de Amerikaanse Senaat de deal tegen met het oog op de nationale veiligheid. Daarom ook ging in 2010 een miljardencontract van het Amerikaanse telecommunicatiebedrijf Sprint Nextel met de Chinese bedrijven Huawei en ZTE niet door. De Amerikaanse regering vertrouwde de relaties van Huawei en ZTE met de Chinese militairen niet. Een van de mislukte Chinese overnames in 2011 betrof de Zweedse automaker Saab. Twee Chinese bedrijven wilden het fameuze merk met zijn technologische snufjes graag hebben, maar daar stak Saabs vroegere eigenaar General Motors een stokje voor.

In China zelf zijn alle instrumenten aanwezig om buitenlandse bedrijven te gebruiken voor de eigen ontwikkeling. Zo zijn, één voorbeeld uit duizenden, hogesnelheidstreinen die gebouwd waren met Japanse en Duitse technologie nagemaakt en verder ontwikkeld. Ze kunnen harder rijden en zijn goedkoper dan de originele modellen, maar ze blijken ook een stuk gevaarlijker. De joint venture, jarenlang de enige bedrijfsvorm voor buitenlandse investeringen, bood alle gelegenheid aan de Chinese partner om er met de door de buitenlandse partner ingebrachte technologie vandoor te gaan. De huidige politiek van 'nationale innovatie' is wat eleganter maar heeft grotendeels dezelfde bedoeling: overheveling van buitenlandse technologische kennis naar China, zodat de groei op een nieuwe leest kan worden geschoeid. Tegelijk bevoordeelt de staat de eigen (staats)bedrijven. Buitenlandse bedrijven blijven belangrijk, vooral zolang ze technologie in huis hebben waarover China zelf nog niet beschikt, maar hun rol wordt steeds meer een dienende, zoals het vazalstaten betaamt.

In China's betrekkingen met economisch zwakkere landen zijn tekenen te bespeuren die aan de relatie tussen keizer en vazal doen denken. Dat geldt met name voor Mongolië, enkele Afrikaanse landen en voormalige vazalstaten in Oost- en Zuidoost-Azië. De Chinese troepen die in 1979 Vietnam binnenvielen, kwamen de Vietnamezen een lesje leren voor hun invasie in het Cambodja van Pol Pot. Het was dezelfde mentaliteit waarmee vroeger de keizer een opstandige vazal tot de orde riep, alleen liep het in 1979 slecht voor de Chinezen af. Een erkenning van het primaatschap van China door de vazalstaten nieuwe stijl hoeft misschien niet meer expliciet te zijn, maar moet wel in hun gedrag tot uitdrukking komen.

De keizer kon geen andere relatie met de buitenwereld hebben dan die tussen vorst en vazal. De benaming 'vazalstaat' heeft in Chinese ogen niets pejoratiefs, en in die van de oude vazallen evenmin. Het was juist een eer om deel te krijgen aan de Chinese beschaving. Bovendien betaalde de keizer de ontvangen schatting dubbel en dwars terug en garandeerde hij in tijd van nood de defensie van de vazalstaat, die in veel gevallen dienstdeed als buffer tussen het Hemelse Rijk en barbarenland. De keizer beschermde de vazal en bemoeide zich niet met diens binnenlandse aangelegenheden. Maar de vazal moest wel geregeld bij de keizer zijn opwachting maken om hem in de ceremonie van de kowtow te erkennen als de meerdere. In 1793 weigerde lord George Macartney, gezant van Zijne Majesteit, te 'kowtowen' voor de Qianlong-keizer. Hij ging met lege handen naar huis. Ruim twee eeuwen later had een andere gezant, premier David Cameron, er geen enkele moeite mee het verlangde respect te betonen. Hij betuigde de nieuwe keizers in Peking alle eer, en met een stapel contracten keerde hij terug naar Londen.

Ongetwijfeld zal China in andere landen, vazalstaten of niet, veel minder tussenbeide komen dan destijds de Sovjet-Unie in haar satellieten of de Verenigde Staten in hun Latijns-Amerikaanse achtertuin. Dat is voor de hele wereld een plezierig vooruitzicht. Sinds de maoïstische internationale zendingsdrang voorbij is, beweert China dat elk land recht heeft op zijn eigen politieke en sociaal-economische systeem en dat andere landen niet moeten proberen dat te veranderen. Landen moeten hun eigen problemen oplossen, zonder inmenging van buitenaf. Van China hoeft men dan ook geen unilaterale politieacties, invasies, strafexpedities of humanitaire militaire operaties te verwachten. China wil zijn systeem aan niemand opleggen, en dat kan ook niet want dat systeem is onlosmakelijk verbonden met de unieke Chinese beschaving.

Natuurlijk kan niet-inmenging ook een vorm van inmenging zijn. China zegt zich niet te willen bemoeien met de binnenlandse drama's van, bijvoorbeeld, Soedan of Zimbabwe, maar het is met de regimes van die landen wel uitgebreide economische samenwerking aangegaan en houdt hen daardoor in het zadel. Dat kan zijn nadelen hebben wanneer in die landen een omslag plaatsvindt. Neem Libië. Peking wilde het regime-Khaddafi nog een maand voor zijn val wapens leveren. China was het laatste land dat de Nationale Overgangsraad erkende, en dat gebeurde pas na het dreigement dat het anders zijn olieconcessies zou verliezen. Of neem Birma, dat onder zijn militaire dictatuur praktisch een Chinese vazalstaat was geworden. Chinese bedrijven wijden zich aan de ontbossing van Birma en aan de aanleg van grote infrastructurele werken. Een oliepijplijn, een gaspijplijn, spoorlijnen en snelwegen moeten de door China verbeterde havens aan de Birmese kust verbinden met Zuid-China. Dat maakt de reis van Chinese olietankers uit het Midden-Oosten en Afrika 2900 kilometer korter en bespaart hun de gevaren van de door de Amerikaanse Zevende Vloot gecontroleerde en door piraten geteisterde Straat van Malakka. In september 2011 kwam onverwachts een omslag. Het Birmese regime besloot dat de bouw van een door China betaalde stuwdam, waartegen een etnische afscheidingsbeweging een grote campagne was begonnen, werd stilgelegd. China was woedend over deze rebellie van zijn vazal, die een politiek van binnenlandse ontspanning inzette en toenadering zocht tot de vs. In Soedan was China het tij voor. Jarenlang steunde het de generaals in Khartoem, maar toen de afscheidingsbeweging in het zuiden sterker werd zocht China tijdig toenadering tot de nieuwe leiders van Zuid-Soedan.

Niet-inmenging houdt voor China evenmin in dat het afzijdig blijft als het zijn belangen geschaad acht. Dat kan nare botsingen opleveren tussen de Chinese waarden en die van het betreffende andere land. Buitenlandse regeringen worden nu routinematig met sancties bedreigd als ze de dalai lama ontvangen. China liet een topbijeenkomst met de Europese Unie niet doorgaan als represaille voor de ontvangst van de Tibetaanse leider door de Franse president Sarkozy, die op dat moment EU-voorzitter was. De export naar Japan van zeldzame aarden, onmisbaar voor de hightechindustrie, werd stopgezet om Japan te straffen voor de arrestatie van een Chinese zeeman. De organisatoren van internationale filmfestivals worden onder druk gezet om films over de onderdrukking in Tibet of Xinjiang van het programma af te voeren. Enzovoorts.

Sinds de Bandoeng-conferentie (1955), die de aanzet gaf tot de oprichting van de Beweging van Niet-Gebonden Landen, is niet-inmenging het leidende beginsel van de Chinese buitenlandse politiek, en dat is het officieel nog altijd. Maar het is met dat principe hetzelfde als met China's zelfgeproclameerde leiderschap van de arme landen: op den duur niet meer houdbaar. Als nieuwe grote mogendheid krijgt China, of het dat nu wil of niet, internationale verantwoordelijkheden die soms een vorm van inmenging noodzakelijk maken. China heeft dat zelf zonder woorden ook erkend. Het heeft bijvoorbeeld substantiële bijdragen geleverd aan VN-vredesmissies en het initiatief genomen tot het zeslandenoverleg over Noord-Korea. Ook heeft China oorlogsschepen gestuurd naar de Golf van Aden ter bestrijding van de Somalische priraten daar en heeft het de leiding van de militaire patrouillering van de Mekong op zich genomen in Birma, Laos en Thailand nadat drugshandelaars in oktober 2011 dertien Chinese matrozen hadden vermoord.

Van Washington krijgt China op het punt van zijn internationale verantwoordelijkheden nu eens lof en dan weer blaam. Als Peking volgens zijn critici geen *responsible stakeholder* is, dan kan dat verschillende redenen hebben: China meent dat het er nog niet aan toe is om zijn nek uit te steken, er is onenigheid tussen leidende groepen, of optreden is niet in het Chinese belang. Zo weigerde China om de torpedering in 2010 van het Zuid-Koreaanse oorlogsschip Cheonan door Noord-Korea te veroordelen. President Obama vond dat 'opzettelijke blindheid', en dat zei hij ook tegen zijn collega Hu. Het is niet bekend of Hu aan Obama de reden van China's houding heeft uitgelegd: dat was de angst om het Noord-Koreaanse regime door een internationale veroordeling te destabiliseren, terwijl Peking dat bewind juist stabiel wil houden.

De wereld zal zeker last gaan krijgen van het ingeboren Chinese superioriteitsgevoel, maar het is de vraag of dat ernstigere situaties zal opleveren dan de nietsontziende Amerikaanse dadendrang waardoor de mensheid de afgelopen jaren is geteisterd. De Chinezen hebben geen missionerende taak. Ze verdedigen hun belangen, ze zoeken macht, invloed en erkenning, maar ze zijn er niet op uit andere landen te onderwerpen, laat staan in te lijven – tenzij wellicht wanneer dat kan dienen als nationalistische bliksemafleider van binnenlandse spanningen. Maar oorlog is niet in het Chinese belang. Ruim drie decennia vrede hebben een ongekende economische ontwikkeling mogelijk gemaakt. Alleen in vrede kan China gedijen. Dat is voor de rest van de wereld heuglijk nieuws.

Voor het Rijk van het Midden is een centrale rol in de wereld een natuurlijk gegeven. China wil eerder erkenning van zijn grandeur dan feitelijke macht over niet-Chinezen. Was dat niet precies de reden waarom admiraal Zheng He naar verre landen reisde? Dat deed hij niet om de bewoners te onderwerpen, maar om hen hulde te laten brengen aan de keizer. In het verleden hebben de Han-Chinezen de niet-Chinese volken om hen heen vaak met geweld onder hun gezag gebracht, als buffers tussen de Chinese beschaving en de barbaren. Niet-Chinezen zullen altijd als outsiders worden beschouwd, al wonen ze nóg zo lang in China. Naturalisatie van buitenlanders tot Chinees is dan ook zeldzaam. Dat betekent niet dat het de Chinezen niet kan schelen wat de wereld over hen denkt, integendeel. Een mondiale campagne moet goodwill, begrip en bewondering kweken die China's positie als wereldmogendheid moeten schragen. Dat gebeurt met giften en zachte leningen, diplomatieke offensieven, gratis bouw van stadions, culturele en educatieve uitwisselingsprogramma's, vestiging in de hele wereld van Confucius-instituten voor taal en cultuur, ontwikkeling van de Chinese filmindustrie, lancering van internationale kranten en radio- en tv-nieuwszenders met wereldwijd bereik. De wereld zit echter niet te wachten op gecensureerd nieuws, gebracht door journalisten die de hoogste tv-baas betitelt als 'propagandawerkers'. Het gebrek aan weerklank van China's culturele offensief wijt president Hu aan 'internationale vijandige krachten' die China proberen te 'verwestersen'. Daartegen dienen 'krachtige maatregelen' te worden genomen. Is dat soft power? Of eerder de taal van een nieuwe Culturele Revolutie?

Deze campagne moet de mensheid ervan overtuigen dat China's opkomst vreedzaam zal zijn, dat het land niet uit is op de wereldhegemonie en dat iedereen wel zal varen bij de bloei van China. Het uiteindelijke doel is de opbouw van een confucianistische 'harmonieuze wereld'. Wie kan daartegen zijn? Jammer dat de gebeurtenissen in China zelf vaak een andere taal spreken. Joseph Nye, de man die het begrip 'soft power' heeft uitgevonden, vindt dat China zijn kostbare goodwilloffensief zelf ondermijnt. Het harde optreden tegen Tibetanen en Oejgoeren, de vervolging van dissidenten en hun advocaten, de manische censuur, al deze fanatieke pogingen tot handhaving van de sociale stabiliteit maken het Chinese bewind er in de buitenwereld niet sympathieker op. Vrede en harmonie vloekten met de golf van arrestaties en verdwijningen die zich na de toekenning van de Nobelprijs voor de vrede aan Liu Xiaobo in beweging zette en daarna als gevolg van de revoluties in de Arabische wereld een sinds 'Tiananmen' ongekende hoogte bereikte. De ziekelijke angst voor binnenlandse kritiek woog kennelijk zwaarder dan het kweken van buitenlandse goodwill. Waarschijnlijk speelde ook een andere binnenlandse factor mee: in 2012 worden de topfuncties in de partij opnieuw verdeeld, en in de strijd om de macht wilden de kanshebbers niet voor elkaar onderdoen in orthodoxie.

De Chinese militairen hebben het niet over culturele uitwisselingen of wereldharmonie, maar over een 'combinatie van offensieve en defensieve operaties', over raketten 'met zowel nucleaire als conventionele slagkracht', over de ontwikkeling van een marine die de oceanen gaat bevaren. Dat klopt niet erg met de officiële verzekering dat China's militaire inspanningen uitsluitend defensief van aard zijn, maar het is wel in lijn met de nieuwe taakopvatting van het Volksbevrijdingsleger: ze verdedigen niet alleen meer de grenzen, maar de nationale belangen, en die omspannen thans de hele wereld. China heeft nog geen militaire bases in het buitenland, maar dat is slechts een kwestie van tijd. Het grote risico ligt in het felle nationalisme van de militairen, dat in tijden van nood tot onbezonnen avonturen zou kunnen leiden. Ze weten dat China bij voortdurende vrede alles te winnen heeft. Maar als China in een hoog opgelopen conflict het onderspit zou dreigen te delven, zullen ze zeker doen waarvoor ze zijn opgeleid: vechten.

Op economisch gebied zal China de wereld nog grote verrassingen kunnen bereiden. Het Rijk van het Midden heeft de basisregels van de wereldeconomie nooit echt geaccepteerd. Het leeft die regels alleen na als het zo uitkomt. Dat proberen wel meer landen, maar uiteindelijk zijn ze bereid de regels te aanvaarden, ook al is dat in hun nadeel. Het internationale handelssysteem is gebaseerd op wederzijds voordeel. China let voornamelijk op het voordeel voor zichzelf. Met de massale overheidssteun aan staatsbedrijven concurreert China binnen- en buitenlandse particuliere bedrijven uit de markt. Gezien de omvang van de Chinese economie zal de rest van de wereld vaak geen andere keus hebben dan mee te doen aan de globalisering met Chinese karakteristieken.

Geleidelijk aan zal de yuan convertibel worden. Een belangrijke stap in die richting was het besluit van China en Japan, eind 2011, om hun handel, tot dan toe voor 60 procent in dollars, voortaan in hun eigen valuta af te rekenen. Het gebruik van de yuan in de internationale handel neemt snel toe: in 2010 nog niet 1 procent van alle Chinese transacties, 10 procent eind 2011, naar verwachting 15 procent in 2012. Het lijkt alleen nog een kwestie van tijd voordat de Chinese munt de dollar als internationaal betaalmiddel ernstige concurrentie gaat aandoen of zelfs vervangen. De ondermijning van de dollar als internationale reservemunt begon met het uitbreken van de kredietcrisis in 2008. Nu al is China's financiële macht zo groot dat wereldinstituties als het IMF en de Wereldbank worden gepasseerd. Twee Chinese staatsbanken hebben in 2009 en 2010 meer geld geleend aan regeringen en bedrijven in de ontwikkelingslanden dan de Wereldbank.

De terugkeer naar de top ziet China als een herstel van de natuurlijke verhoudingen in de wereld. Tegelijk is het ervan overtuigd dat 'vijandige krachten' – lees: westerse regeringen en organisaties en hun Chinese handlangers in separatistische en dissidente bewegingen – erop uit zijn de partij onderuit te halen en China's ontwikkeling tot grootmacht te verhinderen. Vijandige krachten zijn er zeker, het zou pas raar zijn als dat níét zo was. Maar wanneer Chinese leiders die standaardterm gebruiken, vegen ze voor het gemak iedereen in binnen- en buitenland die kritiek op de partij heeft op één hoop. Wie iets op de partij heeft aan te merken, geldt al snel als anti-Chinees. De vereenzelviging van de regerende elite met het land is typerend voor China, waar de keizer niet alleen de politieke leider was maar ook de incarnatie van de Chinese beschaving zelf. Met het westerse idee dat regeringen komen en gaan maar dat het land blijft, moet je in China niet aankomen. De regering ís het land, en als zij valt, vervalt het land tot chaos. Buitenlanders dienen te weten dat kritiek op een deelaspect van de Chinese samenleving al snel wordt opgevat als totaalkritiek. Daarbij speelt ook nog altijd de oude slachtoffermentaliteit mee, relict van de Eeuw der Vernedering.

Een bron van conflict zal waarschijnlijk de kwestie van de universele waarden blijven. Chinese leiders zien de westerse opvattingen over individuele mensenrechten en democratie als cultureel bepaalde zaken die niet van toepassing zijn op China. Democratie is voor hen op z'n best tijdverlies en op z'n slechtst chaos, en mensenrechten zijn sentimentele onzin. Ze vinden ook dat het Westen die vermeende universele waarden als wapens hanteert om China klein te krijgen en daarbij gebruikmaakt van wereldorganisaties die in feite westerse organisaties zijn. Een debat hierover móét gevoerd worden, tenzij het Westen wil capituleren. Als het niet lukt de beste elementen van beide standpunten te verenigen, moeten we in ieder geval ophouden elkaar te verketteren. En intussen maakt Peking in veel arme landen school met zijn autoritaire maar buitengewoon efficiënte ontwikkelingsmodel dat in de tijd van één generatie de bordjes op deze aarde verhangen heeft.

Literatuur

Alden, Chris, *China in Africa* (Londen: Zed Books, 2007).

Bao Pu, Chiang, Renee, en Ignatius, Adi (red.), *Staatsgevangene N° 1: Het geheime dagboek van premier Zhao Ziyang*, vertaling Frans van Delft et al. (Amsterdam: Balans, 2009).

Bass, Gary J., 'Human Rights Last: China's Diplomats Have the Ear of the World's Bad Guys. So What Are They Telling Them?', *Foreign Policy*, maart/april 2011.

Becker, Jasper, *Hungry Ghosts: China's Secret Famine* (Londen: John Murray, 1996).

Bell, Daniel A., *China's New Confucianism: Politics and Everyday Life in a Changing Society* (Princeton, NJ: Princeton University Press, 2008).

Bergsten, C. Fred, Freeman, Charles, Lardy, Nicholas R., en Mitchell, Derek J., *China's Rise: Challenges and Opportunities* (Washington, DC: Peterson Institute for International Economics/Center for Strategic and International Studies, 2008).

Brautigam, Deborah, *The Dragon's Gift: The Real Story of China in Africa* (Oxford: Oxford University Press, 2009).

Chang, Gordon G., *The Coming Collapse of China* (Londen: Random House Business, 2001).

Chong Woei-Lien en Ngo Tak-Wing (red.), *China in verandering: Balans en toekomst van de hervormingen* (Almere: Parthenon, 2008).

Chua, Amy, *Wereldrijk voor een dag: Over de opkomst en ondergang van hypermachten*, vertaling Mieke Hulsbosch (Amsterdam: Nieuw Amsterdam, 2009).

— *Strijdlied van de tijgermoeder*, vertaling Wenneke Savenije (Amsterdam: Nieuw Amsterdam, 2011).

Dijk, Bert van, *Langs de Gele Rivier: Watercrisis in China* (Amsterdam: *Het Financieele Dagblad* / Business Contact, 2011).

Dikötter, Frank, *Mao's massamoord: De geschiedenis van China's grootste drama*, 1958-1962, vertaling Tiny Mulder en Ronald Kuil (Houten: Spectrum, 2011).

Ellis, R. Evan, *China in Latin America: The Whats & Wherefores* (Boulder, CO: Rienner, 2009).

Fenby, Jonathan, *The Penguin History of Modern China: The Fall and Rise of a Great Power, 1850-2008*, (Londen: Allen Lane, 2008).

Fukuyama, Francis, *Het einde van de geschiedenis en de laatste mens*, vertaling Anna Kapteyns-Bacuna et al. (Amsterdam: Contact, 1992).

Gifford, Rob, *China Road: A Journey into the Future of a Rising Power* (New York: Random House, 2007).

Gill, Bates, *Rising Star: China's New Security Diplomacy* (Washington, DC: Brookings Institution, 2007).

Haar, Barend J. ter, *Het hemels mandaat: De geschiedenis van het Chinese keizerrijk* (Amsterdam: Amsterdam University Press, 2010).

Halper, Stefan, *The Beijing Consensus: How China's Authoritarian Model Will Dominate the Twenty-First Century* (New York: Basic Books, 2010).

Haski, Pierre, *Internet et la Chine* (Parijs: Seuil, 2008).

Hessler, Peter, *Orakelbeenderen: Omzwervingen door het oude en het nieuwe China*, vertaling Josephine Ruitenberg (Amsterdam: Mets & Schilt, 2007).

– *Country Driving: A Journey through China from Farm to Factory* (New York: HarperCollins, 2010).

Ho, Peter (red.), *Paradoxaal China: westerse perceptie, oosterse realiteit* (Almere: Parthenon, 2011).

Hobson, John M., *The Eastern Origins of Western Civilization* (Cambridge University Press: Cambridge 2004).

Holslag, Jonathan, *China and India: Prospects for Peace* (New York: Columbia University Press, 2010).

– *Trapped Giant: China's Troubled Military Rise* (Abingdon: Routledge, 2010).

Hooghe, Ingrid d', *The Limits of China's Soft Power in Europe: Beijing's*

Public Diplomacy Puzzle (Den Haag: Netherlands Institute of Diplomacy Relations Clingendael, 2010).

Horner, Charles, *Rising China & Its Postmodern Fate: Memories of Empire in a New Global Context* (Athens, GA: University of Georgia Press, 2009).

Huntington, Samuel P., *Political Order in Changing Societies* (New Haven, CT: Yale University Press, 1968).

Hutchings, Graham, *Modern China: A Companion to a Rising Power* (Londen: Penguin Books, 2000).

Hutton, Will, *The Writing on the Wall: China and the West in the 21st Century* (Londen: Little, Brown, 2007).

Jacques, Martin, *When China Rules the World: The End of the Western World and the Birth of a New Global Order* (Londen: Allen Lane, 2009).

Jung Chang, en Halliday, Jon, *Mao: Het onbekende verhaal*, vertaling Paul Syrier (Amsterdam: Forum, 2005).

Karabell, Zachary, *Superfusion: How China and America Became One Economy and Why the World's Prosperity Depends on It* (New York: Simon & Schuster, 2009).

Khan, Azizur Rahman, en Riskin, Carl, *Inequality and Poverty in China in the Age of Globalization* (Oxford: Oxford University Press, 2001).

King, Stephen D., *Losing Control: The Emerging Threats to Western Prosperity* (New Haven, CT: Yale University Press, 2010).

Kissinger, Henry, *On China* (Londen, New York: Allen Lane, Penguin Books, 2011).

Kristof, Nicholas D., en Wudunn, Sheryl, *China Wakes: The Struggle for the Soul of a Rising Power* (New York: Vintage, 1995).

Kuhn, Robert Lawrence, *How China's Leaders Think: The Inside Story of China's Reform and What This Means for the Future* (Singapore: John Wiley & Sons, 2010).

Kurlantzick, Joshua, *Charm Offensive: How China's Soft Power Is Transforming the World* (New Haven, CT: Yale University Press, 2007).

Kynge, James, *China zet de wereld op zijn kop*, vertaling Emilie Brouwers (Amsterdam: Nieuw Amsterdam, 2006 [uitgebreide druk 2009]).

Lagerkvist, Johan, *After the Internet, Before Democracy: Competing Norms in Chinese Society and Media* (Bern / Oxford: Peter Lang, 2010).

Landsberger, Stefan, *Chinese Propaganda Posters: From Revolution to Modernization* (Amsterdam/Singapore: The Pepin Press, 1995). Zie ook http://chineseposters.net/news/2010-02.php.

Laozi, *Het boek van de Tao en de innerlijke kracht*, vertaling en toelichting Kristofer Schipper (Amsterdam: Augustus, 2010).

Leeuw, Karel L. van der, *Confucianisme: Een inleiding in de leer van Confucius* (Amsterdam: Ambo, 2006).

Leonard, Mark, *What Does China Think?* (Londen: 4th Estate, 2008).

Levathes, Louise, *When China Ruled the Seas: The Treasure fleet of the Dragon Throne, 1405-1433* (New York: Simon & Schuster, 1994).

Lindqvist, Cecilia, *Het karakter van China: Het verhaal van de Chinezen en hun schrift*, vertaling Bertie van der Meij (Amsterdam: Balans, 2007).

Li Zhisui, *The Private Life of Chairman Mao: The Memoirs of Mao's Personal Physician*, vertaling Tai Hung-chao (New York: Random House, 1994). [Nederlandse vert. van deze Engelse editie: *Het privéleven van Mao: Onthuld door zijn lijfarts Li Zhisui*, vertaling Jan Braks et al. (Amsterdam: Balans, 1995).]

Lovell, Julia, *Achter de Chinese Muur: Geschiedenis van China's isolement 1000 v.C.-2000 n.C.*, vertaling Erica van Rijswijk et al. (Utrecht: Het Spectrum, 2006).

Luyn, Floris-Jan van, *Een stad van boeren: De grote trek in China* (Amsterdam: Prometheus, 2004).

Mahbubani, Kishore, *De eeuw van Azië: Een onafwendbare mondiale machtsverschuiving*, vertaling Amy Bais (Amsterdam: Nieuw Amsterdam, 2008).

Mann, James, *The China Fantasy: Why Capitalism Will Not Bring Democracy to China* (Londen: Penguin Books, 2008).

McGregor, Richard, *The Party: The Secret World of China's Communist Rulers* (New York, HarperCollins, 2010).

Mehnert, Klaus, *Peking en Moskou*, vertaling B.F. Bos-Beernink (Franeker: Wever, 1964).

Menzies, Gavin, *1421: Het jaar waarin China de Nieuwe Wereld ontdekte*, vertaling Rob de Ridder en Marijke Sarneel (Amsterdam: Ambo, 2002).

Meyer, Eric, *Sois riche et tais-toi!: Portrait de la Chine d'aujourd'hui* (Parijs: Robert Laffont, 2002).

Mote, F.W., *Imperial China 900-1800* (Cambridge, MA: Harvard University Press, 2003).

Mungello, David E., *The Great Encounter of China and the West, 1500-1800* (Lanham, MD: Rowman & Littlefield Publishers, 2009 [3e ed.]).

Nijs, Annette, *China met andere ogen: Over hemelse vrede, glorieuze rijkdom en herwonnen vrijheid* (Amsterdam: Thoeris, 2009).

Peerenboom, Randall, *China's Long March toward Rule of Law* (Cambridge: Cambridge University Press, 2002).

Pei, Minxin, *China's Trapped Transition: The Limits of Developmental Autocracy* (Cambridge, MA: Harvard University Press, 2006).

Peyrefitte, Alain, *De la Chine: Quand la Chine s'éveillera... le monde tremblera* | *L'Empire immobile* | *La tragédie chinoise* | *La Chine s'est éveillée* (Parijs: Presses de la Cité, 1997).

Pieke, Frank N., *The Good Communist: Elite Training and State Building in Today's China* (Cambridge: Cambridge University Press, 2009).

Pinxteren, Garrie van, *China centrum van de wereld* (Amsterdam: Balans, 2007 [aangevulde druk 2008]).

Putten, Frans-Paul van der, en Chu Sulong (red.), *China, Europe and International Security: Interests, Roles, and Prospects* (Abingdon: Routledge, 2010).

Putten, Jan van der, *Van onze correspondent: Standplaats Peking* (Amsterdam: KIT Publishers, 2005).

– *Chinese tekens* (Amsterdam: Mets & Schilt, 2008).

Schulte Nordholt, Henk, *De Chinacode ontcijferd: Waarom China het niet gaat halen als wereldmacht* (Amsterdam: Byblos, 2006).

Shambaugh, David, *China's Communist Party: Atrophy and Adaptation* (Washington, DC: Woodrow Wilson Center Press, 2008).

Shirk, Susan L., *China: Fragile Superpower* (New York: Oxford University Press, 2007).

– (red.), *Changing Media, Changing China* (Oxford: Oxford University Press, 2011).

Short, Philip, *Mao: A Life* (Londen: Hodder & Stoughton, 1999).

Sun Tzu, *The Art of War*, vertaling en inleiding Samuel B. Griffith (Oxford: Oxford University Press, 1963). [Nederlandse vert. van deze Engelse editie: *De kunst van het oorlogvoeren*, vertaling Gert-Jan Kramer. (Kerkdriel: Librero, 1995).]

Vuylsteke, Catherine, *Het gewicht van Hemelse Vrede: Vrijheid en verzet sinds Tiananmen* (Amsterdam: Meulenhoff, 2009).

Waley-Cohen, Joanna, *The Sextants of Beijing: Global Currents in Chinese History* (New York: Norton, 1999).

Walter, Carl E., en Howie, Fraser J.T., *Red Capitalism: The Fragile Financial Foundation of China's Extraordinary Rise* (Singapore: John Wiley & Sons, 2011).

Wang Jian (red.), *Soft Power in China: Public Diplomacy through Communication* (Basingstoke: Palgrave Macmillan, 2010).

Wasserstrom, Jeffrey N., *China in the 21st Century: What Everyone Needs to Know* (New York: Oxford University Press, 2010).

Watts, Jonathan, *When a Billion Chinese Jump: How China Will Save the World – or Destroy it* (Londen: Faber and Faber, 2010).

Wright, Teresa, *Accepting Authoritarianism: State-Society Relations in China's Reform Era* (Stanford, CA: Stanford University Press, 2010).

Woei-Lien Chong en Tak-Wing Ngo (red.), *China in verandering: Balans en toekomst van de hervormingen* (Almere: Parthenon, 2008).

Zhang Liang (samenstelling), en Nathan, Andrew J., en Link, Perry (red.), *Het Tiananmen-dossier: Het complete en authentieke verhaal van de beslissingen van de Chinese regering om de opstand van studenten en arbeiders met geweld neer te slaan*, vertaling Amy Bais en Joost Zwarte (Amsterdam: Contact, 2001).

Zheng Bijian, 'China's "Peaceful Rise" to Great-Power Status', *Foreign Affairs*, september/oktober 2005.

Zhuang Zi, *De volledige geschriften: Het grote klassieke boek van het taoisme*, vertaling en toelichting Kristofer Schipper (Amsterdam: Augustus, 2007).

Register